그래서 나는 걷기로 하였다

그래서 나는 걷기로 하였다

초판 1쇄 인쇄 | 2022년 11월 2일
지은이 | 김경만
펴낸이 | 이재욱(필명:이승훈)
펴낸곳 | 도서출판 수필in
주　소 | 서울 영등포구 경인로82길 3-4(문래동1가 39)
　　　　　센터플러스빌딩 1004호(우편07371)
전 화 | 02-2612-5552
팩 스 | 02-2688-5568
E-mail | jlee5059@hanmail.net

등록번호　제2021-000164
등록일자　2021년 10월 6일

ISBN　979-11-978643-8-4

그래서 나는 걷기로 하였다

김경만 지음

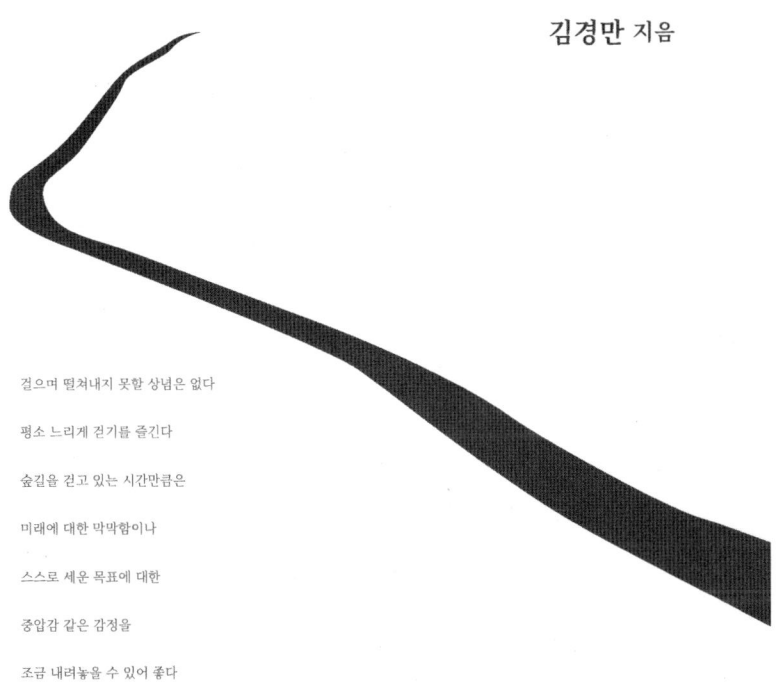

걸으며 떨쳐내지 못할 상념은 없다

평소 느리게 걷기를 즐긴다

숲길을 걷고 있는 시간만큼은

미래에 대한 막막함이나

스스로 세운 목표에 대한

중압감 같은 감정을

조금 내려놓을 수 있어 좋다

수필in

작가의 말

순례자의 길

　겨울 산, 그 끝없는 능선 속에는 헤아릴 수 없는 가시들이 공중을 향해 자라고 있다. 허허로움이 눈물처럼 흘러내린다. 동그란 이슬이 햇살에 녹아드는 시간, 자라면서 기댈 곳이 허공밖에 없는 나무, 먼 나무부터 나에게 걸어온다.
　유익한 글은 우연히 쓰이지 않음을 안다. 작품은 인격의 최상을 나타내기에 삶에 진솔하게 임해야 함도 안다. 그러기에 모든 문장은 인생을 살며 경험하는 시련의 결과물일 터이다. 작가의 길은 철학자의 길이어야 하고 또한, 순례자의 길이어야 할 것이다. 글쟁이가 글을 써내려 가는 것은 꼭 할 말이 없어도 습관처럼 펜을 잡고 있는 것이다. 이젠 희망이란 단어를 좀체 글에 담지 못한다. 하지만, 숲에서 나무에게 배운다. 늙어가지 말고 어른으로 계속 커 가야 한다는 것을….

  이번 책에는 귀향 전 일상에서 사유하였던 것들과 고향 거제도로 돌아와서 바다와 숲과 더불어 사계를 지내며 찾아든 상념을 담았다. 이 책이 사랑의 기록이 되었으면 좋겠다. 살면서 많은 것과 관계하며 사유한 것에 대한 그리고 사랑한 것을 기억하였다.

  걸으며 떨쳐내지 못할 상념은 없다. 평소 느리게 걷기를 즐긴다. 숲길을 걷고 있는 시간만큼은 미래에 대한 막막함이나 스스로 세운 목표에 대한 중압감 같은 감정을 조금 내려놓을 수 있어 좋다. 그래서 나는 걷기로 하였다. 붉게 물든 석양 아래 자주 선다. 우린 어둠에서 아침을 배워야 하기에 오늘도 설익은 눈을 비빈다. 세상에 남은 온기 채집하며….

  기어이 어머니 품에 안긴다.

김경만

목차

작가의 말   순례자의 길   4

1부   어제의 나를 만나는 시간들
-미완은 반성이자, 새로움을 위한 여정의 노래

바다에 서서   10

바이올렛 연가   15

쉬고 싶지만 쉬지 못하는 이에게   17

시계를 돌리는 사람   23

사람은 누구나 외롭다   25

자라투스트라를 다시 기억하며   29

나그네 되어   31

왜 위반해야만 하는가   33

길을 떠나야 할 때   35

혼자 걷는 길은 없다   39

그래서 나는 걷기로 하였다   42

2부   바다와 바람과 숲의 날들

숲속 일기   51

회상   316

3부   숲속 삶, 그 이후

고향을 추억하다 기어이 들어선 나의 길   368

행복한 숲에서의 삶   370

그 이후   372

그리고 빨랫감…   376

1부 어제의 나를 만나는 시간들

-미완은 반성이자, 새로움을 위한 여정의 노래

바다에 서서

 가장 귀한 것을 보기 위해 잠깐 눈 감고 있는 달팽이처럼 가장 값진 것 듣기 위해 오감을 잠시 막는다. 위로, 청춘, 열정, 침묵, 미소, 기도, 고독, 점멸등에 걸린 바람, 휴식, 환희 그리고 해오름, 윤슬, 일몰, 걸음 멈춘 동해 남부선 송정역과 어머니, 또한 사랑….
 다음날 아침, 햇살 내려앉는 송정을 다시 걷는다. 등대처럼 늘 침묵하는 백사장은 발자국을 묵묵히 찍는다. 허공을 간절히 점령한 저 하늘이 마냥 부럽다. 절망과 그리움이 한데 뒤섞여 재빨리 지나간 여름처럼 내 청춘이 지나갔음에 아쉽기만 하다. 강아지에 이끌리는 여인이 시선을 빼앗는다. 아차 하는 순간, 잡고 있던 목줄을 놓치니 주인을 벗어나 저 멀리 홀로 달린다. 금세 멀어지더니 자꾸만 그녀를 돌아다본다. 호의 베푼 시간만큼 정확하게 가까워지고 그사이에 쌓인 믿음을 놓지 않는 것이 동물이다. 이해타산을 생각하지 않고 정직하게 사랑하고 믿을 수 있어야 진실한 인간관계가 형성될 것이다. 여인의 선한 미소가 보인다. 이를 바라보며 순하게 호흡하고 그리움도 삼키며 마음도 달랜다. 후회도 하고 기쁨도 나눈다. 넌 날 닮고 난 너를 무지 닮아서 차라리 서럽다. 구겨진 허리는 여여히 펴지지 않아 물 따라 세월이 되리니. 괜히 걸어온 길을 돌아본다. 늘 벗하였던, 동안의 송정을 추억해본다.

어느 날엔, 무거운 마음만 가득 채운 채 걸음 멈춘 동해선 철길을 걸으며 숨 가쁜 일상에 휴식을 청하기도 하였다. 가슴에 묻어둔 사연들이 묵정밭 무 마냥 빈 가슴에 기웃거렸다. 하얀 첫걸음을 내딛는 순백의 겨울 신부와 서툰 신랑의 고운 미소를 철길에서 만나기도 하였다. 그대 사랑 영원하길 기도하니 내 추억은 산등성이를 넘어갔다. 인간이란 어쩌면 뒤에 맞이할 길고 긴 고통이 두려워 자신의 마음이 가는 길을 막을 수 있을 만큼 현명한 존재는 되지 못한다. 그리움 머금은 서정이 옷깃을 여미게 하지만 생의 고귀함과 깊이를 알게 되었으니 위로가 되었다.

파도 소리 무너지는 밤바다를 헤아리는 날에는, 지친 어깨를 털고 조용히 숨어든 어둠이 고요를 찾아 두리번거렸다. 훌쩍 커버린 세월, 그 또한 내려놓았다. 지나는 사람들은 느릿느릿 지나온 삶과 다가올 미래를 한 올 한 올 느리게 엮어서 기워낸다. 밤에 살짝 내려앉은 점멸등이 해변을 수놓고 있었다.

비 내리는 날엔, 자근자근 밟아 피어올린 언어가 느린 걸음으로 주절거렸다. 달콤한 휴식이 생각났다. 해변에 즐비한 카페에 들어서면 값싼 입맞춤도 선물하였다. 창백한 추억을 한 잔 마시면 버린 것이 그리워 하얀 비를 밟고 갔다. 비 오는 날 바다는 몰려오는 바람의 무게를 긴 잠 속에서 저울질한다. 살다가 가끔 가슴 쿵쾅거리는 유혹이 화들짝 찾아든 날엔 돌아서 어둑한 술청 구석 자리에서 홀로 고독을 쓸어내렸다. 마른밥을 삼킨 듯 목이 메어 힘들 때 찾았던 이곳, 송정에서 박제된 내 꿈을 만나기도 하였다. 거울 앞에 서면 늙어가는 세월이 씁쓸히 웃고 있지만, 마음속 거울은 가슴 두근거리는 설렘이 있다. 바다에 서면 더하다. 세월의 바람이 무심히 지나가면 어느새 인생도 가을 쓸쓸한 중년의 길목에서 쿵쾅거리는 심장의 고동 소리로 가슴 울리는 사람 하나 만나면 좋겠다는 바람을 지니기도 한다.

아늑한 곳에서 혼자만의 책 읽는 시간은 얼마나 자유로웠던가. 읽고 쓰는 일에서 멀어진다면 한 조각씩 나를 잃어가고 있는 것이라는 생각에 머물기도 하였다. 분산된 나를 찾으러 공허해진 내가 자꾸만 어디든 떠나려 하는 것인지도 모르기에. 나에게 물었다. 책을 읽으며 즐겼는가. 읽고 난 뒤 희로애락을 사유했는가.

어머니가 그리워 바다를 찾은 날은 사유가 더욱 깊어졌다. 세상에서 제일 무거운 것은 돌덩이도 쇳덩이도 아닌 어머니 세월이다. 나무들 사이로 길이 생겨 바람이 앞서고 새들이 날고 나서야 휘파람 앞세우며 뚜벅뚜벅 바람 등지고 걸었다. 어머니 오늘을 찬미하였다. 바다에 마음이 더 가면 예전 밭일하고 손 씻으신 어머니 온기를 느끼려 바닷물에 손 담그기도 하였다. 기다림은 긴 길이라며 그날도 그림자만 길게 내려앉았다. 돌아서는데 바다가 나를 붙잡는다. 또 길을 걸어가야 하기에 뿌리치고 돌아선다.

창에 떠오른 새벽 기운에 마음이 오래 머문다. 무거웠던 몸을 힘차게 일으키고 습관처럼 집을 나서 다시 송정 바다에 선다. 해가 떠오르고 허물투성이 삶이 다시 시작된다. 그는 모든 소리를 삼키고 있다. 뭍으로 기어오르는 파도 소리가 긴 새벽을 쓸어내린다. 눈에 보이지 않는 모든 것 느낄 수 있는 이 바다가 참 좋다. 어제도 오늘도 이곳 찾아 즐긴다. 내일도 바다와 관계하며 그의 체온 느끼리라. 사랑은 눈물 속에만 있는 게 아니니까…. 난 오늘도 어쩔 수 없이 바다에 섰다 돌아선다.

침묵이다. 휴식이다. 쉼이다. 사랑이다. 벗의 얼굴이 스친다. 고요하고 잔잔하게. 잔잔함 위에 은빛이 피어나고 그 빛남 위에 그리움 펼쳐진다. 잠깐 생각에 잠겨 있으려니 어느새 수평선에서 길게 뻗어 나온 햇살이 발끝을 간질인다.

벌써 한 해가 저물어간다. 시들어가는 꽃을 보면 마음 한 구석이 텅 비는 느낌이 든다. 새하얀 안개꽃은 처음과 끝이 한결같아 좋다. 안개꽃처럼 깨끗한 마음으로 살았는지 되돌아보게 된다. 휴식 같은 시간이다. 올해 마지막 날 일몰은 청사포에서 새해 첫날 해오름은 여기 송정 바다에 다시 서서 모자란 나를 만나리라. 그림자를 등에 진다.

바이올렛 연가

 빗속을 나는 새가 울음 울기에 무작정 길에 올랐다. 생명은 알에서 나오는가. 갓난이에게 먹이 물리는 어미 새처럼 시린 손 녹일 새 없이 종종거리며 챙겨 주시던 어머니 그 손길 그리워. 내게 다가오는 것과 내게서 점점 멀어져 가는 것을 오롯이 만나게 된다. 부드러운 몸이 된다.

 마을엔 뽀얀 연기 피어나고 지난 대보름날 삭풍에 주인 잃은 가오리연이 초입 당산나무에 걸렸다. 씨줄과 날줄 조화롭게 돋아나는 가지 끝에 아스라이 걸치고 초저녁 어스름 머금고 두둥실 저녁놀 담아낸다. 푸른 하늘도 걸친다. 양떼구름 펼치니 까치집은 기어이 하늘이 된다. 어머니에게 자식 기별 간 주인장 오질 않고 허전함 스며든다. 그나마 푸른 하늘 담고 있어 위로가 된다. 봄기운 찬란하고 제비꽃은 향기롭다. 어머니가 삐걱대며 맨발로 반긴다. 아직도 따사롭다. 냉이 달래 된장국 상차림에 오른다. 봄 향 가득할 쑥국은 내일 아침에 주시려나. 가까이서 상처 입은 까치가 어머니 가슴에 안긴다. 잠에서 깬다.

 기력 다한 목소리로 기별이 왔다. 다녀온 지 몇 날 되지 않았는데, 막내가 보고 싶다 하신다. 행여 정신을 놓은 건 아니시겠지. 꽃망울 아래로 엎드린 이파리가 구순을 훌쩍 한 엄마 잔등처럼 나지막하니 깊다. 어머니 접힌 허리 세워주는 굽은 지팡이, 움켜잡은 손에 힘이 뻗는다. 또박또박, 느릿하게 내딛는 걸음걸이로 힘겹게 꽃대를 밀어 올리는 중이다. 지울수록 다가오는 게 삶이라면 그늘은 내가 나를 바라보는 생각일 터.

  와당탕 몰려온 육 형제다. 칠순 넘긴 맏이도 육십을 바라보는 막내 눈도 흔들린다. 어머니와 자식들이 지금껏 소비한 감정은 치외법권 지역이기에 목숨이란 게 슬그머니 문밖에 내다 놓은 자장면 빈 그릇 같다. 크게 한번 소리를 쳐보고 싶었으나 내 소리가 어머니 소리보다 더 먼 하늘로 흩어질까 봐서 아무 소리도 없이 조용히 앉아 바라만 보았다. 꽃술처럼 곧추세워 손을 흔드는데 아들의 하얀 머리께로 그렁그렁한 염려가 맑게 베였다. 이윽고 기력을 되찾아 반듯이 머리를 들더니 눈을 맞춘다. 그렁하게 안도의 눈물 달린다. 태양은 또다시 전처럼 떠오를 것이다. 바람은 안에서 불고 이별은 밖에서 젖는다. 언제부터 시간이 있었고 또 그 멈춤은 언제일까? 다시 어머니 모래시계는 천천히 내리기 시작하고 바이올렛은 보라색 짙게 품는다.

쉬고 싶지만 쉬지 못하는 이에게

느닷없이 비가 하념 없이 내린다. 억만년을 넘어선 존재의 힘을 느낀다. 한참을 그 내면으로 이어지는 소리에 촉촉이 젖는다. 마음에 평화가 오고 맑아짐을 느낄 수 있다. 뜨거웠던 여름날 무더위가 긴 비로 사위어 간다. 계절은 변화무쌍하다. 공허함이 인다. 누구에게나 찾아드는 텅 빈 마음, 이유 없이 외롭다. 시간은 영혼의 삶이던가. 이 시간, 흠뻑 젖은 비를 느끼는 누군가를 떠올리며 위안을 삼는다. 라디오에서 요조라는 가수가 부르는 '뒹굴뒹굴'이라는 노래가 흐른다. 비가 땅 위를 뒹군다.

모든 생명체는 휴식의 리듬을 필요로 한다. 봄과 여름의 왕성한 활동이 가을과 겨울이라는 휴식기로 인해 더한 생명력을 얻지만, 우리는 성공을 위해서, 욕망의 충족 위해 쉬지 않는다. 쉬면 길을 잃을지도 모른다는 조바심 때문이다. 하여 쉼 없이 무작정 길을 가고 있는 것이다. 마음을 죽이고 바삐 살아가지만 사람은 지혜를 가져다줄 고요함을 그리워한다.

휴식休植, 나무 옆에 서서 쉬면서 마음에는 오직 나만을 두고 있어야 한다는 뜻이다. 그래야 휴식하는 동안에 생각이 정리된다는 의미일 것이다. 요즘 주어진 많은 시간을 제대로 못 쓰는 나에게 화가 난다. 충만이나 힘이 도망가는 듯하다. 이럴 때 흠뻑 쉬어 놓으면 좋을 때엔 한층 더 좋아지는 법인데 이를 제대로 활용 못하고 기분전환조차 꾀하지 못하는 무기력 덩어리로 살아가는 게 싫다. 불안, 초조, 무기력 등 21세기 유행병에 걸린 이에게 진정 필요한 것은 오로지 자신의 인생에 집중하는 휴식을 갖는 것임을 느끼면서도 말이다. 그러니 외부로부터 덧씌워진 의무에서 스스로를 해방시키고 약속과 일정으로 채워지지 않은 나만의 공간을 만들어 충분한 시간을 허락하여야 하는데 무엇에 쫓기듯 몸의 긴장을 풀지 못하고 모든 스트레스를 쌓으며 살아가고 있다. 휴식은 외부와 단절된 공간, 충분한 시간, 쓸 돈 등 조건이 완벽하게 충족된 환경에서만 가능한 게 아님에도 어색한 핑계로 나를 괴롭히고 있다. 몸 상태가 나쁘다. 우울증이 다시 시작한다. 휴식이란 밀도 있는 한가로운 순간을 말함에도 이를 가지지 못하고 있는 것이다. 소음 속에서도 일터에서도, 돈을 쓰지 않아도 한가로이 자신의 인생에 집중하며 시간을 보낸다면 그것이 진짜 휴식을 즐기는 것임을 알면서도 실행하지 못하고 있다. 진짜 휴식을 필요로 하는 이유는 간단하다. 시간에 허덕이는 탓에 우리 자신과의 소통이 어려워졌기 때문이다. 자기 자신과의 대화를 회복하고 무엇이 인생에서 정말 중요한 것인지 알기 위해 우리는 시시때때로 한가로운 휴식 습관을 가져야 한다. 그래야 내면의 나침반으로 우리의 인생을 어느 방향으로 이끌어 갈지 알 수 있기 때문이다.

 자신에 대한 자유를 잃어버린 것을 느낀 순간 모든 것을 접어두고 아내와 일 년간 여행을 떠나 진정한 휴식을 실행한 사람을 방송 통해 접하였다. 평생 갈 휴가를 한꺼번에 갔다 온 셈이다. 성실한 회사원이었던 그가 현실에서 벗어나 여행을 선택한 것은 옆자리 동료의 갑작스러운 죽음 때문이었다고 한다. 예기치 않은 상황 통해 일탈을 함으로 인해 현재의 자기를 돌아볼 계기를 마련한 것이다. '내가 죽는다면 누가 가장 후회하게 될까?'라고 물으니 자신의 몸과 마음은 일보다는 휴식을 원하더라는 것이다. 돌아와 앉아 화면에 비친 젊은 부부의 모습은 진중하면서도 생기발랄하였다. 그는 말한다.

 "긴 휴가 후 달라진 것이라면, 변화하는 사계절을 느끼고 느리게 세상을 관조하며 살아가게 된 것입니다. 그리고 낭만과 유머가 있는 삶을 즐기고 있어요. 경제적으로 예전보다 다소 어렵지만, 제 선택에 대해 후회한 적 없어요. 자기 삶에서 4박 5일간도 자기 마음대로 못하는 이가 다수지요. 과연 자기 인생이라 할 수 있을까요. 결심하지 않으면 단 하루도 온전히 쉴 수 없는 세상에 우린 살고 있으니까요."

지금의 소중함을 깨닫는 시간, 그냥 훌쩍 떠나야 하는 이유이다. 모든 것 떨쳐버리고 일 년 동안 쉴 수 있다는 부부의 용기가 왠지 우리에게 건네는 바가 엄중하다. 젊은 날 과로에 의한 뇌출혈을 경험한 나는 새삼 마음이 무거워졌다. 지금이 제일 중요하다. 지금 이 순간은 돌아오지 않는다. 용기 내어 지금 떠나봄도 좋겠다는 생각이다.

'쉼'에 대한 선조의 지혜는 뛰어나다. 어두운 방에 불을 켜면 방안이 밝아지듯 지식이 생김과 동시에 미혹은 스러지며, 지혜 또한 제 구실을 마치자 없어지나 그 지혜로 얻어진 무상, 괴로움, 무아無我의 이치는 없어지지 않는다고 하였다. 또한 채근담에는 "어진 사람은 마음이 너그럽고 느긋한지라, 복이 두텁고 경사慶事가 오래가며 일마다 너그럽고 느긋한 기상氣象을 이루고, 천한 사람은 마음이 좁고 급한지라, 녹祿이 박하고 은택이 적어 일마다 좁고 급한 모양을 이루느니라."라 하였다.

"근로는 매일을 풍부하게 하며, 휴식은 피곤한 나날을 더욱 값있게 한다. 뿐만 아니라 근로 뒤의 휴식은 높은 환희 속에 감사를 불러일으킨다."라고 보들레르는 말하였다.

또한 경계도 한다. 합리적 시스템 경영방식을 채택한 자동차 왕 헨리 포드는 "사람은 일하기 위해서 이 세상에 태어난 것이다. 단지 명상하고 느끼고 꿈꾸기 위해 이 세상에 태어난 것은 아니다. 모든 사람은 그의 능력에 따라 자기가 하고 싶은 일을 할 때에 가장 빛나는 것이다. 일만 알고 휴식을 모르는 사람은 브레이크가 없는 자동차와 같이 위험하기 짝이 없다. 그러나 쉴 줄만 알고 일할 줄 모르는 사람은 모터가 없는 자동차와 마찬가지로 아무 쓸모가 없다."라 하였다.

짧은 인생을 살면서 우리가 무기력하고 헛되이 휴식을 취하거나 수면에 빠지면 곤란하다는 일침일 것이다. 칸트는 노동 뒤의 휴식이야말로 가장 편안하고 순수한 기쁨이라고 하지 않았는가.

하지만, 늘 조급하고 지나치게 성취 지향적이어서 쉴 줄도 몰랐던 우리가 마음에 진정한 쉼을 얻고 자유로워질 필요가 있다. 탈진 상태에 빠진 현대인들에게는 자신감과 용기를 회복시켜 줄 휴식이 필요하다. 휴식이 주는 창조성과 집중력, 평온함을 재조명해야 하리라.

아무런 걸침 없이 홀가분한 마음으로 바다에 서서 수평선에 마음을 둔다. 한 시간이 지나고 있다. 돌아서서 먼 산도 바라본다. 자연으로 가는 길이다. 지친 나와의 대화 시간이다. 한가로운 시간은 무엇과도 바꿀 수 없는 재산이다. 한 해의 완성은 휴식이다. 휴식은 새로움이고, 새로움은 새로운 시작을 의미한다. 인생을 살아가면서 채우는 것보다 중요한 건 넘쳐나는 것을 버리는 것임을 생각한다. 지금의 삶에 만족 못하고 투덜투덜하는 나를 본다. 살짝만 비우면 소소한 행복이 기다리고 있으며 이러한 행복이 모여 큰 행복을 이루는 것이 진리 아니겠는가. 오쇼 라즈니쉬의 말이 스친다.

"차가운 침대에 누워 파란 촉감을 느끼자. 침대는 차차 훈훈해지고 어둠이, 밤의 침묵이 그대를 덮을 것이다. 두 눈을 감고 그대 자신을 느껴라. 더 이상 무엇이 필요하단 말인가? 아! 너무 벅차구나. 깊은 감사의 마음이 솟아난다. 이것이 휴식이다. 휴식이란 지금 이 순간이 그 어떤 기대나 요구보다도 충만함을 의미한다."

느리고 긴 날숨으로 다시 새긴다.

시계를 돌리는 사람

하얀 달빛 아래 산국화가 흔들린다. 억새는 자신의 온몸이 흔들리고 있다는 것을 알까. 저 아름드리 포구나무는 과연 몇 년생일까. 가을 저녁이 천천히 스며들어 아픈 시간들은 나이를 멈추게 하고 멈춘 것은 다시 고통을 되새기게 한다. 병들지 말자. 우리 병들지 말자.

행복은 우리가 말하지 않아도 어깨에 내려앉는 나비와 같지만, 병마는 누구에게나 찾아든다. 현대인 삶을 위협하는 암이라는 미분화 세포는 인간을 두려움에 들게 한다. 병상에 누워있는 벗의 아내를 보며 가슴이 아래로 내린다. 뜻밖의 일이 생길수록 믿음은 어질다. 폭포는 떨어지는 소릴 들으며 기어코 얼지 않는다. 왠지 고마운 마음이 들었다. 지금 이 정도의 그녀가 말이다. 그녀 고운 모습에 안도했고 곁에서 바라보는 선량한 벗의 눈을 묵직하게 마주한다.

밤이슬이 몰래 키운 숲으로 들어간다. 부부는 슬며시 손을 잡는다. 부부가 함께 산다는 것은 서로의 눈동자 속에 낀 슬픔을 닦아주는 일인 것이다. 아! 이것이 부부구

나. 한쪽이 기울었을 때 떠받쳐 곧추세워 나란히 가기 위해 애쓰는 것 말이다. 서로 위로 나누는 부부가 다정스럽다. 당신이라는 바람 불어와 내 안의 내가 되었으니 그들은 하나였다. 다시 돌리는 시계 소리가 우렁차고 밝다. 익숙함과 특별함이 공존한다.

 몸은 곧잘 어긋나고 힘 빠진 눈은 늘 동그라미를 꿈꾼다. 성공적인 수술이란 말을 하며 그가 선하게 웃는다. 연한 미소로 친구 어깨 토닥인다.

 "빠른 쾌유가 있을 것이야."

 시계 소리에 맞추어 프리지어 한 묶음 건넨다. 돌아와 앉아도 그녀 하얀 미소는 지워지질 않는다. 아내 얼굴 연하게 그려본다.

사람은 누구나 외롭다

이제껏 맑던 하늘에 어느새 검은 구름이 한두 점 나타났다. 소나기가 오려는가 하고 고개를 드니 먹장 갈아 부은 듯한 구름이 자꾸 솟아오르더니 하늘이 더 가라앉으며 물줄기가 시원스레 스쳐간다. 빗줄기가 거실 창문을 흥건히 적신다. 헛헛하던 감정을 더 헤집어 놓는다.

창 쪽에서 들려오는 새소리와 함께 차를 마신다. 작은 일에서 행복을 느끼려는 것이다.

벚나무도 같이 한다. 비를 몰고 온 산들바람이 어슴푸레 졸고 있던 나뭇가지를 흔드니 깜짝 깬 듯이 고개를 까닥인다. 봄 산은 파릇한 생명력이 연신 피어난다.

봄날에 들른 고향, 상전벽해에 격세지감을 느꼈다. 내 늙어 다시 고향 찾으면 나를 반갑게 맞아줄 게 있으려나. 나는 어디로 가지 않고 돌아간 고향에서 주어진 그대로를 가지고도 살 수 있다는 것을 보여 줄 수 있을 것인가.

"오오, 고독이여! 너 나의 고향인 고독이여! 나는 거친 타향에서 거칠게 산다는 것, 너무나도 긴 세월이 지났기 때문에 너의 곁으로 귀향하니 눈물이 없을 수 없는 것이다!"

'자라투스트라는 이렇게 말했다'에서 '귀향'이라는 장의 서두 한 글귀를 읽어 내린다.

당신은 찬란한 고독을 언제 품어 보았는가. 그대는 향기 지닌 중년인가. 어두운 밤하늘에는 수많은 별이 피어나지만, 모두 외로움 속에서 찬란하게 빛나고 있다.

사람은 누구나 이 세상에 혼자 왔다 홀로 간다. 그래서 인간은 원래 외로운 존재인 것이다. 나이 들수록 더욱 견디기 어려운 것이 외로움이다.

외로움은 두려워하지 말고 받아들여야 하며 고독을 즐길 줄 알아야 한다. 인생이란 결국 외로움을 뛰어넘어 변치 않는 자유와 진리를 찾아가는 긴 여정이지 않은가. 사람은 사회적 동물이기에 서로 부대끼며 더불어 살아야 행복해진다.

달은 고독하지만 달빛이 어둠을 밝히듯 찬란한 그 빛은 주위 사람들을 환히 비춘다. 찬란한 고독이 빛을 발하는 것이다. 고독과 담담하게 대함으로서 인생 묘미를 느낄 수 있다.

아침 일찍 아무도 밟지 않은 처녀 설을 밟고 산을 정복하는 기쁨도 큰 것이지만, 후끈한 벽난로에 두 발을 들이밀고 턱 고이고 누운 채 눈 내려 하얗게 변한 산장 어둠을 내다보는 고독에 비하면, 그것은 또 얼마나 단순한 즐거움인가.

농익은 사랑, 연분홍으로 매달고 선 늙은 감나무 고독. 지난 유월 태풍 악다구니에 떨어져 내린 토실한 아기 감 떠올리며 전율하는데 지나던 갈바람이 늙은 감나무 거친 몸을 위로한다. 나무는 다음 봄날 새순을 기다리며 긴 고독의 시간을 이어간다.

삶이 고독 속에서 이어지는 것이라면, 인간은 고독 속에서 그 고독을 즐길 줄 알아야 하리라. 고독 속에서 신념은 더욱 견고해지기에. 삶의 완성을 향해가는 영혼은 찬란한 고독을 경험한다.

내가 알지 못하던 그 공간으로 접어들었을 때 혼자지만 온 세상과 연결되는 순간, 찬란한 황홀경을 경험한다. 그제야 우리 안에 있는 근원적 외로움은 결코 다른 사람이나 외부 그 무엇으로 채워지지 않는다는 것을 깨닫는다. 오직 우리 영혼이 신성과 하나가 됨으로써 외로움은 채워진다는 것을.

고독은 마치 몸의 척추와 같이 자신 삶을 지탱해주는 굳건한 신념과 비전을 가진 사람에게서 굳건하게 삶을 견디게 한다.

사람은 누구나 외롭다. 외로움을 두려워 말자. 고독과 외로움 속에서 큰 지혜와 사랑이 생긴다. 인간의 길은 본질적으로 외롭지만, 고독이 극한 상황이 되었을 때 큰 환희로 바뀐다.

철저히 홀로이고 외로울 때 전체가 보이고 느껴지기에 그러하다. 사무치고 사무칠 때 비로소 어둠 뚫고 환한 빛이 번져 나온다.

고독이 찬란한 빛으로 바뀌는 것이다. 가슴속에 찬란한 고독을 품고 갈 때 사람에게서 향기가 나온다.

그것이 바로 영혼이다. 영혼이 살아있을 때 비로소 빛이 나고 향기가 나는 것이다. 저 하늘에 빛나는 별처럼.

자라투스트라를 다시 기억하며

   청사포구에서 건진 황홀한 노을 끌어다 집 베란다에 매어 놓는다. 저녁 쪽으로 다리를 뻗는 침묵이 흐르는데 초인 니체가 묻는다, 사는 게 어떠하냐고. 빗속에서 눈물을 훔치는데 젖는 것은 빗물이다. 절망의 끝에서 슬픔 크기만큼 진한 고독을 삼킨다. 푸르지 않은 솜사탕처럼 자라난 허무가 자신을 포기하는 현실이 되었다.

   내 곁에 아무것도 존재하지 않음을 느낀다. 니힐리즘이 지배하고 주장과 변명이 난무하는 어지러운 세상이다. 기존의 전통적 가치가 무너지고 새로운 가치가 세상을 지배한다. 과연 도덕적 삶은 허구인가. 혓바늘이 돋더니 기어이 사내를 집어삼킨다. 바람에 흔들린다. 혼자만 비틀거리는 게 아닐 터이다. 누군가를 만나 마음 나누어도 웅크린 고독은 남는다. 내가 나를 알아주지 않을 때 속에서 자꾸만 텅텅거린다.

   아픈 낮달이 악어 떼를 출몰시킨다. 침대엔 불가사리 자라고 기어이 돌아눕는다. 쓸쓸한 것은 얼마나 차가울까. 차가운 몸이 된다. 서걱대는 불안이 외로움에 지친 서

산에 걸리고 도드라진 허무와 공존하는 시간이 흐른다. 허무한 것은 정말 차가울지를 생각한다. 반쯤 식어버린 커피가 목젖을 적신다.

공수마을 등대와 마주하며 섰다. 정겨운 풍경이 펼쳐져 있다. 절망 끝에서 희망의 빛을 건진다. 강렬한 자기 긍정은 삶의 원동력이라 느끼며 몽돌처럼 단단해진다. 영원회귀. 시간은 영원하지만 물질은 유한하다.

천 개의 바람이 나를 따른다. 소리 죽여 품에 안겼던 물새, 그들 입속에서 맴도는 물보라가 차갑다. 더 높은 곳 향하여 기어코 자신을 버리지 말라고 혼잣말을 한다. 언어 가진 힘이 우리 삶을 충만하게 하는가, 과연 신은 죽었나….

세상에 진실은 존재하지 않으며 오직 주관적 해석만이 존재하는가. 나는 네가 꾸는 꿈 위해 기도한다. 이제 성급할 필요가 없다며 자라투스트라를 다시 기억한다.

나그네 되어

  지금 행복하지 않다면, 행복에 관한 걱정일랑 관두고 자신의 불행에서 뽑아낼 수 있는 것이 무엇인지 찾는 편이 낫다고 하였다.

  언제나 가야 할 길을 걷는 길손은 또다시 길 위에 선다. 창틀 사이로 볕이 들면 빛바랜 언어를 들고 습관처럼 나그네가 된다. 날마다 떠나도 날마다 가야 하는 머나먼 그 외로움 속에서 벗어나기 위해. 교묘하게 파고드는 통증이 녹슨 그리움을 닦고 있다. 한없이 열리는 깡마른 길 위에 기어이 멈춰 선다.

  나를 만난 것은 너에겐 나쁜 꿈이었지. 이 골목 저 골목 퍼져나가던 도피의 맛은 씁쓸하였을 터이니까. 쓸쓸함이 안겨준 아픔이 사위어갈 때쯤 나에겐 변명할 시간이 필요하였다. 길을 떠나면 또 길은 열린다며 중얼대곤 긴 그림자 파도를 타고 섬이 되어 또 다른 길을 나섰지.

  보이지 않는 것을 그리워하는 것이 진정 그리움이다. 재가 되어도 끝내지 못할 바람이 가슴속 그리움 피운다. 기다림에 목마른 사슴 같은 시가 입에 맴돈다.

마음속 파문이 제대로 퍼져 외딴곳에 뿌리내리고 천리 먼 길 달려온 눈꽃송이가 그를 소복이 안는다. 따뜻한 피가 흐르고 다시 힘을 낸다. 종착역까지 함께 할 먼 여행길이 아닌가.

 따가운 이내 삶을 들고 갈까 안고 갈까. 기다리고 눈감고 듣고 생각하고 참고 입 다물고 믿고 지나가니 아픔으로 지켜주지 못한 계절이 서럽다. 하늘로 오르지 못하는 자욱한 안개는 습한 기억을 껴안고 놓아주지 않는다.

 세상에 너무 욕심 내지 말자고 지나치게 미련도 두지 말라며 한 송이 꽃을 터벅터벅 도시 비둘기에게 건넨다.

 수평이 원칙인 좋은 세상 꿈꾸려고 갯바위 유유자적한 물새를 즐거이 닮아가는 나그네가 되고 만다.

왜 위반해야만 하는가

내 삶의 주인이 되어 살아가려면 제도나 사회에서 요구하는 규칙에 스며든 의도를 의심하고 이에 저항해야 한다. 여기에는 물론 타고난 색깔대로 삶을 살아가도록 이끌어주는 나름의 준엄한 성찰과 의미 깊은 처방이 필요하다. 어떤 사실을 낱낱이 알기보다는 그냥 모르는 채 행복해하는 것이 때로는 더 낫다는 생각이 들 때가 있다. 나는 남김없이 나 자신이 되어 있는가? 당장 눈에 아름답게 보이거나 황홀하게 귀에 들려오는 것에 현혹되어 바깥을 보지 못하는 이들은 그저 동화의 주인공처럼 줄거리대로 수동적으로 살아가는 것은 아닐까.

영화 '슈렉'에서는 포스트모더니즘 사상을 엿볼 수 있다. 통상적으로 동화는 변신이라는 문학적 장치로 결말에서 주인공은 화려하거나 아름다운 모습으로 화하여 결합하고 해피엔딩으로 막을 내린다. 그러나 '슈렉'의 결말은 이러한 기대를 무참히 깨뜨린다. 마지막까지 주인공을 괴물과 추녀로 남겨두는 위반의 정열은 곧 포스트모더니즘 미학의 핵심 개념인 숭고의 정서를 우리에게 환기시켜

준다. 기발한 결말이다. 칸트가 언급하였던, 대상을 미학적으로 판단하는 데서 아름다움과 추함이라는 기준 이외의 숭고함이라는 범주를 끌어들인다. 영화의 저변에는 칸트의 '판단력 비판'의 핵심 내용을 차용한 것으로 보인다. 영화를 보는 내내 웃음을 머금는 이유는 예측을 넘어서는 위반의 통쾌함이다. 결국 위반이야말로 권위를 해체하는 가장 확실한 방법인 셈이다.

왜 위반해야만 하는가. 이는 자기 삶의 진정한 주인이 되기 위해서다. 이것은 틀 바깥에 나서려는 의지와 그 바깥에서 안의 것들과 맞서려는 정열에 의해 동기화된다. 우리가 살아가는 세계의 온갖 제도나 규칙 그리고 코드들을 얼핏 보면 오직 공동체 구성원들의 공동선만을 추구하는 것같이 보인다. 그것은 안에 머물러서 보기 때문이다. 하지만 바깥에서 보면 숨겨졌던 이면들이 드러나기 시작한다. 위반하는 것이 삶의 지혜이다. 그러나 무작정 바깥에서 모든 규칙이나 질서를 모조리 묵살하라는 것은 아니고 모든 것에는 바깥이 존재함을 일러주려는 것이다. 이러한 눈을 가져야 자유로운 영혼으로 인해 삶을 풍요롭게 살아가게 될 것이며 무엇보다 자기 삶의 주인이 되어 살아가는데 필요한 전략이 될 것이다. 머나먼 옛날, 돌이 아직은 새였을 때처럼….

길을 떠나야 할 때

삶에서 우리를 힘들게 하는 것은 존재의 가벼움인지 모른다. 실존은 자유의 존재이기 때문에 불안 그리고 고독과 절망이 따른다. 우리가 삶을 살며 불안에 빠지는 것은 내 존재에 대해 자유롭기 때문이다. 신의 명령과 절대자의 소리를 그대로 따르는 것이 아니고 자신의 사고와 선택의 결과에 대하여 스스로 책임을 져야 하기 때문에 불안하고 고독할 수밖에 없다. 자유에서 불안과 고독이 온다. 불안한 가운데서 스스로 행동을 결의하고 그 결과에 대하여 자신이 책임을 져야 하는 것이다. 이러함으로 인해 자신 삶이 힘들어진다면 길을 떠나야 한다.

길 떠남은 사는 법을 배우게 한다. 뜻밖에 의도하지 않은 길을 가게 될 때 계획하지 않은 길에도 즐거움이 있음을 터득하게 해 줄 것이다. 관계에서 생각이 다를 때, 누군가와 서로 부딪칠 때, 바로 그때가 틈이 생기기 쉬운 순간이다. 담쟁이넝쿨 얽혀 있는 돌담길에 듬성듬성 틈이 나 있다. 그 틈 사이로 하늬바람이 지나간다. 그 틈의 여유처럼 일상에서 벗어난 삶은 내 안에 숨은 욕망과 절제에서 벗어나 자연과 하나가 되고 자유롭게 마음을 표출하고 배우고 느끼게 해 준다. 또 다른 나를 찾을 수 있는 기회인 것이다. 한 번에 포용할 수 없는 산과 바다 그리고 낯선 사람들 통해 그동안 바쁘게 살아왔던 나에게 뭔가를 전해주고 말해 준다.

우리가 익숙함에서 벗어나 길을 떠나야 할 때가 분명 있다. 떠나지 않으면 안 될 것 같다고 느꼈을 때, 그때는 기어코 떠나야 한다. 잠깐이라도.

벚꽃이 흐드러지게 핀 새봄 휴일 아침, 모닥불에 대인 것처럼 온몸이 뜨거워질 때….

무언가 결정해야 하는 단계인데 쉬이 판단 못하고 머뭇거릴 때….

아물아물한 먼 산이 푸른 아지랑이의 베일을 쓰고 조는 듯이 하늘 밖에 둘러선 날, 고향의 어머니가 사무친다면….

정해진 삶의 패턴에 익숙해진 나를 흔드는 무언가에 거부반응이 생길 때….

사람들과 관계하여 살아가며 다른 이의 장점보다 단점을 자꾸 들추어내려 한다면….

매일 함께하는 고요하고 거침새 없는 투박한 공간이 숨막히게 앞을 막아선다고 느껴질 때….

가시처럼 뾰족하고 거친 말로 인해 누군가에게 상처를

받아 많이 아픈데 쉬이 떨쳐내지 못할 때….

부부 사이에 신뢰가 무너져 한 번 금이 가기 시작해 이젠 그 어떤 것으로도 치유하기 어렵다고 판단했다면….

매사에 행동은 미루고 말이 앞선다면….

오랜만에 벗에게서 안부 전화를 받고 잠시 후 그가 문득 보고 싶음에 전율할 때….

그 절절했던 부모 마음에 큰 실망을 안겨 주는 자식이 자꾸 미워진다면….

내 눈에 보이는 게 전부가 아니라, 보이지 않는 세상이 더 많이 존재한다는 것을 문득 알게 되었을 때….

이럴 때, 우리는 길을 떠나야 한다. 자유를 갈구하며 기어이 떠났다가 돌아와야 할 때이다. 사람 사이 관계에서는 바람이 통할 수 있는 거리가 있어야 하기에 그러하다. 특히 잃어가는 자기와의 거리두기 위해서는 반드시 자기 응시가 필요할 때이다. 거리에 나뒹구는 작은 나뭇가지들에도 강한 바람 속에 지어 놓은 까치집에도 아련한 시선이 오래 머문다면….

지금 당장 자유로울 수 있음에도 이를 미루고 있다면….

육체의 변화를 따르는 것이 곧 자연의 순리를 따르는 것이다. 나이 들수록 자연스레 더 높은 차원의 기쁨을 추구하게 되는 것임을 알면서도 여전히 욕망만을 추구하는 이기적인 사람이 되어갈 때….

거리를 걷고 또 친구를 만나고 많이 웃는 하루를 보내도 여전히 새벽 3시를 넘기는 불면의 밤이 지속된다면….

작가의 길이든 화가의 길이든 사업가의 길이든 학자의 길이든 상관없이 자신이 가고자 하는 그 길을 가지 못할 때, 그들의 삶이 죽었다고 느낀다. 누가 됐든 천형처럼, 고통스럽지만 한사코 그가 택한 그 길을 가는 사람들에게 동지애를 느낄 때….

지금 당장 행복할 수 있는데 행복을 미루고 있다고 자각하였다면….

길 떠남은 다시 시작하는 힘이 될 터이다. 떠남은 삶에서 자신에게 선물하는 자유다. 떠났다 다시 제자리로 돌아오면 이제는 사랑해야 할 때이다. 사랑도 직선보다 곡선의 품속에 더 많이 안기듯이. 그늘도 곧은 나무보다 굽은 나무에 더 많이 만들어져, 여기에 더 많은 이가 찾아들어 쉰다. 길 떠남이라는 선물은 당신의 남은 인생의 첫날이며 무심히 흘려보낼 하루의 귀한 의미를 담고 있기도 하다.

누군가와 함께 가면 멀리 갈 수 있음도 생각해야 하리라.

혼자 걷는 길은 없다

 고향은 본래적 의미인 자연 풍경과의 만남의 장소라는 의미가 크다. 그곳에서 떠나 있을 때 더욱 그리게 된다. 고향은 태어나고 자란 곳이라는 단순한 개념을 넘어 회귀, 안락, 포근함, 어머니 품, 평화로움 등 내면적 의미도 지닌다. 애초 향유했던 동심의 공간으로 문명의 이기와 거리가 멀고 삶 자체가 순수했던 공간이라 기억한다. 그러기에 나이 들면 많은 촌사람이 향수병을 앓는다. 마음에 고향을 간직한 사람은 무시로 이 병이 도진다.

 잘 늙어 가는가. 내 삶에 만족하고 후회는 않는가. 이래저래 흔들리는 삶. 이러함에 대해 자신 얼굴을 거울에 비추고 질문하게 한다. 우리는 지금껏 이룬 것이 먼지처럼 사라질지라도 우리들 기억 속에 각인된 찬란했던 사랑의 이미지를 소중히 간직하려 한다. 점점 사라지는 파란 기억, 한줄기 바람처럼 맴돌다 서산의 석양을 서성인다. 50대 중년 남성이 바라보는 세상은 메말랐다. 하지만, 어린 날 추억이 그들 삶의 응원과 위로가 된다. 과연 가족 품에서만 살아갈 수 있는가….

나무는 반 벌거숭이가 되어 가고 사람들은 가을이 되어 제각기 다른 길로 향한다. 파도소리 무너지는 밤바다를 헤아린다. '잊혀진다는 것은 슬프기만 할까?'라는 물음에 벗이 답한다. 그보다 더 두려운 것은 새로운 기억을 만들어 낼 에너지가 약해지는 것이라고. 살아 있는 것은 모두 아픔 품는다. 훌훌 털어버리고 날아다니는 새처럼 다시 희망을 노래한다. 우리네 인생이 '마치 좋은 하루였다.'고 더불어 말하게 되기를 바라게 된다. 강을 거슬러 오르는 힘찬 연어들처럼 나이 들면 많은 이가 귀향을 꿈꾼다. 사람들은 왜 나이가 들면 고향을 찾고 그곳에서 굳이 삶을 마치려 할까….

가을은 언제 왔다가 또 겨울이 문턱에 섰는지 세월이 빠르기도 하다. 조바심 나는 하루를 또 보낸다. 오랫동안 꿈을 그려온 사람은 마침내 그 꿈을 닮아간다. 귀향이라는 오랜 꿈을 이행하려 한다.

우리는 매일 어떤 형태로든 길을 간다. 조용히 홀로 음악을 듣던 좋은 사람들과 맛있는 저녁 식사를 하든, 들길을 걷든, 모두 산책이라는 생각을 한다. 우리가 함께 산책할 수 있는 길이 더 많다면 얼마나 좋을까. 그리고 새삼 또 생각한다. 이 세상에 단 하나의 길만 있을 수 없듯, 모두가 같은 길을 걷는 것처럼 보여도 실은 모두 다른 길을 걸어가고 있다는 것을.

나지막이 따뜻한 음악처럼 걷노라면 미처 보지 못했던 자연의 생명과 삶들이 아주 작은 나를 보듬고 안아주는 것을 느낄 수 있다. 그러니 시간이 개입하는 모든 자극은, 산책이다. 더불어 삶이다. 모두가 그렇게 어울려 '산책'을 즐겼으면 좋겠다는 생각을 한다. 다양한 길 위에서 모두가 위로받는 삶이기를 바라며….

혼자 걷는 길은 없다. 세상에 나 혼자 덩그러니 있는 것 같고 혼자만 애쓰고 있는 것 같은 그런 기분이 들 때 위로와 힘을 건네는 말이다. 지금 무슨 일을 하고 어떤 여행을 하든 과거에 그 길을 걸었던 모든 사람, 현재 걷고 있는 모든 사람이 정신적으로 연결되어 우리와 함께한다. 우리는 그 모두와 함께 걷고 있는 것이다. 같이 길을 가지 않아도 함께하는 법은 너무 많다. 살다가 그런 날을 또 만나게 되더라도, 나와 같은 뜻을 가진 모든 이들이 과거와 현재의 모든 순간에 연결되어 있음을 떠올리며 씩씩하게 걸어가려 다짐하게 된다. 관계하는 모두와 모든 것과 더불어 함께해야 할 것이다. 나그네 숙명이다. 이러함에서 고독의 가치는 더한다.

그래서 나는 걷기로 하였다

먼바다에서 석양이 물들 즈음, 해운대 달맞이길 '문텐로드'로 산책에 나섰다. 많은 생각이 스친다. 걷기와 명상은 밀접한 관계를 갖는 듯하다. 모든 산책에서 그러하듯 새로운 것을 발견하고 느린 걸음으로 자연을 바라보며 내 생각을 한다. 때로는 느리게 걸음으로서 특별한 풍경을 응시한다. 허상도 기만도 없이 내 숨소리와 쿵쾅거리는 심장 소리를 듣는다. 가벼운 먼지와 동류의식을 느낄 정도로 작아진 나를 그제야 만난다.

이따금 작은 오솔길을 지날 때면 늘 생기를 주는 선한 공기를 몸과 정신을 이용해 호흡하며 걷는 수고에 대한 보상을 받는다. 실존에 대한 행복한 감정이 밀려들며 형언할 수 없는 희열과 순수한 쾌감이 몸을 감싼다. 사색하며 느리게 걷다 보면, 육체적 감각이 되살아나 근원적 자유가 찾아든다. 초목은 새것 같은 신선함을 지닌 채 지는 해의 온기를 채집하고 그 아래를 비틀거리며 느리게 걷는 나는 지저귀는 새들의 사랑 노래에 숭고함을 느끼며 신선이 되어 본다. 겸허해진다. 서서히 독보권을 되찾는다. 나를 삼켜버린 자연 속에서 큰 우주를 느낀다. 가면 뒤에 숨겼던 자아를 떨치고 건강하고 자유로운 삶의 태도를 지향하려 마음 다잡는다.

우리는 많은 말을 하며 살아간다. 때로는 그 말들의 의미도 모른 채 말이다. 수많은 말 중에도 느림이란 말을 즐겨 쓴다. 느리게 살아갈 수밖에 없는 삶이어서이기도 하지만, 내 귀에 부드럽고 기분 좋게 들리기 때문이다. 또한, 느림이란 말은 참을 수 없을 만큼 관능적이다. 느림은 온전한 관망과 감상을 허용한다. 느림은 개인의 자유를 일컫는 가치이기에 그러하다. 이가 빠진 동그라미가 빠르게 구르지 못해 안타까워하다가 짝을 찾고 보니 오히려 삶의 의미를 상실하였다는 '이 빠진 동그라미' 이야기가 생각남은 왜일지….

이 느림의 미학을 즐겨야 무한한 자연의 세계를 느낄 수 있다. 이는 놓치기 쉬운 온 세상 다양함과 아름다움을 보게 해 주기에 그러하다. 천천히 걸을 때, 지나는 모든 사물을 그저 스쳐 지나가지 않고 바라보게 되며 깊이 사유하는 법을 배운다.

고대 철학에는 이 사유하는 행위가 강조되었지만, 과학이 지배하는 개발과 소유를 강조하는 이 시대에는 점차 그 중요성이 잊혀 가고 있다. 현대인의 시간 부족은 개인 문제가 아니라 가속화에서 비롯된 사회문제이다. 이제 우리는 허겁지겁 바쁘게 걸어가는 걸음을 멈추고 한가로이 느리게 걷기를 통해 사유라는 우아한 기술을 익혀야 한다. 이것이 나를 초월하는 이 탐욕의 현실에서 새로운 평온을 찾을 수 있는 기술인 것이다. 매우 급하게 변화하는 이 시대에 느리게 걷기는 필요한 덕목이라는 생각을 깊숙이 하여 본다. 이는 이미 다음 약속을 하는 사람은 느끼지 못하는 여유다.

파스칼은
"인간의 모든 불행은 단 한 가지, 고요한 방에 들어앉아 휴식할 줄 모른다는 데서 비롯한다."
고 하지 않았는가. 늘 걷기는 행하지만, 산행해 본 지가 꽤 오래된 것 같다. 산행하면 그다지 높은 곳이 아니라도 신체의 부자유스러움으로 인해 원초적 싸움이 시작된다. 자신을 상대로 걷기에 의지와 자유를 가르치는 학습장이다. 목표한 지점 절반 정도에 이르면 좌절과 고통에 맞선 저항이 시작된다. 이쯤에서 끝내고 싶은 욕구에 강하게 부딪힌다. 하지만 이 유혹을 이겨내고 깊은 들숨과 날숨으로 의지를 다진다. 그제야 밀려오던 피로는 내 가난한 몸에 자유를 선물한다. 감지하기는 쉽지 않지만, 고유한 힘을 회복한다는 느낌이 들었다.

인간은 두 다리로 세상을 측정하고 세상은 그 다리의

법을 따른다. 이는 인간의 몸과 세상의 몸이 일종의 공조를 이루기 때문이다. 이 둘은 서로 균형 관계를 맺고 있으며 유한한 인간과 무한한 세상 사이 불협화음을 조정하는 것이다. 이러함으로 인간에게 가능해진 것은, 자신의 규모에 맞게 세상 속에서 살아가는 지혜를 가질 수 있게 된 것이다. 하지만 땅 위를 걷는 것, 우주 안에서는 한낱 이방인이라는 의미에서는 인간 발걸음의 의미는 보잘것없다. 그러나 인간 실존의 의미는 과학만으로 설명할 수 없지 않은가. 그러기에 나의 발걸음에 맞춰진 세계를 되찾아야 한다. 그제야 비로소 한 걸음 내디딜 때마다 온 세계가 내게로 돌아오는 것이다. 성스러운 장소를 향해 걷는 순례자가 떠오른다. 그는 무턱대고 걷는 것이 아니라 자신 삶의 고귀한 의미를 눈뜨게 해 주기를 간절히 원하며 길을 간다. 자신 발걸음에 의미를 얻으려 한다. 그러므로 순례는 신성으로의 통로이며 나아가 자신의 어떤 차원으로 향하는 길일 것이라는 생각을 한다. 그의 선한 의지를 지니고 싶어 진다.

 천천히 사유하며 걷다 보면 나란 존재가 서로 다른 욕구를 지닌 몸과 영혼으로 이루어졌음을 경험한다. 둘은 욕구도 기대도 같지 않다. 이를 혼동하게 되면 불만족을 느끼고 좌절과 고통을 겪게 된다. 몸과 영혼의 욕구는 서로 환원될 수 없으면서도 조응한다. 신도 아메바도 아닌 인간은 이성으로 이 둘을 조절해야 한다. 우리 몸은 현실에 자신을 뚜렷이 각인하며 그 경험을 통해 정신에 자신감을 갖게 한다. 둘 사이를 갈라놓는 것이 해결책이 아니라 몸이 감지한 바를 올바른 사유 통해 영혼을 순수로 이끌어야 하는데 이는 걷기라는 단순한 행위로 해결할 수 있다. 인간은 발로 생각하기 시작한다. 루소는 "우리의 첫 철학 스승은 우리 발이다."라고 '에밀'에서 말하고 있지 않은가.

 몸과 정신 모두를 희망의 길 위에 다시 올라서게 해 주는, 걷기라는 위대한 수단을 활용해야 함은 너무나 당연하다.

 현대 문명은 과학의 힘을 빌려 편리함을 받았다. 이동 수단의 변화가 그 예이다. 별다른 육체노동 없이 빠르게 이동한다. 이러함이 인간이 조건 없는 편안함을 탐닉하게 되었다. 점점 기계에 의존하다 보니 인간 본연의 능력을 수행하지 못하게 되는 것이 문제이다. 그래서 가까운 거리를 갈 때도 걷기를 거부하고 승용차 시동을 거는 것에 망설임이 없게 되었다. 이는 달리 생각하면 기계들에 파묻힌, 효율성만 추구하는 의식이 자리 잡은 것이다.

 플라톤을 시작으로 몽테뉴와 니체에 이르기까지 우리에게 익숙한 많은 철학자가 걷기를 통해 사유하였고, 이를 통해 얻어가진 지혜를 범인들과 나눔으로써 의식의 전환을 꾀하였다. 이제 나도 그들이 전하는 걷기에 담긴 지혜를 얻어 삶의 본질을 성찰하려 한다. 편협하고 이기적인 의식을 새로이 정화하기 위해서라도 자연이 숨 쉬는 오롯한 길 위를 너그러운 마음으로 느리게 걸으려 한다. 느리게 걷기 예찬론자가 되리라. 느림이 개인의 성격 문제가 아니라 삶의 선택에 관한 문제라는 것을 자각하면서 말이다.

  명상으로 깨우침 얻기 위해 인도로 먼 길 나선 오래된 벗인 태감 스님 얼굴이 떠오른다. 그 둥근 얼굴 뒤로 스님의 눈썹을 닮은 듯한 초승달이 소리 없이 잔잔히 흐른다. 철길 너머로 펼쳐진 청사포가 달빛을 받아 경이롭게 빛나고 있다. 스님을 따르며 깨우침 얻기 위해서라도, 그래서 나는 걷기로 결심하였다.

2부 바다와 바람과 숲의 날들

이 기록은 고향 산기슭에서 시작한다. 시와 수필과 문학을 사랑하는 딜레탕트로 남고 싶어 알량한 문재지만, 자연과 함께 하며 사유한 것들을 독자와 나누려 한다. 바다에서 피어난 새벽안개가 섬 아래로 뽀얗게 침잠한다. 눈을 크게 하고 발아래를 내려다본다.

나의 기록이,

여기 땅과 숲, 하늘, 바다 그리고 모든 자연의 사랑으로 채워졌으면 좋겠다. 사람이 모여 사는 곳이면, 어디에나 삶의 여정이 흐른다. 살아내는 모습이 흥미로운지 그렇지 않은지는 이야기를 글로 옮기는 능력에 달려있다. 하지만 작가는 자신과 주변의 일들에 대해 알고 있는 바를 말하는 것에 불과하다.

인간은 자연을 함부로 바꾸려 하지만 자연도 우리를 바꾸려 할 것이다. 동박새에게 바다를 이야기하고 내가 사랑스레 바라보는 모든 것과 사유하고 싶은 것들로 메워 작가로서 또한 순결함을 잃지 않은 한 인간으로 살아내기 위해 정성을 다하리라 다짐해본다.

왜 살아가는가, 내가 이길 수 없는 슬픔 지니고 사는가, 왜 걷는가, 묻고 또 묻는다.

2021년 3월 3일

회귀본능에 몸을 맡기고 매일 빠르게 돌아가는 도시 울타리에서 벗어나려 꿈꾸어 오다 기어이 귀향길에 올랐다. 도시의 편리함 버리고 조금은 힘들고 느리게 살기로 하였다. 근래 회자되는 '러스틱 라이프(Rustic life)를 행하며 삶의 질을 다른 면에서 찾아가리라 생각하였다. 어쩌면 쓰러지지 않기 위해서일지도 모른다. 마음이 자꾸 현실 밖을 서성인다.

간단한 이삿짐을 용달차에 싣고 바다 향 가득한 곳 향해 집을 나섰다. 고향 언덕에 조그마한 거처를 마련하였다. 가족 모두 동행한다. 당분간 그들과 떨어져 살면서 자연을 벗 삼아 내 삶을 관조하기로 마음먹었다. 내 나이 육십에 이르러서야 내린 결단이다. 이제는 부질없는 헛일이나 이기적인 욕심을 버리고 망상의 고리도 끊고 마음을 비워 하늘의 섭리나 자연 이치에 순응하며 살아가리라 마음 다잡게 된다. 그동안 나는 바삐 돌아가는 대도시 공간에서 온전하지 못한 몸으로 공포와 공허를 경험하며 살아왔다. 우울증과 외부 자극에서 벗어나기 위해 몸부림쳤다. 나를 잠 속으로 유폐하려 할수록 불면의 밤은 깊어갔다. 불면의 하룻밤이 오랜 기간 여행보다 더 많은 생각을 할 수 있음도 경험하며 그렇게.

해무에 쌓인 광안대교를 건너 거제도로 향한다. 거북손

이 무리 지어 사는 바다, 그리고 그 바다가 사는 섬, 거제도. 내 탯줄이 묻힌 숲 울창한 고향 소동으로 간다. 그 숲은 홀로 서려는 나를 반겨줄까? 가족이 따르니 쓸쓸함은 덜하다. 온전하게 산다는 것은 자신 삶에 주인이 되고 언제든 자신을 편안하고 평화롭게 유지하는 것이다. 내가 나를 잊지 않고 나를 찾아 길을 갈 때 이 세상 모든 빛과 바람은 나를 위해 일어설 것이다. 그리하여 아름답고 향기로워져 내가 나를 더 사랑하게 될 것이라는 생각을 본향으로 돌아가는 길 위에서 하였다. 마음의 자유와 평화를 위해, 동안의 억압과 혼란에서 벗어나게 되길 바라며 푸릇한 하늘과 파란 바닷길을 달린다. 지금 두둥실 떠 있는 그 섬으로 간다는 것은 남아 있는 일생이 간다는 것을 의미한다. 현재와 미래가 함께 가기에 그러하다. 내가 머물 그곳에선 별도 달도 파랑으로 뜨고 질 것이다. 길 위에서 조금은 홀가분한 마음이 되었다. 그곳에서 파도처럼 부서질지도 모른다. 하지만 머물러야 할 곳에서 오래도록 자유롭게 살아가리라 다짐해본다. 내 소설에서 소망한 것처럼….

　푸릇한 바다에 석양이 내려와 발갛게 물든 아름다운 돌섬들과 그를 위협하는 파도, 그 모두를 말없이 지켜보는 노을 품은 하늘, 이 모두를 한눈에 담을 수 있는 사람. 진정 평화로움이다. 나도 파랑이 된다. 공기도 바람도 달다.

기쁨과 슬픔은 작은 공간에서도 어울려 살아갈 수 있으리라. 자기만족이 되어야 세상과 조화를 이루게 될 것이란 생각이다. 이러한 만족이 없으면 끝도 없는 소유욕에 삶은 피폐해질 것이기에 지금까지의 물질 소유에 만족하고 자연에 머물려 마음 다잡는다. 그동안 사회에서 비틀거리며 거두어 비축해둔 물질로 숲에서 최소한 소비하며 작가로서 그리고 한 인간으로서 자연과 더불어 진실한 삶 살기 위해 온 힘을 기울일 것이다.

3월 4일
반송재 숲에서의 첫 일기를 쓰며 혼자인 나로부터 벗어난다. 고독과 자유를 경험하며….

삶이 힘겨워도 그래도 동그랗게 웃어주길. 그래서 나는 오늘도 걷는다. 나의 미완성인 사유가 삶의 현장에서 열심히 살아가는 이들에게 다가가 '어떻게 살아가야 하는가?'라는 담론을 언어행위 통해 나누고 싶다. 유려한 언어의 유희가 아니라 이 세상을 함께 걸어가는 동행자로서 더불어 깨우침을 얻고자 함임을 고백한다. 이곳에서의 나의 사유와 기록이 누군가의 마음에 다가설 수 있을까….

방울새 울음이 어스름 숲길에 종소리처럼 내린다.

3월 5일

모든 사물은 실존이다. 망각의 그늘이 짙어간다. 숲에서 사색하며 얻은 생각을 잊지 않기 위해서 메모를 한다. 빨갛게 달구어진 쇠는 즉각 사용하지 않으면 멍에에 구멍을 뚫지 못하듯 생각을 기록하는 일을 뒤로 미루는 이는 식은 쇠로 멍에에 구멍을 내려는 이와 다르지 않을 것이라는 생각에 머문다. 느리게 걷다 숲 그늘에 앉아 상념에 들었다가 떠오른 생각을 정리하고 싶으면 메모를 들고 산에서 내려와 집필실에 앉는다. 향기로운 차를 달여 곁에 두고서 마음 가다듬고 조용히 눈을 감는다. 소박함은 단순함이고 고요함이다. 이제부터 내 삶의 철학은 여유와 인내임을 가슴에 각인시킨다. 드디어 번뇌의 숲에서 벗어난다.

지금 내가 사는 세상은 2021년 3월이며 봄이 시작하는 시기이다. 숲이 우거진 반송재와 다리골을 오가며 자연과 함께 하고 있다. 조그맣게 피어난 꽃들과 하늘을 나는 새가 나를 따라 노래한다. 다시 청산별곡을 부른다.

살어리랏다 살어리랏다 청산에 살어리랏다
머루랑 다래랑 먹고 청산에 살어리랏다
얄리 얄리 얄랴셩 얄라리 얄라
살어리랏다 살어리랏다 청산에 살어리랏다
박달이랑 어름이랑 먹고 청산에 살어리랏다

얄리 얄리 얄라성 얄라리 얄라
조그맣게 피어난 꽃들과 하늘을 나는 새가 나를 따라 노래한다
숲과 들에 피어난 봄꽃 속에 아름다운 온 세상이 들어 있다
얄리 얄리 얄리 얄라성 얄라리 얄라

그러나 나는 살아가리라.
새로이 걷는 이 길에 축복이 가득하기를….

3월 7일

누가 오시는가. 안개가 하얗게 내린다. 꿈틀거리는 안개 속에서 내 몸을 들어 올린다. 안개가 고개 비트는 이곳에서 마주친 눈빛은 숲 속으로 침잠하고 만다. 문득 안개 속 세상이 더욱 명료하게 다가온다. 풀냄새 밴 오솔길은 바다로 내려와 졸졸 파도 소리 듣고 눈썹 끝에 매달린 빗방울 감촉이 입술에 와닿는데 풋것에 젖을 물리는 이른 봄은 초록 바람 담은 갈참나무 한 그루, 봄비에 젖어 고개 끄덕인다. 봄비는 안락의자에 우두커니 앉아 있고 침묵같이 고결하고 정갈한 그대 음성이 정겨운 바람 소리 앞세우고 짧은 빗속을 흐른다.

나무 그림자에 등을 기댄다. 나를 품은 바람과 미소 띤 얼굴은 언제나 슬퍼지는 마음 데리고 사는가. 비가 멈추고 찾은 작은 숲은 낮잠이 들고 푸른 부전나비 날아와 좁은 어깨 위에 내린다. 이제 바람은 추억이 수런거리는 산 능선을 돌고 도는데 산안개 걷힌 맑은 날은 이슬방울 향기롭다. 비어 가는 하늘에 노란 양지꽃 등불 슬며시 내건다. 언 땅이 풀리면 잎보다 먼저 피는 복수초는 시린 입술 벌린다. 목련 꽃망울도 알차다. 불어오는 바람은 아직 차가운데 봄바람이기를 이젠 기도한다.

언 마음으로 동백꽃 모가지 댕강 떨구는 하늬바람은 기어이 봄바람 되어 벼랑을 등지고 허공을 내 젓는다. 늙은 의자에 앉아 너와 나의 바다를 본다.

3월 10일

고른 귀뚜라미 울음과 함께 또 하루가 지나갔다. 머물 곳을 어느 정도 정리를 마치니 선뜻 봄이 찾아왔다. 숲길을 느리게 걸었다. 얼음은 이미 녹아 졸졸 흐르고 새들이 세월을 노래한다. 자연은 서두르거나 허둥대지 않고 시나브로 싹을 틔운다. 이제 거제도의 봄을 노래한다.

우리의 봄

겨울의 결구에 봄바람이 시를 쓴다
우리
겨울에는 봄 길을 떠올릴 수 없었다
지심도 그 동백
잎은 무거워도 굳건히 버티고
꽃은 모가지 댕강 떨어져 땅 꽃으로 다시 피었다
이 봄
겨울의 길들 기억나지 않는다

겨울새들은 따순 곳으로 날아오르고
위로만 향하는 봄 꽃잎들 아직 단단하다
파리하게 멍든 바다는 금방이라도 숲으로 밀려드는
거제도, 그 봄

봄 산 생명력이 찬란하고 억세다
거제도로 흘러 들어온 그대가 진짜 봄이다
너의 체온은 기어이 따사롭다
구조라 춘당 매화는 유학자가 기다렸고
공곶이 수선화는 천주교 순례자가 반겼으니
그 봄 다시 만나 사랑 나누리라

연산군, 갑자사화, 스물여섯 명 거제 유배
언젠가 흘러들어 온 유배자 이행의 거제도, 그 봄
자기완성의 시간 보낸 장평 바닷가 그 봄에서 가을까지
인생 격랑 헤치고 다시 봄을 맞은 문동폭포
역사의 뒤꼍 품고 섬 꽃이 안차게 피어난다

나도 기어이 유배자가 되었다

그대가 따뜻해서 봄이 왔다
혹독한 추위를 이겨낸 개나리만이 봄이 되어 더 노랗게 웃을 수 있다
추위에 화들짝 흔들리지 않고 피어나는 꽃이 어디 있으랴
지금 고통스러운 이들이여, 봄이 멀겠는가

거제도, 그 봄이 피어난다
온 들녘에 순수, 평화, 자유 넘실거린다
허공으로 튀어 오른 가숭어의 눈자위에 동그란 미소 걸리고
흰 구름 파도에 다가선다

인간을 위협하는 바이러스가 퍼진 긴 겨울

정신없이 흔들리며 걸어온 삶
작아진 가슴
온전히 보듬는 거제도, 그 봄
손으로, 눈으로, 가슴으로 안아본다
거제도, 그 봄에 안겨 전율한다

파도가 밀어 논두렁으로 밀려오는 참쑥 향기
나쁜 기운 저 멀리 밀어내고
다시 꽃 피우는 거제도, 그 봄

내 곁에서 꽃피는 당신
꽃이 없던 긴 날도 그대 잊은 적 없다
그대는 나의 봄이다.

3월 12일

귀향 소식 전하려 아버지 머무는 곳 들렀다. 노을을 담으려던 눈이 빛을 받으며 빛나기 시작했다. 하얀 나비 한 마리 머리 위를 나르고 오래된 미래가 머문다. 아버지를 다시 기억한다. 그대에게 묻노니, 살아남은 자가 죽음을 말할 수 있는가. 죽은 자도 가끔은 산 자의 안부를 묻긴 하는가. 살아있는 이가 자기 기억을 기록할 뿐이다. 과연 검은색으로 찬란한 삶의 색을 기록할 순 있겠는가.

아버지를 기억하는 방식

느리게 물을 올리고 있는 잣나무 그늘이 옹골집니다. 잠시 숨을 고르며 냇가에 비친 소년을 눈여겨보았습니다. 삭풍 날아든 이른 봄날, 민물장어 주낙 놓고 돌아온 아버지는 초저녁잠 들고, 곁에서 미끄덩한 꿈 이어 꾸는 그 아이 조그만 횃불 부여잡고 아버지를 잇습니다. 아침 상차림에 어머니는 참게 탕 올리고 아이는 쩌억 벌린 다리에 놀라 도래질 합니다. 이를 본 아버지 너털웃음 문지방에 걸렸습니다. 고소한 기억입니다.

탐스런 멍울 머금어 꽃 피웠다가 기어코 열매 달았던 당신, 과수원 가던 까꼬막 길 위로 내 손잡고 아버지 앞섭니다. 우리 웃음 위로 쌍무지개 뜨고 둔탁한 손과 등짝에 박힌 지게 자국 구린 쇠똥 거름 냄새 배었습니다. 구겨진 가난의 서러운 기억 속, 아버지 등에 걸렸던 그 지게는 이제 소 떠난 외양간에서 켜켜이 먼지 쌓여 삭아 들었습니다. 더운 숨 냄새가 손끝에 묻어납니다.

바람 따라 뽀얀 섬길 걷는데, 잔잔한 바다에 비친 파리한 얼굴은 늙어가던 아버지 모습 꼭 닮았습니다. 당신과 이어진 긴 실, 사내는 그제야 자기 하늘이 든든한 이유를 알아챕니다. 나를 둘러싼 차가운 공기가 데워집니다. 살아 있는 것은 모두 아픔 품습니다. 내 마음의 바라봄을 조금만 달리하면 온 세상이 이토록 따뜻하고 고마운 것임을 좁다란 마음에 담습니다.

아버지 깊이 잠드신 곳에서 당신을 다시 기억합니다. 사랑합니다.

3월 15일

김이 모락모락 오르는 국화차 손에 들고서 창가에 기대서니 그리운 것이 많아진다. 해풍 따라 세상 구경 와 어울려 놀다 바람처럼 먼저 가버린 친구가 문득 생각난다. 철들지 않은 오만했던 눈빛과 젊은 날 흘린 눈물이 그리운 걸 보니 나이 들어 가나보다. 눈이 감긴다. 오래도록 우두커니 서서 흐린 하늘과 하나 되어 흘러가 본다.

벗의 이른 죽음, 운명이 은밀하게 맡긴 이중적인 삶의 과업들, 한 사람이 모두를 침묵시킬 수 있다. 운명이 그에게 맡긴 모든 업을 짊어지고 걸은 길이 무거웠을까. 이제 남은 우리는 세상과 우리 자신이 약속한 것은 물론이고 세상을 떠난 친구가 남긴 삶의 약속도 더불어 사유하며 살아가야 할 것이다. 떠나간 벗에게 글 하나 보낸다.

별리

중년의 사내 튀어나온 뱃속을 향해 첫 어둠을 깨운 태초의 햇살처럼 파고들었다. 봄을 먹어야 산다는데 종유석처럼 자란 병마의 터널은 번뇌와 고통과 두려움으로 메우고 벚꽃 상여 앞세우고 너는 그렇게 가는구나. 봄이 이리도 한창인데….

생자필멸生者必滅. 진실로 향하는 길을 막을 수 없듯 죽음은 기어이 받아들여야만 하는가. 생명이 죽음에 이르는 길은 만남이 헤어짐을 잉태하더니 너는 이리도 가엾게 스러졌구나. 시커먼 설움, 그 은밀한 속삭임.

남들처럼 나이 들어 곱게 늙어 가고 싶었을 열망, 그 기회마저 잃는 것이 서럽다. 거스를 수 없는 자연 섭리 앞에서 그 지독한 바람과의 싸움에서, 죽음과 이별 앞에서 초라하게 위축되는 인간사. 주어진 삶이 다하면 누구나 맞게 되는 나와의 이별. 하지만 떠날 때를 기다리는 이는 얼마나 많이 고독했을까, 얼마나 슬플까. 네가 쏟아낸 눈물 안에 손을 넣는다.

사랑하는 친구야, 삶 이후의 세상을 나는 모른다. 그 미지의 세계가 여기보다는 더 나으리란 기대를 가질 뿐, 세상이 이곳에만 국한되지 않으리란 기대에 말할 수 없는 강한 힘을 느낄 뿐이다. 누구도 죽은 이를 따르지는 못한다. 달도 뜨지 않는 밤, 슬픔을 억누르는 망자의 여러 벗이 술잔만 기울인다. 죽은 자의 어둠은 어디로 갈까….

　자유로운 한 마리 새가 되어 부디 하늘정원에서 아프지 말고 꿈처럼 사시게나. 죽음 앞에서 평등해지는 그날에 다시 만나세. 그때까지 잘 지내시게, 안녕.

3월 16일
인적 없는 깊은 산속 숲에는 거울이 필요 없다. 산과 나무, 시냇물과 산새 그리고 존재하는 모든 것이 곧 내가 된다. 홀로 바람 속을 걸으며 무엇에도 얽매이지 않고 마음속 깊은 숲 속에 머물며 즐긴다. 바람이 잎을 키운다. 내 안의 기쁨도 꽃처럼 피어난다. 수도하는 승려처럼….

　해가 지기 전 숲은 바람이 먼저 운다. 저 먼 곳에서 종소리가 들려오니 입속에서 꽃이 흔들린다. 파도소리가 가까이서 들려온다. 생각이 머뭇거린다. 더는 바랄 게 없다. 죽음의 두려움에서 벗어난다면 이 세상 살아가는 게 무에 그리 두려울까….

　가슴속이 환해지도록 걷고 걷다 새털처럼 가벼운 마음으로 집에 들어선다. 어둠이 밀려드는 저녁에서야.

3월 17일

 집을 나서 어디를 가도 고향 바다가 그리는 풍경은 정겹다. 세상을 알게 해 준다는 지세포항이 내려다보이는 곳에 마련한 반송재 초입의 나지막한 거처. 고즈넉한 이 공간에 요하네스 브람스의 소나타 F.A.E.가 자유롭게 흐른다. 근원적 고독이 엄습한다. 고독하니까 사람이다. 살아 있는 한 피할 수 없는 고독. 사람에게 자유는 고독한 실존을 초래한다는 것을 깨닫게 하여 준다. 고독이 경지에 다다랐을 때 비로소 실존에 탐닉하게 되고 살아 있음을 체득하게 될 것이기에. 3월의 봄바람에 흔들리는 꽃대를 내려다보며 자유도 인간 세상의 한낮을 관통하는 고독한 통증도 지나가리라는 삶의 진실 믿으며 이 봄을 가슴 가득 껴안는다. 자유롭게 그러나 고독하게….

 지금의 이 고독은 공동체에 적응하지 못해 느끼는 소외나 단절은 아니다. 오히려 다양한 이들과 매 순간 살아있는 관계를 형성할 수 있는 힘이 될 것이다. 이 절대 고독은 모두를 이해하고 함께 살아가는 방법을 발견하게 될 터이다.

 자연과 하나 되는 삶을 꿈꾸며 귀향하였다. 그동안 늘 내 안에 바다를 품고 살았다. 어언 40여 년의 타향살이 마감하고 찾아든 고향. 대처에서도 나에게 가장 중요한 것은 자연이었다. 그나마 그들은 나를 이 세상에 만족하게 해 주었다. 도심을 벗어나 아침 산책길에서 만났던 자연과의 대화가 하루 중 위로받는 가장 즐겁고 행복한 때였다. 가득한 이기심에서 벗어나게 하는 설득의 시간이었다. 사계절 바뀌는 풍경과 늘 육지로 파고드는 파도소리도 즐겼다. 자연 안에는 인간 세상과는 달리 신선하고 즐거운 경험이 늘 일어난다. 그래서 고독한 자유를 선물해 주었다.

한 시대를 살아온 이의 모든 것을 추억한다는 것은 소중한 일이다. 이는 한 사람의 과거와 현재 그리고 미래를 만나야하기 때문이다. 소로우가 월든 호숫가에서 쓴 일기장을 가끔 펼친다. 그의 일기는 유익하고 유쾌하다. 살아가며 생각해 보아야겠다고 느낀 것이 대부분이다. 그의 생각은 맑고 상쾌한 숲처럼 청량하고 온화하다. 더러 우울한 부분도 있지만 그의 문장과 생각에는 자연 사랑이 깊다. 일기의 후미로 갈수록 더욱 여유로워 독자에게 자연스럽게 다가온다. 그가 남긴 기록은 후대에 남겨준 위대한 유산이리라. 내 대부분의 스승은 책에서 만났다. 고전이 된 책 속 그의 삶을 추억하며 고향 소동에서의 삶을 글로 남기리라 다짐하였는지 모른다. 눈을 감는다. 이 글이 소로우의 '월든'처럼은 아니어도 오래도록 사람들에게 읽히기를 바라게 된다.

나의 글이 고향 예찬의 기록이 되었으면 좋겠다. 내가 사랑하는 것과 추억하는 것 그리고 사유하고 싶은 것을 글로 남기리라 마음 다잡는다. 소나타는 절정으로 치닫는다. 고독이 밀려온다, 보편적 가치인 자유와 함께. 이 고독이 시가 되고 문장이 될 터이다.

난 나의 그림자와 단둘이서 오늘도 걸었다.

3월 19일
삶은 관계다
많은 감정이 관계 속에서 일렁인 날
날숨이 까마득한 별까지 가고

나는 없다
하릴없는 타성
그림자만 난무하고
섬이 되어 파도에 나부낀다

가로막은 벽이 나인가
억새처럼 자라난 번뇌
들숨에 돌아선 별의 기운 받는다
누가 가로막는가
풍등의 행방처럼 묘연하다
그제야 흔들림은 공존의 시간으로 이끈다

상처란, 서로를 한 몸처럼 여길 때 생긴다
지울수록 다가오는 게 삶이라면 관계는 자신을 바라보는 눈빛인가

삶은 수많은 관계의 이어짐
들에 난 길과 같아 오가지 않으면 소원해지는 인간관계
온기는 땅 위 생명에게 훈정을 더하고
흙과 나무 사랑마냥
좋은 관계 이어가야 한다고

나의 울음을 나에게 들려주는 날
문을 열고 집을 나선다
바다에 가야겠다
해가 떠오른다
산그늘 잔뜩 짊어진듯하던 얼굴이 발그레 익는다

한여름 백일홍 같다
내일을 또 걸어가야 하기에 애틋하기만 하다
하늘이 맑다
그대의 체온은 아직 따뜻한가
바람 되어 수평선에 머물고
섬을 잇는 인연들 드디어 손을 잡고

기어이 평화가 스며든다.

3월 21일

과거란 지금 걷고 있는 현재이다. 귀향한 지 어느 듯 스무날이 넘어서고 있다. 언젠가 또 봄날은 오리라 생각하며 긴 겨울을 지냈다. 갓 피어난 목련의 눈 흘김에 꽃샘추위는 꽁무니를 빼고 기어이 겨울을 놓고 봄을 든다. 봄을 이기는 겨울은 없다. 갈매기가 비상하고 파랑새가 앉아 운다. 봄에는 여러 소리가 들리기 시작한다. 자연과 교감하며 산다는 것은 크나큰 축복이다. 햇살은 다시 봄을 파종하지만 유달리 이 봄이 무겁게 느껴지는 것은 입을 틀어막게 하는 코로나19 바이러스 때문이리라. 자가 격리로 인한 무너진 일상으로 괴로움은 발에 감기고 가녀린 마스크 안 웃음은 애처롭기만 하다. 꽃잎 되어 떨어지면 하늘이 열릴까, 얼굴을 스치는 바람을 걸러 마시니 섬은 물 아래서 손잡는다.

샘물에 하늘이 담기는 것은 내 마음이 저 하늘을 비추고 있기 때문이다. 고요하고 투명하고 평온하기 때문이다. 자연이 건네는 선물이다. 나는 자연에 귀의한 숲 사람이라 중얼댄다. 인간의 관습이나 제도에서 벗어나 사색하는 이로 살아가려 한다. 이제 숲은 노을 담은 구름이 짙게 드리우고 있다. 부풀린 그리움이 자맥질하는 오후 봄기운 마시며 산보를 한다. 산책길에 만난 야생화 3종. 오르며 만난 괭이눈과 내려오며 눈에 띈 얼레지 그리고 소담스러운 남산제비꽃. 봄뜻을 온몸으로 느끼며 걷는 이 순간 행복을 만끽하며 야생화 사랑에 빠진다. 꽃향기 따라 걷는 긴 길은 힘겹지 않아 좋다. 벼랑에서 핀 꽃을 바라보며 심연에서 벗어나기 시작한 날이다. 봄꽃 속에 아름다운 온 세상이 들어 있었다. 봄빛이 완연한 세상엔 아름다움이 넘쳐난다. 가끔은 그 아름다움이 한꺼번에 느껴지곤 하는데 터질 듯이 부푼 풍선처럼 가슴이 벅차게 된다. 하지만 마음을 가라앉히고 집착을 버려야 한다는 걸 깨닫게 되면 희열이 몸 안에 빗물처럼 흘러 오직 감사의 마음만이 남는다.

3월 23일

화두를 던졌다. 나는 이 숲에서 무엇을 위해 살고 있나….

사람들이 살아가며 느끼는 끝없는 불안, 근심, 걱정 그리고 우울은 고치기 어려운 질병들이다. 자연의 치유력에 순응하는 것이 이 약함과 결함을 순화하는 방법이 될 수 있을지 모른다. 자연이 건네는 위안에 순응하면서 말이다. 실패하는 산책은 없다. 자연과 교감하며 산다는 것은 크나큰 행복이다. 나날이 축적되는 이 힘은 삶의 큰 위로가 된다. 가끔 솔방울, 나뭇잎, 낙엽 등 길 위에서 주워 온 자연의 부산물을 탁자에 펼쳐놓으면 이상하리만치 만족이 밀려온다. 항 우울제 더미다. 걱정으로 가득한 방에서 나와 자연을 대하면 내가 왜 사는지 알게 된다. 우리는 죄를 짓지 않고 살 수는 없다. 죄는 큰길로 난 미덕이라 하였다. 살아오며 해온 과오를 반성하려면 숲속 시냇가에 앉아 흐르는 물소리에 몸을 맡기면 된다. 냇물 흐르는 소리에 온몸과 마음을 맡기는 것이다. 그 소리에 귀 기울이다 보면 일순 눈빛이 살아난다. 자연이 지니는 진정한 의미를 깨닫는 것은 그렇게 소중한 일이다.

  숲속 그늘은 어우러져 세밀하게 숨 쉰다. 나도 누군가의 그늘이 되어 이 나무들처럼 어울려, 외롭고 슬픈 이들과 함께 하고 싶다. 향을 싼 종이는 향내가 나기 마련이기에 그동안 나와 함께 한 이들에게 향기 나는 쉼터가 되는 한 그루 나무가 되어 주고 싶다. 아직은 늦지 않았다고 생각하지만, 늙는 것도 운명이고 또 늙어가는 채로 내 아이의 젊음을 지켜보는 것도 운명이라면, 그렇다면 나는 고향에서 바다 같은 따뜻한 집을 지어 놓고 늙어 가야 하리라. 피어나는 까치놀 속으로 내 아이가 가끔 찾아와 쉬다 갔으면 얼마나 좋을까.

자연과 사회는 똑같은 두 개 상황이나 같은 날은 존재하지 않음을 느끼는 나날이다. 성장과 퇴화 통해 끊임없이 변하고 있는 것이다. 어린 시절, 세상의 모든 것은 내 키보다 훨씬 커 보였고, 잡을 수 없을 것 같았다. 그 시절에는 눈 안에 담긴 모든 것이 반짝반짝 빛이 났었다. 하지만 가장 빛이 났었던 건 눈 안에 담긴 세상이 아니라 세상을 향한 커다란 호기심과 꿈이었음을 이제야 느낀다. 그 마음이었음을 이제야 알게 된다. 그 시절 그처럼 아름답고 접근할 수 없을 것처럼 보였던 것들, 그 가운데 얼마나 많은 것이 보잘것없이 되어 버렸는가. 그 시절의 것들은 이제 영원히 손에 잡을 수 없을까⋯.

진정한 자아를 찾아 떠나는 삶은 내려놓기가 우선임을 알게 된다. 무언가를 온 마음 다해 원한다면 세계를 어느 정도는 가질 수 있음도 알아차린 소중한 날이다. 자연이 건넨 선물이다.

3월 25일

그는 나의 오랜 친구다. 고향에 내려와 처음으로 만난 벗이다. 조금은 낯설었던 얼굴이 발그레하게 익어 점점 나에게 다가와 기대어 선다. 새봄 풍경 속에 사람이 담기니 기쁨이 더한다. 그는 중, 고등학교에서 함께 공부했고 힘들었던 군대생활도 함께 한 전우였다. 죽음을 위협하는 병마와 무너진 삶을 뒤로하고 세상을 등지고 풍운아가 되어 전국 산야 누비며 다닌다는 소문은 익히 들어 알고 있었다. 실로 오랜만에 회포를 풀었다, 오랫동안 운영하던 종합학원을 정리하고 자연과 함께하며 자기 몸을 덮쳤던 병마도 저만치 밀어내고 구조라 윤돌 섬이 내려다보이는 고향 언덕에 움막 하나 짓고서 살아간다고 담담하게 말한다. 그의 눈에 삶을 달관한 듯한 빛이 형형하게 스친다. 난 아무것도 아니라는 생각을 하게 된다. 순간 마음을 비우니 세상이 아름답게 다가왔다. 벗의 얼굴 보며 이제 싫은 게 모두 없어졌다. 자유다. 아마도 이 친구와 숲에서 자주 만나게 될 듯하다.

그는 자연 속에서 캠핑을 즐긴다며 선하게 웃는다. 여러 빛이 눈을 스친다. 길을 가다 어디든 텐트 드리우고 자연을 벗 삼아 지낸다 한다. 그와 단둘이 지세포구가 내려다보이는 곳에 텐트를 쳤다. 그의 일상과 함께 하게 된 것이다. 진실하게 자연을 즐기는 이는 영혼의 밭을 갈 시간을 보내는 것이리라. 기분 좋은 바람이 닿는다. 아직은 늦저녁 풍경이 차갑기도 하다. 내 마음속에 자라던 섬은 또 다른 섬을 만나 자유로워진다. 그동안 고독한 삶이었지만 그 고독이 자신을 다시 일어나 걸어가게 했다는 말을 조용히 한다. 그의 삶에 대한 철학이 나보다는 더 확고하다는 생각에 머물렀다. 나의 열망이 실천을 능가하듯이 말이다. 그의 발길이 닿는 섬이 되어야겠다. 올려다본 밤하늘엔 별이 가득하다.

  인생에서 진짜 친구는 자주 만나 시간 함께 하면서 서로의 철학을 나누며 하고 싶은 것은 무언지, 서로에게 도와줄 수 있는 건 또 무언지 말하는 친구이리라. 앞으로 어떤 길을 가야 할지 그러한 것들을 나누는 벗이 곁에 있게 되어 하늘을 얻은 기분이다. 돌이켜보니 내 우정의 형태는 계속 바뀌어 왔다. 어릴 적 친구는 추억을 버리기 아쉬웠고 취미가 맞는 친구는 금세 싫증을 느꼈다. 회사 동료는 퇴사하며 이내 멀어졌으며 또 어떤 무리에서 소외당하기 싫어 무조건 맞추고 지내던 친구는 한순간 남보다 못한 사이가 되기도 하였다. 결국 관계에서 모든 걸 맞춰주는 것이 아니라 서로를 배려하고 생각하는 마음이었음을 깨닫는다. 벗과의 관계에서 묵묵히 곁에 있어준 친구가 생각나는 것은 왜일까….

  코로나 시대는 선택적 만남, 교류가 이루어진다. 누군가에게 만나고 싶어 하는 사람이 되기 위해 노력해야 하리라. 쉽게 사라져 버릴 기억이 아니라 서로 많은 추억을 공유하는 벗이 되고 싶다. 서로의 취향을 이해해 주고 마음 편하게 서로 기대며 영혼을 순수하게 어루만져 서로 성장시켜줄 수 있는 그런 친구가 되어 주리라 다짐한다. 오랫동안 곁에서 함께 하며 인연을 소중히 여기는 친구가 있다면 윤기 있는 삶이 되지 않겠는가. 손 전화 연락처 제일 위에 벗의 이름이 저장된다.

3월 27일

흔들리지 않고 피어나는 꽃은 없다고 시인은 노래하였다. 사람이 자연의 변화를 관찰하여 제대로 표현할 수 있을까. 연초록을 배경으로 온통 꽃 천지다. 저 들녘 이 산에도 흐드러지게 피어난다. 눈으로 느끼고 가슴으로 맡는다. 흔들리며 걸어온 삶을 그들이 온전하게 보듬는다. 반송재 숲길을 혼자 걸으니 환희의 봄이 반긴다. 지금껏 봄을 동백과 목련 그리고 벚꽃으로 느꼈지만, 낮은 곳에서 혹독한 추위 이겨내고 산야에 봄기운 가득 안고 피어나 곱스런 눈 흘김으로 다가오는 야생화를 가슴에 품고서 기쁨으로 전율한다. 자연 속에 숨겨진 힘을 느낀다. 소담스럽게 피어난 그들을 자세히 바라보니 너무 예쁘다. 청초한 아름다움이 내 마음을 사로잡아 오래도록 그들 곁에 머물게 한다. 자연의 진정한 의미를 파악하려면 그들을 자세히 보고 관찰할 필요가 있을 듯하다. 사람도 꽃처럼 피어나고 열매로 결실 맺기를 기도한다.

하늘빛은 잠시 흐름을 멈추더니 세상은 호수처럼 잔

잔해졌다. 고향 산야에서 오롯이 느끼는 이 봄을 소중하게 기억하리라. 기분 좋은 바람이 시린 마음 녹이더니 기어코 노을을 부른다. 저 노을처럼 자유롭고 고독하게 살고 싶다. 행, 불행을 구분 않고 고독하기를 마다하지 않는 것은 모두 지나가기 때문이리라. 불행을 즐기면서 그것을 보내는 그때부터 행복은 소리 없이 내 곁에 오게 될 테니까. 행과 불행은 긴 시간 속에서 순간일 뿐이다. 인간은 어떤 환경에서 살아가던 자신이 어떤 사람이 될지 선택할 자유가 있다. 이를 잘 수용하면 내면을 지배할 수 있다. 삶에 의미를 부여하면 다가온 불행도 행복으로 변하리라. 고독을 즐기다 보면 불행도 기어이 지나가기 마련이다. 이 순간 행복은 소리 없이 내 곁에 다가오니 나를 믿고 자신을 사랑해야지.

  인간은 누구나 그림자를 지닌다. 홀로 외롭다. 이는 인간이면 갖는 감정이다. 인생이란 결국 혼자이고 자연만이 위안이 되어줄 동료이다. 인생의 긴 여정을 끝까지 함께할 수 있는 사람은 없다. 변함없는 진리이다. 자신의 그림자는 자신이 다스려야만 나와 같이 갈 수 있음도 알게 되었다. 먼저 자신이 만족해야 모두와 조화를 이루게 될 터이다. 우리는 전체의 한 부분이기에 그러하다. 신은 어느 누구의 편에도 서지 않는다. 자연은 성실하고 믿음이 깊은 영혼의 길이고 자연이 그 영혼들 위해 존재한다는 생각이 들 때마다 홀로 언덕에 올라 고독을 즐긴다. 신이 전하는 공평무사한 자비를 느끼며. 숲을 다스리는 것은 묵직한 침묵이다. 숲은 절대 서두르지 않는다. 동트는 새벽녘에 찾은 숲 속, 자유의 음유시인인 저 종달새는 무한한 여유와 시간의 영속성을 노래한다. 새벽을 나는 저 새를 따라 하늘을 날아오른다.

3월 30일

 날씨가 많이 풀려 따뜻해졌다. 이른 봄날 온기 짙어진 아늑한 소동해변에서 햇살처럼 맑은 아이들 웃음소리가 들려온다. 한참을 즐기다 숲으로 향했다. 내 손에는 블로그 이웃의 첫 책 '일상변주곡'이 들려 있다. 책장에서 다시 꺼내 펼쳐 읽어오다 오늘은 읽기를 마칠 요량을 한다. 숲은 사람을 맑게 만든다.

 반복되는 일상 속에서 어떤 계기로 변화하는 삶을 안단테로 이어가고 있는 내용이라 사유의 폭을 넓혀준다. 즐겁게 음미하며 읽는다. 조금씩 내려앉는 안개는 마음을 그윽하게 해 주어 좋고 솔 향 가득하니 감미롭다. 설익은 봄기운이 감도는 자연과 함께하는 책 읽기는 그리하여 즐거움이 더한다. 책은 삶을 푸르게 만든다.

 우연한 기회에 읽게 된 책 한 권. 아들러의 심리학을 토대로 한다는 것으로 보아 '기시미 이치로'의 '미움받을 용기'로 추정된다. 집중해 읽었던 기억이 있다. 이를 토대로 삶의 해방감을 느끼며 변화와 작은 도전 그리고 깨우침을 얻었다 한다. 책이 사람을 만든다.

 평범하고 일상적 삶은 변화를 꾀한다. 수동적이고 소극적인 삶이 일탈 통해 새로이 피어난다. 생각이 바뀌지 않고 내 삶이 바뀔 수 없음도 단단한 필력으로 전한다. 행복이란, 되풀이되는 일상 속에서 언제나 손만 뻗으면 닿을 곳에 있다며….

 저자는 웃음을 생각한다. 인생 39년은 권태기를 겪지만, 모데라토 인생 너머 삶을 엿보며 일탈을 꿈꾼다. 통찰의 글쓰기를 행하며 그녀는 스타카토를 찍으며 변주를 시작한다. 감사, 기쁨, 기도, 사랑, 소통, 배려, 본연, 열정 그리고 애틋함으로 칸타빌레 인생을 노래한다. 일상이 무한 반복되는 '노역'이 아니라 항상 새롭게 가치를 부여할 수 있는 '도전'이라는 것을 알게 해 준 자신의 '음 이탈'에 감사한다며 우연한 일탈이 삶을 풍성함으로 이끈다며 깨우침을 전한다. 이러한 내용을 접하는 순간에는 내가 지닌 향기는 어떤 것이며 어떤 느낌으로 사람들에게 느껴질까 하는 생각을 하게 된다. 누군가에게 솔향기로 편안함을 주게 된다면 좋으련만. 이러한 생각들로 읽어 내려간다. 책 넘기는 소리가 바스락거린다. 자연은 인생을 풍요롭게 만든다.

  몸이 조금 차가워졌다. 커피가 생각났다. 잠시 읽기를 멈추고 숲에서 벗어나 지세포로 향했다. 물닭이 무리 지어 노니는, 지세포구가 한눈에 들어오는 햇살 깃든 카페에 자리를 잡았다. 창 너머 펼쳐진 포구 풍경이 너무 좋다. 창가에서 따스한 햇살 받으며 책장을 다시 넘긴다. 차를 마시며, 느리고 장중하나 지나치지 않게 그리고 평범한 모데라토로 아름다운 삶을 선물 받는다. 블로그 통해 맺은 인연이 건넨 이 책 '일상변주곡'은 우매한 독자를 행복하게 만든다. 행복해하는 독자 모습을 떠올리며 동그랗게 웃기를, 일상을 변주하기를 바라는 마음이 된다. 차는 마음을 그윽하게 만든다.

  평범한 엄마의 숨은 행복 찾기는 이어지리라. 우리네 삶의 길섶에는 행복이 놓여 있지만 발견하지 못하며 사는 것 같다. 모데라토 인생을 반올림하고픈 이들에게 이 책을 권하고 싶다. 어느 듯 안개가 걷히고 하늘이 맑게 웃는다. 이 봄날 안개도, 이 하늘이 존재함도 행복인 것을….

  하늘을 올려다본다. 오래된 습관이다.

4월 1일

거제도살이도 한 달이 되었다. 오늘은 형이 추억의 뱅아리(사백어)국을 맛보자 한다. 40년 어진 공직생활 마감하고 본가로 들어와 노모를 모시는 고마운 형이다. 지극정성으로 어머니 돌보시는 형수도 늘 존경스럽다. 이제 어머니 곁에 머물게 되었으니 더불어 하리라 다짐한다. 형은 홀로 귀향한 막냇동생을 걱정스러운 눈으로 은근히 반겨주었다. 애틋한 마음이 고맙기만 한데 왠지 송구하다.

 사백어는 맑은 시냇물과 청정 바닷물이 만나는 일급수 실개천으로 흘러 들어오는 물고기로 지금은 거제도에도 많이 나지 않는다고 한다. 산란기가 되면 강으로 회귀하여 알을 낳고 암컷이 죽고 수컷은 새끼를 부화한 뒤 생을 마감하는 물고기이다. 1년 중 3월과 4월에만 맛볼 수 있는 별미 중 별미이다. 살아서는 투명하지만 죽으면 몸이 하얗게 변한다 하여 사백어라 칭한다. 거제에서도 거의 유일하게 코스 요리로 즐길 수 있는 곳으로 안내한다. 동부면 사무소 앞 허름한 집에 도착해 뱅아리회와 전 그리고 국을 맛본다. 어릴 적 어머니가 끓여주시던 그 맛이다. 봄철에만 즐길 수 있는 계절 음식이기에 귀하게 대하였다.

 어린 날 마을 앞 실개천에서 동네 형이 가두리로 잡아 올리면 양동이를 냅다 가져다 바쳐 담던 그때가 생각났다. 형과 예 추억 나누며 즐겼다. 곁들여 나온 산미나리와 오가피순이 쌉싸름하게 봄뜻을 느끼게 해 준다. 뱅아리국을 맛나게 끓여 주시던 어머니가 생각났다. 형도 거동이 불편하셔서 함께 못한 어머니가 생각났는지 나오면서 주인장에게 부탁해 살아있는 뱅아리를 산다. 저녁상에 올려드릴 심산이리라. 살아있는 모든 것은 먹는 즐거움이 크다. 너무 많이 먹어 병들고 죽어간다 해도 과언은 아닐 것이다. 십장생 중 하나인 학은 언제나 위의 3할은 비워둔다고 한다. 내 어머니가 장수하시는 것도 소식하시기 때문이라는 생각하게 된다. 최소한의 소비를 하며 먹을 것을 과하게 탐하지 않는 삶을 실천해야 하리라.

  우리가 맛있는 음식을 먹는 것은 여러 사람이 애쓴 결과이다. 식탁에 음식이 놓여 짐은 눈에 보이거나 보이지 않는 많은 이의 노력과 정성이 쏟아져 있기에 가능한 것이다. 나 혼자 힘으로 잘 됨이 아니라 주위의 응원과 격려 그리고 배려와 사랑이 어우러질 때 감사와 행복은 잔잔하게 찾아온다는 생각하게 된다. 어머니 위해 늘 정성 다해 상차림 하는 형수가 고맙기만 하다. 추억 속 음식을 맛있게 먹고 기분 좋게 값을 치른다. 돌아오는 길에 봄 바다가 만든 풍경이 아름다운 찻집에서 마주앉아 담소 나누며 즐거운 한때 보내며 행복하였다. 집에 들어서니 사랑하는 어머니가 미소 지으며 반겨준다.

4월 3일

내 고향 거제도는 산도 높고 골도 깊다. 많은 명산 중에, 계룡산鷄龍山(해발 566m)은 문재인 대통령, 대금산大錦山(해발 437.5m)은 고 김영삼 대통령과 연결 지어진다. 용龍과 금錦은 왕, 벼슬을 뜻하니 거제의 산들이 뿜어내는 기운이 예사롭지 않음을 알 수 있다. 예비 신혼부부들 사이에서는 신혼여행을 해외로 가는 것보다 관광 섬 거제도로 와서 좋은 기운을 받은 '허니문 베이비'를 만들자는 말들이 암암리에 널리 회자되고 있다고 한다.

특히 김영삼 전 대통령 생가를 품은 대금산大錦山은 신라 때 쇠를 생산했던 곳으로 산세가 순하고 봄이면 비단 폭 같은 진달래가 온 산을 뒤덮어 크게 비단을 두른 산이라 하여 '재력과 권력', 아니면 재력 또는 권력을 상징하는 듯한 충분한 까닭을 지니고 있는 산이다. 이를 아는 이는 틈틈이 거제의 명산 대금산을 오른다. 행운을 바라는 게 아니라 미래를 결심하고 정기를 받기 위해 한 걸음, 한 걸음 오르는 것이다. 이 산에는 약수터와 기우제를 올린 제단이 있고, 칠석과 보름에는 많은 사람이 기운을 받기 위해 대금산을 찾아 약수터의 물을 마시기도 한다.

남해바다에 둘러싸여 외로울 것 같은 거제도지만 대금산의 정기를 받아서일까. 대금산을 끼고 있는 장목면의 어촌마을에서는 역사의 족적을 남긴 사람 등 큰 인물이 유난히 많이 태어났다. 대통령 외에도 정, 재계와 학계는 물론 법조계까지 소개하기 어려울 정도로 많다. 작은 어촌마을의 한 초등학교에서 이 같은 인물들이 배출된 것은 세계적으로 유례를 찾기 힘들다는 게 교육계 인사들의 얘기다. 이처럼 대금산과 장목·외포초등학교의 스토리텔링은 무궁무진하다.

그래서일까, 언제고 대금산을 오르고 싶었다. 날숨으로 오른 대금산의 봄은 이름처럼 비단 폭 같은 진달래가 온 산을 뒤덮고 있었다. 가쁜 숨으로 정상에 오르니 이로운 섬, 이수도가 눈앞에 떠있고 거제 푸른 바다가 한눈에 들어왔다. 절로 봄날을 노래하게 된다.

대금산 정상에 서서
남해바다 푸른빛과
부서지는 하얀 파도
선한 바람이 피운 진달래
그 연분홍빛으로
거제도는 봄뜻이 가득하고

거제 진산 대금산 올라서니
삼색의 아름다움
내 품에 안기더라
오매, 어지러워라

연분홍 꽃물
살빛으로
오지게 들고
온산 정기받아
불끈 일어서는 기운

그렇게 또
봄날은 가고 있다.

4월 4일

  2021년 **봄**을 **야생화** 찾아 느리게 걸었다. 거제도는 야생화 천국이다. 건조한 도시에서의 삶을 멈추고 귀향하여 아름다운 자연이 있는 소동의 숲과 바다를 관찰하기 시작하였다. 계절의 변화에 순응하는 자연의 경이로움에 흠뻑 빠져 마음이 가는 대로 숲이든 바다든 찾아가 자유를 만끽한다. 바다는 가장 낮은 곳에서 물을 받아들여 더 큰 모습으로 원대해지고 이를 바라보는 나는 자연이 건네는 단순한 진리에 반응한다. 자연을 바라보는 선한 시선은 맑기만 하다. 낮은 곳에서 긴 겨울을 보내고 피어난 들꽃이 미소로 반긴다. 시린 마음은 어느새 들꽃 향으로 물들고 쉼 없이 내디딘 발걸음 멈추고 바라보니 이제 무디어져 한숨 속에 머문다. 삶에서 누구든 조금의 아쉬움과 서러움 그리고 두려움을 지닌다. 나도 그러하였다.

올봄에 만난 꽃들 이름을 불러본다. 모두 55종의 야생화와 들꽃이다. 이름을 알 수 없는 작은 들꽃도 여럿 있었다. 먼 길 날아와 고향 산야에 뿌리내린 하나의 봄꽃 속에 아름다운 세상이 들어 있었다. 충만한 허공이 펼쳐진다. 그들 이름을 가만히 다시 불러본다.

잎부터 먼저 피어난 얼레지를 시작으로 순한 미소로 다가온 괭이눈, 현호색, 큰개별꽃, 고깔제비꽃, 광대나물, 남산제비꽃, 개불알풀, 여주꽃, 양지꽃, 백리향, 제충국, 쥐손이풀, 개구리밥, 물아카시아, 별꽃, 나팔수선화, 살갈퀴, 황새냉이, 가락지나물, 민들레, 매발톱, 하늘매발톱, 쥐손이풀, 노루귀, 변산나팔꽃, 조팝나무, 흰꽃나도사프란, 천리향, 수레국화, 흰민들레, 복수초, 홀아비꽃대, 고들빼기, 꽃잔디, 흰산철쭉, 미나리냉이, 산철쭉, 산괴불주머니, 애기똥풀, 뽀리뱅이, 민백미꽃, 병꽃나무, 엉경퀴, 금창초, 씀바귀, 각시붓꽃, 제비꽃, 돌양지꽃, 가시엉경퀴, 큰꽃으아리. 산사나무꽃, 금계국, 지칭개….

검색 포털에서 꽃 이름을 알려주어 고마웠다. 사람의 능력이 위기를 극복하며 커가듯이 가장 아름답고 향기로운 야생화는 높은 산 절벽에 있었다. 낮아야 높아짐을 그리고 앞만 보면 주위가 보이지 않는다는 진리를 거두어 담는다. 어느새 야생화와 들꽃 향으로 물든 가슴에 고독이 엄습한다. 하지만 이 고독은 두려운 적 없다.

4월 5일

비린 물 냄새가 나는 새날 아침이다. 집을 나섰다. 북병산 자락 다리골에 들어서기 전 펼쳐진 산자락 바라보면 봄 산의 화려함이 황홀하게 다가온다. 늘 느끼지만 이곳 풍광은 침엽수와 활엽수가 어우러져 조화롭고 이채롭다. 감각은 우릴 속이지 않는다. 기억의 공간, 공간의 기억인 고향에서의 삶은 평화 그 자체이다. 산책길은 사유와 사색을 허락한다. 짝지은 나뭇잎이 봄빛에 흔들릴 때 하나의 공간이 흔들리는 것을 보았다. 조그만 이파리 위에 우주의 숨결이 스쳐 지나가는 것을 분명 나는 보았다. 또 하나의 나뭇잎이 흔들릴 때 왜 내가 혼자 걷고 있는가를 물었다. 생은 혼자 걷는 거야. 푸른 나무와 무성한 저 숲이 실은 하나의 이파리라는 것을….

제각기 돋았다 홀로 져야 하는 하나의 나뭇잎, 한 잎 한 잎이 동떨어져 살고 있는 고독의 자리임을 나는 알았다. 그리고 그 잎과 잎 사이를 영원한 세월과 무한한 공간이 가로막고 있음도. 결국은 삶도 혼자 고독하게 걷는 것이란 것을 깨닫는다. 우리는 무엇에 충실해야 할까. 태양과

구름과 소나기와 바람이 잎을 흔들 때, 이 세상은 좀 더 살 만한 가치가 있다는 생각을 하게 된다. 다시 대지를 향해서 나뭇잎은 떨어질 것이다. 어둡고 거칠고 색채가 죽어 버린 흙 속으로 떨어지는 나뭇잎을 보게 되겠지. 피가 뜨거워도 떠나는 이유를 나뭇잎들은 우리에게 가르쳐 준다. 삶의 여운과, 생명의 아픔과 흔들림이 망각의 땅을 향해 묻히는 그 이유를 말이다. 그것들은 말한다. 거부하지 말라고, 하나의 나뭇잎이 흔들릴 때 우리네 마음도 흔들린다. 온 우주의 공간이 흔들린다. 어머니도 흔들리며 걸어가시겠지. 나도 흔들거리며 따른다. 그리하면 삶은 조금은 더 유연해지고 빛나며 종국에는 영원한 것이 될 것이다. 나는 축복할 이유를 얻게 되는 것이다. 가장 커다란 이익과 가치는 제대로 평가받지 못하지만 실은 가장 뚜렷한 실체이다.

친구 어머니 부고장이 날아든다. 나이가 들수록 이별을 받아들이는 일이 익숙해진다. 인간에겐 죽음이 기다리고 있기에 삶이 아름다운 것인지 모른다는 생각하게 된다. 니체는 '자라투스트라는 이렇게 말했다'에서

"모든 것은 가고 또 돌아온다. 존재의 수레바퀴는 영원히 돌고 돈다. 모든 것은 죽고 또다시 피어난다. 존재의 세월은 영원히 흐른다. 모든 것은 꺾이며 다시 이어 간다. 영원히 똑같은 존재의 집이 세워진다. 모든 것은 헤어지

며 모든 것은 다시 만나 인사한다."

라고 일갈하였다. 수목장으로 나무와 함께 안식에 들어가신, 늘 웃으며 반겨주셨던 벗의 어머니 명복을 빌어드린다. 나무처럼 온전하고 친절하게 살아가야 하리라.

4월 7일

영화를 볼 때면, 어린 날 지세포항 여객선 간이대합실 앞 공터에 대형 천막으로 바람을 막고 철 지난 영화를 상영하던 광경이 떠올라 빙그레 미소 짓는다. 예전 가설극장은 시골의 유일한 문화시설이었다. 차에 홍보 그림 붙이고 떠들썩하게 신작로를 방송하고 다니면 뿌연 먼지 마시며 따라다니곤 했었다.

"눈물 없이 볼 수 없는 총천연색 시네마스코프."

라는 스피커에서 나오던 쩌렁한 광고 멘트가 아직도 기억난다. 상영이 시작된 다음날이면 감시자 눈 피해 몰래 천막으로 들어가 영화를 보고 온 친구 무용담도 재미났었다. 세월이 많이 흐른 요즘, 영화는 우리가 살고 있는 세상에서 영향력이 큰 대중매체가 되었다. 전 세계에서 하루에도 수백만 명이 영화를 보고 있다. 영화는 더 이상 취미가 아니라 우리 생활 일부가 되어 버렸다. 관객들은 저마다 다양한 이유로 영화를 관람한다. 영화는 인간에게

'희로애락喜怒哀樂'을 선물한다. 영화는 꿈과 희망, 기쁨과 슬픔, 낭만과 사랑, 그리움과 기다림, 시련과 아픔 혹은 악몽과 불안감 등을 반영하여 다양한 형태로 세상에 나와 인간 삶과 조우한다. 영화를 이해한다는 것은 사람들 삶을 이해하는 것이다.

요즘은 문명의 이기인 온라인 동영상 스트리밍 서비스인 넷플릭스 통해 가끔 영화를 즐긴다. '포레스토 검프'를 다시 꺼내 본다. 영화 속 배우의 대사가 자막으로 다가온다.

"인생은 초콜릿 상자 안에 들어있는 초콜릿과 같아 상자를 열어보기 전에는 안에 무엇이 들어있는지 알 수 없으며 상자를 열어도 초콜릿이 무슨 맛인지 모른다. 또한 그 초콜릿은 쓸 수도, 달달할 수도 있다. 인생은 이와 같다."

희망을 이야기하는 인생영화 '포레스트 검프' 중 명대사이다. 영화는 삶에 대해 진중하게 생각해볼 수 있게 해준다. 한정된 시간 속에서 살고 있지만 그 시간을 어떻게 보낼지 결정할 수 있는 것은 우리에게 맡겨진 책임이자 축복인 것 같다. 우리는 어떤 시간들을 보내게 될지 모르고 살아간다. 그것이 때로는 우리를 불안하게 할지 모르지만 모든 일은 부딪혀 봐야 아는 것이고 시간이 지나면 왜 그 시간을 보내왔는지 깨닫게 되곤 한다.

고향에서 새로이 살아가는 나는 다시 자연에 도전하고

이를 발견해가며 인생이라는 초콜릿 상자에서 꺼낸 초콜릿들을 즐기고 평온함을 누리려 한다. 이 모험을 언제까지나 포기 않기를.

4월 8일
북병산 진달래
봄빛 머금은
사월의 북병산을 오른다

사랑한다
대놓고 말도 않고서
어찌 이리도
속살 내보이며 곱게 웃는거야

절벽에 매달린
아찔한 아름다움에 질려
대뜸 얼굴 먼저 붉어지고
너에게 다가가지도 못하는 여린 눈웃음

너럭바위 틈 사이
연분홍 빛으로 피어난 너는 참으로 장하다

새야 제발 우지 마라
봄비야 내리지 마라

연분홍 핏물 흘리며 지고 나면
서러워 어찌 살까
누가 같이 울어줄까

이봄이 다 가면
너에게 다가설까
설렘 가득한 아지랑이
기어이 피어오르는데.

4월 10일

홀로 된다는 것은 쓸쓸함이고 한겨울 가혹한 추위를 이겨내는 슬픔이다. 고독을 즐기는 것만이 극복의 도구이다. 자연과 더불어 하며 시간을 보내는 것을 숲이 덩달아 기뻐한다. 그 기운을 깊게 받아들이며 마음을 일깨운다. 오롯이 혼자인 시간이다. 내가 숲을 자주 찾는 이유는 이들 통해 삶의 본질적 모습 사유하며 남은 인생을 진지하게 대하기 위해서이며 마음에 남는 생각을 글로 남기기 위해서이다. 안이하고 게으른 삶에서 습관이 바뀌었다.

우리는 인생도 생각도 취향마저도 모두 습관에 따라 바뀔 수 있음을 경험하며 살아간다. 사람은 마음이 시키는 대로 한다. 수레바퀴가 소발자국을 따르듯이 인생이라는 수레도 습관에 따라 변할 수 있다. 지금 가고자 하는 길에 도움이 되는 습관을 익히고 있는지 돌아볼 일이다. 자연을 스승으로 삼고자 하는 습관을 내 몸에 익히는 시간은 그래서 행복하다.

 밤이 되니, 멀리서 귀뚜라미가 운다. 적막한 기운 속으로 고양이가 짝을 찾는 소리가 담긴다. 진정한 고독을 즐기기 위해선 현재의 나로부터 벗어나야 한다는 것을 안다. 밤하늘의 별이 생각나 밖으로 나갔다. 은하수 따라 펼쳐지는 밤하늘을 바라보았다. 밤하늘에는 끝없이 펼쳐진 은하들이 찬란하게 쏟아지고 있었다. 우리는 가끔 별들에게 말을 걸지만, 그들은 듣지 못한다. 되돌려 내가 듣지만, 마음의 소리가 되어 자신을 돌아볼 수 있게 한다. 그리하여 별은 밤하늘에 떠 빛나고 있다. 시골 운치와 함께 하는 이 밤하늘 별들을 소중하게 마음에 담아둔다.

 청춘에게는 열정인 것이 나이가 들면 기질이 된다. 이제 나는 젊음을 자극했던 세상에서 벗어나 삶을 관조하며 살아가려 한다. 지금껏 살아오며 저질렀던 잘못된 언행들을 돌이켜보니 아쉽기만 하다. 이제라도 매사에 감사하는 마음을 가지고 싶다. 이 마음을 무너뜨리지 않아야 할 것이다. 뻐꾸기가 길게 노래하니 종달새가 화음을 넣는다. 어느새 소나타를 연주한다. 새들의 노래는 기백을 품었고 순결한 영혼을 담고 있다. 저 새들을 사랑하지 않을 수 없다. 봄밤을 가득 채우는 아름다운 곡이다. 별과 함께 긴 시간 감동적인 밤을 보낸다.

4월 13일
살아가며 고마운 것 만나면 어머니가 생각난다. 어머니와 함께라면 어떤 어려움과 서러움도 이겨낼 수 있겠다. 어머니와 한이불 속에서 같은 꿈을 꾸고 싶다. 바람도 모르고 햇살도 모르게 어디서나 피어나는 들꽃을 반긴다. 드디어 세상이 열리고 우주가 열린다. 내 삶도 풍요로워진다. 다시 피어난 봄이 간곡하게 고마운 마음이 된다. 수많은 진통 겪고 다시 피어나는 생명을 찬미한다. 구순을 훌쩍 넘기신 어머니 봄이 내년에도 활짝 피어나기를 희망하며 새봄을 감사히 맞는다.

본가로 어머니 뵈러 가는 길섶에 콩자개덩굴을 방석 삼아 고개 내미는 산괴불주머니가 강렬한 노랑으로 반긴다. 짧은 돌담길이 있어 틈 사이로 풍경을 본다. 갈라진 돌 틈을 통해서도 세상의 아름다움을 느낄 수 있다. 틈의 뒷면을 본다. 담쟁이넝쿨은 말없이 돌담길을 오른다. 그를 따라 손가락 천천히 그으며 틈 지나는 바람을 느껴본다. 너에게 틈이 없었다면 나는 외로웠을까. 틈은 너와 함께 할 수 있었던 공간이고 그의 틈은 우주였다. 생명력 풍부한 사랑이며 나눌 수 있는 미소였음을. 이를 통해 여유를 느끼려 하였음을…. 그대여, 나처럼 자유롭기를.

삶에서 맺는 모든 관계에서 존재하는 틈. 삶의 희비는 그곳에서 벌어진다. 다른 이를 설득하는 방식에는 충고에서부터 우호적 감정을 바탕으로 한 논쟁까지 다양하다. 자신 관점과 행동을 다른 사람들이 수용하게 하려고 입장을 세우고 논리적으로 제시하며 틈을 메우려 애쓴다. 계절이 느리게 흐르고 갈 것은 가고 올 것은 오는가. 투박한 나의 손끝 호사한다. 사랑이란 그냥 두 팔 벌려 하는 것이라고 중얼거린다. 아름다움은 길들여지는 거라며 그저 미소 짓는다. 지금 난 오랫동안 원하던 삶을 살고 있다. 깊은 내면의 나와 통하면 촛불이 어둠을 밝히듯 슬픔과 외로움도 밝은 영혼이 될 터이다.

4월 15일

며칠 만에 숲이 아닌 바다로 갔다. 소나기가 지나간 바다는 시시각각 변화하더니 이내 본래 색을 회복하고 잔잔해졌다. 파도를 만드는 것은 바람이다. 순한 물결이 이따금씩 바위까지 와닿을 때도 있었지만 대부분 그전에 모래 속으로 스며들고 조그만 거품들이 보글거리다 사라졌다. 바다는 이제 강한 햇빛을 받아 윤슬을 가득 피우고 있었다. 마치 황금빛 새들이 파도 위에 앉아 춤을 추는 듯 보였다. 납작한 돌을 주워 여러 번 물수제비를 뜬다. 조그만 동그라미를 연이어 그렸다가 이내 복원한다. 바다에 돌을 던져도 바다는 변하지 않는다. 그 가운데 하나는 물새로 변해 날아가기를 바라게 된다. 눈을 감고 바다의 언어를 듣는다. 속삭이는 밀어처럼 부드럽게 마음을 적시는 파도소리, 등대 그늘에 앉아 세파에 지친 심신 다독인다. 바다에 기대어 살아가는 물빛 닮은 섬사람들이 오손도손 풍경으로 스친다.

  우연히 오게 된 이 세상에서 지금껏 뚜벅이가 되어 걸었다. 밀려드는 상념에 눈을 깜박인다. 새 울음 찍힌 지세포구에서 자기 그림자 가지고 노는 검은 고양이처럼 행간과 낱말 틈새에 알맹이 숨겨둔다. 불현듯 시련이 나를 덮쳐 건강을 잃고 중도 장애인 삶을 살면서 무엇이 나를 부정하게 하고 미워하며 긴 시간 스스로 삶이 비참하다 생각하였을까? 육체가 정신을 지배한다는 모자란 생각을 크게 지니고 살았든 것 같다. 이제 자연에 귀의하여 느리게 걸으며 내 생각은 바뀌어간다. 느리게 걸을 수밖에 없는 몸으로 뜀박질을 하고 다니는 것이 오히려 비정상임을. 실재가 아닌 것을 실체로 착각하였던 무지에서 비롯되었음을 깨우쳤다. 비로소 세상 이치를 조금은 알게 된 것이다. 깨달음이란 우선 자기 자신에 대한 무한한 신뢰와 긍정에서 시작된다는 것을 알게 되었다. 이런 자기 긍정의 기쁨이 오래도록 지속되기를 바라게 된다.

  그동안 어찌 살아왔는가? 무엇을 바라는가? 나에게 묻고 또 묻는다. 세상이 안개에 뒤덮이는 시간, 이로 인해 바다가 깊어간다. 아무리 작은 물고기라도 몸속에 가시를 숨기고 있다. 묵직한 침묵과 어둠을 등에 걸고 장도리처럼 곳곳에 박힌 상처를 도려내어야겠지. 미처 내뱉지 못한 혀 밑의 까끌까끌한 말도 있다. 꽃 속에 숨어 있다 들킨 바람이 웃는다. 지척이 바다라 바람이 주는 노래를 즐겨 새긴다. 눈물도 이제 바람의 노래라는 걸 알 나이가 되었다. 계절이 빠르게 날아가고 있다. 숨이 차다. 보이지 않는 건 잊히기 쉽지만, 보이지 않는 것을 그리워하는 것이 진정 그리움이다. 어머니, 당신께서도 아버지가 그리우시죠.

4월 18일

  집을 나와 북으로 향하면 앞으로 실개천이 흐르고 온 가족이 땀 흘리며 가꾸었던 과수원이 보인다. 우리를 지속시키는 것은 한 겹의 깨달음과 열 겹의 망각이 아닐까?

내게 시간이 주어져 있다는 건 언제나 신비롭고 감사한 일이다. 이제 달콤한 기억은 지우고 울창한 숲으로 변해 새들을 부르고 있다. 아버지가 그립다. 당신을 다시 기억하며 글 하나 올려드린다.

동그라미에 담으며

빈 거울에서 먼바다의 섬을 봅니다. 쉼 없이 자란 물고기들이 산꼭대기를 헤엄치고 있습니다. 그들 조상은 앙상한 나무들이 줄 서 있는 저 산등성, 눅눅해지는 소리들이 나뭇잎에 내려앉습니다.

느긋하게 흐르는 세월, 목판에서 꺼낸 아버지 영정사진이 미소 짓습니다. 아버지 뒷모습에도 표정이 있었다는 것을 이제야 알게 되었습니다. 난 그리운 당신의 아들로 살아갑니다.

아버지는 누구에게나 든든한 버팀목이지만, 서운함도 아쉬움도 있습니다. 사랑이 어디 한 가지 모습일까요. 오늘 내가 그늘에 앉아 쉴 수 있는 건 오래전 당신께서 여기 이곳에 나무를 심었기 때문이었지요.

풍경에서 잘려나간 조각구름 하나, 되살아나는 기억의 통점, 시큰거리는 무릎이 아파옵니다. 투박한 당신 사랑을 이제야 동그라미에 담습니다. 질긴 관념을 담고 다니느라 늘 무거운 신발 터벅거렸고 자나 깨나 푸르른 고향,

소리를 잃은 것들은 파도가 되어 밀려오고 꼭 움켜쥔 주먹에 그제야 씨앗이 움틉니다.

4월 20일

창문을 굳게 닫아걸수록 민들레 향기는 곤혹스럽게 더욱 비집고 든다. 공상에 빠지면 시간은 늪이 되고 시작한 글을 완성 않고는 하얀 민들레 곁으로 갈 수 없다며 씁쓸한 커피를 마신다.

몇 해 전, 우연한 기회에 지인으로부터 '심리학' 공부를 권유받았다. 사람들 '관계'에 대해 관심이 있던 터이고 글 쓰는 데도 도움이 되겠지 싶어 실행에 옮겼다. 배움에는 끝이 없다. 관련 책을 구해 읽을 수도 있었지만, 인터넷 강의를 듣기로 하고 '한국심리교육협회'에서 주관하는 인터넷 강의를 신청하였다. 심리상담사 과정을 수료하고 더 다양한 강의를 듣고 싶어졌다. 연이어 청소년 심리학 그리고 노인 심리학까지 수료하고 자격시험에 어렵사리 통과했다. 더 나아가 분노조절 상담학과 인지행동 심리학 그리고 명리 심리학까지 섭렵해 볼 요량이다.

사람이 이 세상에 태어나 삶을 영위하며 별다른 어려움 없이 순탄하게 살아가는 이는 그리 많지 않다. 갖가지 어려운 상황이 존재하는 험난한 세상에서 완전하지 못한 가치관으로 살아가기에 그러하다. 우리가 쉽게 이겨낼 수 있는 일도 있지만, 감당하기 어려운 충격으로 혼자 힘으로는 헤어나기 어려울 때가 있다. 심리학을 공부하면서, 살아가며 겪는 인간의 갈등과 고뇌에 대해 생각하게 되고 그 해결책까지도 생각해 볼 수 있어 좋았다. 영혼의 상처 입은 그들과 인생길을 함께 걷는 꿈을 지니는 계기가 되었다. 순수하고 따뜻한 마음으로 상처 지닌 이와 많은 것 공감하고 그 세계를 경험해야 할 것이다. 치료에 초점을 맞추기보다는 교육적이고 예방적으로 접근해야 함과 아울러 관계의 중요성을 다시금 마음에 정리해 둔다. 사람의 겉모습 이면에 선하며 창조적이고 사랑하는 사람이 될 수 있는 잠재성이 있다는 생각을 가지게 된 소중한 시간이었다.

우리나라는 이웃이나 관계를 중시하고 다른 사람을 존중하고 배려하는 문화를 가졌다. 따라서 우리는 자기 마음을 진심으로 이해해 주고 괴로움을 들어주려는 이들이 함께하는 문화 속에서 상담의 필요성을 느끼지 않고 심리적 문제를 해결하면서 건강하게 살아왔다. 그러나 서구문화의 급격한 유입으로 인해 산업화가 가속화되고 물신주의가 팽배하면서, 이기주의가 만연하고 가족구조가 변화함에 따라 심리적인 문제가 심화하여 전문적 상담을 요구하는 사람이 많아졌다고 볼 수 있다. 정신병자를 치료하던 의사가 요즘은 일반인을 많이 치료한다는 전언이다. 주변에는 상처 품고 살아가는 사람이 많기도 하다. 우리 중 90%가 살면서 외상성 두려움을 경험하고 그중 약 10%는 외상 후 증상에 시달리고 있다고 한다. 이러한 증상에 효과적인 치료법을 찾기란 쉽지 않고 상황에 따라 다른 치료법이 어느 정도 효과를 낼 뿐이라고 심리학자는 주장한다. 그중 트라우마에 대한 기억을 문학 통해 되살리면 치료 효과가 있다는 것이다. 일반적으로 안전한 환경에서 트라우마 경험을 떠올리면 기억의 섬광 강도가 약해지고 그 아픈 기억을 덜 아프고 덜 거슬리게 유도하여 상처를 의식의 뒤편으로 밀어내어 무력감이나 고립감과 과잉 각성 증상을 줄일 수 있다는 것이다. 다음으로 트라우마를 검토하는 동안 눈을 좌우로 움직이면 치료에 도움이 된다고 한다. 이는 사이비 과학이 아니고 저명한 심리학자가 발견한 학설이다. 이처럼 눈을 움직이면 두려움 감소와 관련된 회로가 활성화된다는 것이다. 일상의 압박에서 벗어나 눈을 크게 뜨고 지혜로운 책 읽기 통해 극복할 수 있다는 것이다.

  책 속에 길이 있기에 앞서간 이의 저작을 숙독함은 기본일 것이다. 인격적으로 성숙해야만 그들에게 선한 영향을 주게 될 것이기에 그러하다. 전문적인 지식 습득도 중요하겠지만, 그에 앞서 인격적 성숙이 요구되는 것은 이 때문이다. 상담자가 인간적으로 성숙하지 못하면 내담자가 지닌 다양한 문제를 다루기엔 요원하지 않겠는가. 그들의 성장과 발전을 바라는 성숙한 마음 지니고 이를 실천하는 능력과 용기도 갖추어 나가야 하리라. 이에 앞서 한 인간으로서 자신을 존중하고 사랑하는 태도를 가져야겠다는 생각을 하게 된다. 그래야만 그들을 진정으로 도울 수 있을 것이다. 우리는 모두 사랑받으며 살아가야 하기에.

21세기 정신의학은 자기 효능감이 있을 때 외상 후 두려움에 대한 치료가 더 효과적임을 밝혀내었다. 자기 효능감은 외상 후 두려움을 잘 처리해서 결국 극복할 수 있다는 의식적 내적 확신이다. 이는 내적 방패라고도 할 수 있다. 우리는 이 두려움보다 강하다는 생각이 뇌리에 깊숙이 박여 있는 것이다. 그리스 시대에도 '일리아드'의 서술자는 스토리 뒤에 숨겨진 마음으로 그리스 비극의 의학적 기능을 통해 카타르시스를 제공해 주었다. 문학이 지니는 효용성을 느끼게 하여 준다. 상처투성이인 21세기를 살아가는 우리에게 문학이 왜 필요한지를 생각하게 하여 준다. 그만 펜을 놓고 길을 나서 민들레 곁으로 간다.

4월 23일

사색의 숲을 걷는다. 나무를 알기보다 느끼는 것이 중요하다.

"자연을 아는 것은 자연을 느끼는 것의 절반만큼도 중요하지 않다."

머리로 자연을 이해하는 것보다 가슴으로 느끼는 것이 소중함을 역설한 레이첼 카슨의 명언이다. 마찬가지로 나무를 아는 것보다 느끼는 것이 훨씬 중요하다. 책상에 앉아서 나무에 관한 책을 수십 권을 보는 것보다 직접 나가서 나무를 만나 말도 걸고 어루만지면서 나무가 살아온 지난 삶의 여정을 조용히 들어보는 게 중요하다는 의미이다. 나는 나무 예찬론자다. 나무에 대한 애정은 앎과 사유에서 그치지 않고 느끼는 데까지 나아간다. 나무의 근본과 본질, 원리와 이유, 방식과 식견을 넓혀 나무를 느끼고 나무와 함께 놀면서 숲을 이해하고 우주를 꿰뚫어 보기 위해 노력하려 한다.

세상에서 가장 느리게 자라지만 가장 높이 자라는 나무, 그러면서도 누구의 도움도 받지 않고 자신에게 맡겨진 삶의 의무를 묵묵히 수행하는 나무는, 나무라지 않고 맨몸으로 그 자리에서 언제나 살아간다. 숲속 어떤 나무도 나쁜 짓 하지 않는다. 사람들에게 던지는 메시지가 엄중하다. 이에 반해서 날이 갈수록 속도를 높이며, 자연을 착취하고 파괴하며 살아가는 인간은 지구상에서 가장 종속적인 생명체다. 이 생명체는 가장 독립적인 생명체인 나무에 의존하며 살아간다. 가장 독립적인 나무 없이는 가장 종속적인 인간이 살아갈 수 없다는 사실에서 우리는 무엇을 배워야 할 것인가. 겸손과 중용과 노력이다.

정상에 있는 나무는 자세를 낮추어 겸손하고, 산 중턱에 있는 나무는 중용의 미덕을 지키며, 산 밑에 있는 나무는 저 높은 곳을 향하여 자란다. 각자 주어진 위치에서 자기 본분을 다하며 살아가는 것이다. 그리하여 정상에 있는 나무는 키가 너무 크면 어느 순간 몰아치는 비바람에 부러질 수 있음을 터득했으며, 산 중턱에 있는 나무는 비탈길에서 버티면서 살아가는 지혜를 체득하였다. 그리고 산 밑에서 자라는 나무는 치열하게 자신의 키를 키우지 않으면 살아갈 수 없음을 깨달았다. 어떤 위치에 있든 나무는 다른 나무와 일정한 간격을 유지한 채 자기 자리에서 조용하지만 치열한 사투를 벌이면서 위로 자란다.

나무야, 나무야! 인생을 어떻게 살아야 할까? 너에게 묻는다. 삶의 근본적 물음에 배움과 사랑과 일이라 답한다. 나무에게서 배운다. 언제 인생의 종지부를 찍을지 모르는 삶이기에 마르쿠스 아우렐리우스가 명상록에서 말했듯 오늘이 인생의 마지막 날이라 생각하고 살아가려 한다. 인간의 모든 불행은 어디에서 기인하는가. 바로 돈과 애정의 결핍에서 온다 할 수 있다. 산다는 것은 꿈을 갖는 것이다. 꿈은 희망이고 간절한 소망이며 커다란 비전이다. 그러기에 살아간다는 것은 소중한 꿈을 갖고 그 꿈을 이루기 위한 노력인 것이다. 꿈이 없는 인생은 허망하고 무의미하며 가치가 없게 된다. 그러기에 살면서 우리에겐 아름다운 꿈이 있어야 한다. 인간은 꿈을 갖고 이를 펼칠 때 살아가는 맛이 나고 깊은 희열을 느낀다. 산다는 것이 결국은 꿈의 실현인 것이다. 우리는 밥을 먹고 자유를 누려야 하며 사랑과 꿈을 받고 꾸어야 사람답게 사는 것이다. 꿈은 결코 도망가지 않는다. 도망가는 건 항상 우리 자신이다. 자연인이 되겠다는 꿈을 오롯이 품고 살아볼 요량이다. 나무의 지혜를 체득하여 겸손과 중용과 노력을 하려 한다. 전설에 나오는, 꿈을 먹고살았다는 맥獏이라는 동물처럼.

4월 25일

반송재 산책로는 얼레지를 시작으로 봄꽃이 지기 시작한다. 응달의 큰꽃으아리도 고개 숙여 시든다. 꽃 진 자리의 쓸쓸함이 내 몸에 깃든다. 이 꽃이 지고 마는 이유를 시간이 지나면 알게 되려나. 실패와 고뇌의 시간 스친다. 모두를 사랑해야지. 다음 봄날에 다시 꽃은 피어나겠지. 사람도 꽃처럼 다시 돌아오면 얼마나 좋을까. 꽃도 한 철이고 사람도 한 생이다. 좋은 것은 쉬 지는 것이니 화들짝 피었다 진들 어떠하겠는가. 마음에 고운 꽃물 들었으니 이만큼이면 족하다. 이제 꽃비로 지고 나면 파리한 이파리가 새하얀 미소를 피우겠지. 생을 다해가는 너를 위로하며 그래도 동그랗게 웃어준다.

숲길을 걷다 마음이 머물고 싶어 하는 한 곳에 자리를 잡고 너럭바위와 호흡하며 조용히 앉아 있으면 숲속 거주자들이 차례차례 자신 모습을 수줍게 보여준다. 사람을 겁내지 않고 가까이하려는 동물이 이제 사랑스럽기 그지없다. 공존의 세상을 꿈꾸는 그들이 좋다. 멀찍이 달아나는 고라니와 청설모도 가까이 더 가까이 다가와 주길 바라게 된다. 이제 이방인에게 조금씩 두려움을 거두는 듯하다. 나도 이젠 자연 일부로 기어이 그들 이웃이 되었을까.

생은 여전히 확실한 것들 사이로 불확실한 얼굴을 들이밀며 놀라운 배신을 감행하고 그런 생의 짓궂은 속성을 알게 될수록 들꽃처럼 피어나는 조그마한 기쁨들이 소중해서 더 자주 감격하고 더 크게 감동하는 사람이 되어간 봄이었다. 잔잔히 호흡하며 멈추지 않고 걷고 또 걷는다. 숲 향기 따라서 촘촘하게. 살아있음의 감각을 느낀다. 생을 다한 사람은 어찌 다시 피어날까….

4월 30일

바다가 자기 영원한 생명력을 위해 제 몸을 일으켜 쉼없이 파도를 만들 듯 난 살아 있고 살아가야 하기에 기어이 고뇌의 몸짓을 계속하는 것이다. 바다 건넌 갯바람도 하얀 등대 앞에선 흐느낀다. 바다를 가르는 바람을 읽는다. 기분 좋은 바람이 불어오더니 하늘이 내려온다. 가뭄 뒤에 내리는 봄비다. 곡우도 지났으니 아랫마을 농부 얼굴에는 미소가 머물겠지. 목비가 되려나. 밭에서 일하는 농부의 하루는 더디고 힘들지만 자라는 작물과 가까워진다. 노동은 단조롭고 괴로워도 결코 게으르진 않다. 맨손으로 하는 노동은 삶에 영감을 선물할 것이다. 개똥지빠귀 한 쌍이 바람과 함께 날아들어 기쁨을 나누고 새의 지저귐은 농작물의 웃거름이 되어주겠지.

늘 엄동설한인 왼손을 접어둔 채 홀로 삶을 헤쳐 나가느라 애써온 거친 내 오른손에 위로를 가한다. 쉽진 않겠지만, 내년에는 텃밭에 고추를 심어야겠다는 생각을 한다. 그리스 신화 속 대지의 여신 아들인 안타이오스처럼 대지로부터 강한 힘을 얻어 맵게 키울 것이다. 고추를 통해 무엇을 배우게 되고 그 고추는 나에게 무엇을 배울까. 감자도 심어야겠다. 감자 꽃이 양지꽃보다 더 예쁨을 노래하는 시인이 될 터이다. 내년 봄에는 밭에 고추와 감자 외에도 점점 잃어가는 정의, 배려 같은 가치도 심어 생기

있는 영혼을 흡수시켜 키워내 삶의 양식으로 삼으리라. 이 땅은 분명 이들을 키워내지 못할 만큼 메말라 있지는 않을 것이기에. 오월을 내다보며 영혼의 밭을 일구어야겠다는 생각을 더한다.

5월 1일

2021년 고향 산야에서 만난 야생화와 들꽃 사진들을 정리하며 행복한 삶은 자연에서 시작됨을 배운다. 모든 이가 꽃처럼 피어나고 열매처럼 결실 맺기를 바라게 되는 시간이었다.

너도밤나무 꽃등 켜는 청명한 오월이 열렸다. 자연 향해 느리게 내디딘 발걸음 이제 무디어져 오월 속에 머문다. 오늘 숲은 유달리 나비가 많이 난다. 자연과 더불어 하며 시간을 보내니 숲이 기뻐한다. 그 기운을 깊게 받아들이며 마음을 일깨운다. 도심을 떠나 진정으로 자유를 만끽하기 위해 숲을 찾아드는 정직한 순례자를 길 위에서 만나기를 기대하게 된다. 또한 선량한 시인과 철학자를 길 위에서 만나 정신적 교류를 나누게 되기를 바라고 있다.

모두 내게로 오시라. 나는 그대와 삶의 법칙이 자연의 법칙이라는 자연론을 논할 것이다. 생각하는 인간으로서 모습과 직관에 의한 진리의 인식에 관해 토론하며 같이 산책하고 싶다. 내가 원하는 건 흔들리지 않고 이 길을 계속 가는 것이다. 아무리 힘들어도 오롯이 자연과 함께 하는 것, 이것이 가득한 바람이다. 이제라도 의연하게 살아볼 터이다. 누구에게나 그 무엇에게도 부드럽고 친절하게 대하며 말이다. 천 명의 사람이 생각 없이 갈지자로 걸어도 그 가운데 한 명이 혼신의 힘을 다해 똑바로 전진하면 나머지 999명이 그의 걸음을 주목한다. 인간의 깊이는 그 순간 생겨날 것이다. 사랑도 고독의 아픔을 먹고 자랄 터. 깨달은 자를 만나야 깨우칠 수 있는 것이 아니라 고독한 자기 인식으로 깨달음에 도달할 수 있게 될 터이다. 다만 내게 주어진 시간 속에서 내가 할 수 있는 것이 많겠지만, 때론 무엇을 하는 것보다 아무것도 하지 않는 것이 좋을 때가 있음도 알게 되었다. 그래서 할 것을 열 겹의 망각 뒤에 간신히 한 겹 깨달았을 뿐이다.

5월 2일

숲길을 걸으며 사유한다. 지나간 시간의 향기가 짙다. 고통이 고통에게 위로를 건넨다. 살아오며 얻고자 한 것이 무엇이었기에 이리도 후회스러울까. 어제까지 보이지 않던 산사나무가 하얗게 반긴다. 예쁘게 피었다. 자세히 보니 더 아름답다. 다시 내게 묻는다. 과연 너는 여기 숲에서 무엇을 추구하며 살아가려 하는가….

월든 호숫가에서의 소로우의 삶을 동경하는 자연인이 될 터이다. 자연에는 모든 것이 착하고 선하게 산다. 숲 속 들여다보면, 죄지은 동물은 없으며 어느 나무도 나쁜 짓 하지 않는다. 자연의 섭리에 따르면 선한 것이고 어긋나면 악한 것이다. 선이란 힘의 감각이고 힘의 의지이며 힘 그 자체를 인간에게서 사기를 드높이고 북돋우는 모든 것이다. 악은 약한 데서 오는 모든 것이다. 그리고 행복이란 힘이 증가해 가는 감정이며 저항이 극복되는 감정이라 할 수 있다.

가난한 이는 포기하는 마음도 크고 서럽다. 이제 삶의 본질적인 모습들을 대하며 보다 진지하게 생을 살아가려 한다. 근심 걱정 뒤로하고 단순하고 단순하게 말이다. 매사에 서두름 없이 차분히 삶을 성찰하며 살아갈 때 비로소 지속 가능한 고결한 가치를 추구하게 되리라 여긴다.

사람은 두 부류다, 망치 아니면 못. 그대에게 권유한다. 멍들었다고 모두 썩는 것은 아니다. 미리 위험에 대해 생각하지 않으면 그 어떤 위험도 없을 것이다. 단순함으로 눈앞에 있는 것들을 살펴 그대의 운명을 읽고 나서 미래 향해 나아가기를….

5월 3일

무언의 꿈이 커가는 하루가 열렸다. 자연 품안에서 느리게 걸으며 소중한 것들을 얻고 있다. 걸음은 몸과 정신 상태를 알 수 있는 첫 행동이다. 별 의미가 없던 것도 걸으면서 또 다른 의미로 다가온다. 이로 인해 외로움도 이겨낸다. 절대 고독의 숲 그리고 바다 혹은 하늘, 그들과 어울려 묵직한 시간을 보낸다. 사람은 걸을 수 있는 만큼 존재한다. 걸음을 멈추면 생각도 멈추게 된다. 나에게 감동과 영감을 주러 오늘도 걷는다. 어디에서 무엇으로 용기를 얻을까를 생각하며.

길가 묵정밭의 뽀리뱅이는 오래도록 꽃을 피우지 않더니 이제야 활짝 망울을 열었다. 무당벌레가 함께 한다. 한참을 그와 함께하다 여운을 안고 집으로 돌아왔다. 허기진 배를 채워야겠다. 밥 짓고 청소하고 빨래하는 집안일은 즐거운 소일거리다. 숲에서의 시간을 빼고 나면 나의 의식주는 최소한의 소비이기에 번잡함 없이 즐긴다. 많은 시간, 바람이 여린 나뭇가지를 지나 자연스레 머리 위로 스쳐 지나는 것을 숲에서 즐기다 보니 집안일은 노동이 아닌 그저 오락거리로 여기게 된다. 내 몸에 영양을 공급할 때 내 상상력에도 먹을 것을 공급해 준다. 하여 육신과 상상력은 식탁에 공존한다.

일을 즐기고 창가 사색의 의자에 앉으면 누구의 방해도

받지 않는 고독의 시간이 시작된다. 오늘따라 고독의 자리가 더 반긴다. 자연의 벗인 고독은 두려운 적이 없었다. 혼자 갖는 이 시간을 많이 갖는 것은 건강하게 살아가는 자양분이 된다는 믿음이 있다. 고독만큼 친해지기 쉬운 동료는 없다. 이제껏 많은 이와 관계하여 엉키어 살며 서로의 길을 막기도 걸려 넘어지기도 하였다. 그래서 혼자 된 이 시간이 소중하다. 사색하는 이는 언제나 혼자이다. 나에게는 나를 위한 어둠이 있고 하늘에는 달과 별이 있어 나만의 작은 세상이 존재하고 있다. 고독은 사람과 사람 사이의 거리로 잴 수 있는 것이 아니다. 관계의 소중함을 생각하게 하여 주는 소중한 과정이다.

  화살이 빗나가게 하기 위해서 과녁을 세우지 않은 것이 아닌 것처럼 이 우주에는 악을 위해 만들어진 것은 하나도 없다. 자연에 있는 것은 어떤 것도 악하지 않다. 자연은 선하다. 아니 선악을 구분하는 자체가 모순이다. 굳이 구분한다면 자연의 철리가 바로 선이다. 자연은 이를 따르지 않는 것이 없으니 자연에 머무는 것은 모두 선인 것이다. 인간은 선과 악을 굳이 구분한다. 악을 숨기고 선한 체하니 새로운 악이 생겨날 수밖에 없다. 거짓으로 선한 척하는 것이 위선이다. 남몰래하지 않는 선은 모두 위선이라 할 수 있다.

  사계절 숲을 산책하며 즐거운 시간을 보낼 것이기에 그

어떠한 것도 내 삶에 짐이 되지는 않을 것이다. 거칠고 황량하다고 느끼는 숲에는 무언가 나를 이끄는 것이 있다는 것을 매일 느낀다. 이젠 그것이 낯설지 않다. 이들과 만나 기운을 얻기에 전혀 혼자가 아님을 오롯이 느끼게 된다. 브람스의 소나타가 고독을 더 자유롭게 이끈다.

5월 4일

아침나절 하늘이 내려와 한차례 비를 뿌리더니 하늘이 파래졌다. 날이 쾌청해지길 기도했더니 하늘님이 들어주었다. 하늘이 맑은 구름으로 수놓기를 더 기다리며 바람과 마주 섰다. 나의 열망이 나의 실천을 인도한다. 몇 날을 생각하였던 구천계곡에 왔다.

나는 저 낮달보다 자유롭다. 어린 날 소풍지였던 그 아름답던 계곡은 물에 잠기고 이젠 구천 댐으로 변했다. 댐도 세월을 품으니 아름다움을 지니고 있었다. 댐의 역사가 빈약하더라도 무겁기만 하다는 것을 덩그러니 서있는 망향비 보며 느낀다. 물은 가두어도 시간은 가두지 못한다. 나는 지금의 그를 받아들여야 하는 나약함 지닌 인간이다. 자연의 역사는 어린 날을 회상케 한다. 댐에 담긴 물이 일렁이며 나에게 입맞춤을 건넨다. 우린 모두 물이었다. 물은 순수한 운명 지닌다. 흙에 뿌리내리는 벚

나무와 달리 물은 돌이 나오면 비켜 흐르고 앞이 막히면 새 길을 뚫는다. 우리네 인생도 그러하다. 물은 강하고 성질이 급하기도 하다. 흙을 쓸어내고 불을 끄고 철을 녹슬게 한다. 빗물 같은 눈을 가진 종달새가 댐의 물로 몸을 적신다. 물의 새로움을 느끼는 것이다. 물을 가로 지으며 큰 새가 날아오른다. 그와 더불어 자유를 즐긴다.

눈을 멀리하니 댐 가장자리에 깃발이 나부낀다. 단순한데 멋지다. 깃발은 멋진 발명품이다. 그것 때문에 바람이 분다. 문득 건강한 것이 행복한 것이라는 생각을 한다. 내 몸이 많이 건강해지고 있음을 느낀다. 너무도 부드러운 봄바람이 깃발을 흔든다. 너무 힘들면 아무도 못 참는다. 외롭고 슬퍼다가 갑자기 무서워졌다. 위로가 필요할 때 슬픔이 밀려올 때 만물의 근원인 물을 그윽하게 바라보면 의연한 바람이 함께 하며 위로가 된다.

정자에 올라 등받이 의자에 기대어 햇빛을 받으며 즐거이 사색에 빠진다. 잔잔한 바람소리는 침묵에 가깝다. 미풍은 내면적 풍성함을 선물해 내 맘에 조화롭고 순수한 멜로디로 다가온다. 일렁이는 물 위로 굼뜬 마음을 띄운다. 나의 내면에 어떤 창도 뚫을 수 없는 방패를 세운다.

댐 가장자리에 눈길이 간다. 새지 않는 댐은 없다. 이 댐의 물도 어디에서든 조금씩 새어 바다 향해 흘러갈 길을 찾아내고 있을 것이다. 지금껏 건설된 모든 댐과 제방은 인간의 수고에 저항해 왔다. 아래로 흘러가려는 자연의 지극히 자유스러운 활동을 인간은 깨뜨리고 어지럽히기 때문이다. 이에 자연은 균형을 회복하는 것으로 인간에 대응하는 것이다. 침식과 돌파를 행해 물은 다시 언덕 아래로 조금씩 흐른다. 자연은 지칠 줄 모르고 끈덕지게 운동한다. 이것이 자연의 섭리다.

 멀리서 종이 울린다. 그 소리는 우리별이 우주의 또 다른 별이 만나 반기는 울음소리다. 불어오는 산들바람이 더 그윽하게 소리 따라 흘러간다. 깃발도 덩달아 살랑인다. 오래도록 눈을 감는다.

5월 5일

 나무는 구부러진 대로 자란다. 어릴 때 정직해야 하는 이유다. 윤리적이고 도덕적인 사람은 생각하고 난 뒤 행동한다. 배우는 사람은 정석을 알아야 발전이 있고 융통성을 발휘할 수 있다. 사람의 아름다움은 지식에서 나온다. 진정한 지식과 정보는 오직 사랑을 통해서만 얻을 수 있다는 것은 진리이며 지혜이다. 진실한 지혜에 이르는 것은 구속이나 엄격함이 아니라 어린아이와 같은 천진함 아니겠는가. 아이처럼 해맑게 그리고 많이 웃어야 하리라. 바람은 보다 큰 즐거움을 주려 부드럽게 불어온다. 내 몸을 들어 올린다. 문득 세상이 더욱 명료하게 다가온다. 진정 행복한 때를 지나고 나서야 깨닫는 게 우매한 인간이다.

자주 꺼내는 에머슨의 시를 두 아들 떠올리며 다시 읊조린다. 오월의 숲이 잔잔하게 떨리고 산새들이 내 목소리를 반긴다. 무엇이 진정한 성공인지를 이야기하고 목표의 올바름을 선善이라 하며 목표에 이르는 올바름을 미美라 함을 그들에게 전하고 싶다. 사랑은 바라봐주고 마음을 쏟아야 하는 관심이리라. 조만간 아이들을 이 숲으로 불러들여야겠다는 생각 한다.

5월 7일

살며 생각을 그르치는 경우는 허다하다. 그 까닭은 단지 어렵고 쉬운 이유만은 아니다. 훨씬 더 다양한 원인이 존재한다. 이러한 것들을 차치해두고 생각을 바로 세우기란 쉽지가 않은 것 같다.

구름 머금은 해처럼 흐리게 우는 날, 숲에서 빠져나와 본가가 있는 마을에 마음 내려놓는다. 내 뒷모습이 초라한 이유는 무엇인가. 다 그린 수채화 한 폭 마른다, 너처럼 어머니 굽은 등을 안는다. 흐린 수채화 한 폭 벽에 걸어둔다.

5월 8일

동인들 시를 읽다 보면, 좋은 시는 단순하고 자연스러워 이 정도면 나도 좋은 시를 쓸 수 있겠다는 자신감 가득한 모자란 생각을 하곤 한다. 시란 건강한 말의 향연이니까. 내가 겪은 평범한 일들을 보고 느낀 대로 토로하면 훌륭한 시가 탄생할 터이기에. 바다에 서서 어머니 떠올리며 시심을 새겨본다.

바다에 서면
당신이 그리운 날도
당신이 그립지 않은 날도
나는 바다로 갑니다.
햇살이 바람에 흩어지는 바다에 서면
당신을 만나기 때문입니다.

사랑이 뜨거워야 한다는 것도
삶이 아름다워야 한다는 것도 이젠 압니다.
맨발로 당신 손잡으면 밭일하고 시름 씻은 그 바다에 다가갑니다.
내 동공이 열리며 넘실거리는 자유를 만납니다.

내가 당신께 닿는 길도 자유롭습니다.

가슴으로 부를 그 이름 어머니
석양이 불러드립니다.
당신과 나 사이엔
아무런 벽이 없나 봅니다.

어버이날 아침
애틋함으로 잠에서 깨어
우리의 바다에 나갑니다.

5월 10일
일찌감치 내 바다로 나갔다. 난바다에서부터 해미가 가득해 신비로움 연출하고 있다. 발아래는 목새가 부드럽게 잔잔한 파도를 받아들이며 호흡한다. 투박한 손으로 한 움큼 집어 부드러움을 느껴본다. 가까이서부터 차츰 안개가 밀려나더니 태양은 윤슬을 피워낸다. 바다 위에 길게 놓인 데크 길을 걸으며 이 멋진 한 폭의 풍경화를 마음에 담아둔다. 시리도록 아름다운 파랑이다. 경이롭기까지 하다. 저녁나절 다시 나와 까치놀을 맞으리란 생각 하며 돌아서 숲으로 향한다.

키 큰 서어나무 그늘 아래 발 담그는 오월이다. 여린 천사들 노래 부르니 새어드는 햇살로 인해 오월 숲 그늘이 곱다. 나무의 품에 안겨 눈 감고 긴 상념에 젖어든다. 나무초리까지 물오른 오월은 금세 풀이 죽고 하늘로 떠가는 새와 그 아래 침묵이 잠든다. 찾아든 오월의 반송재는 여전히 푸르다. 어린 날 추억은 실개천 따라 흐르더니 아카시아 향기 더욱 농염해지고 붉은 노을 눈 안으로 내리니 새들 품은 나무 고요하다. 낮달이 떠 있어야 할 곳엔 이미 먹장구름이 한창이다. 하늘이 얼마나 높은 절망인지 모른다. 얼마나 까마득한 바닥인지도 나는 아직 모른다. 누구에게나 조금씩 다른 슬픔이 있다는데 보랏빛 옷을 짓는 오월은 언제인지 모르게 가버릴 터, 풀려버린 왼편 신발끈을 당겨 묶는다.

이제 몸은 제법 초록물이 들었다. 오월도 중순으로 향하는데 이슬을 실은 듯한 밤기운이 기어 나와 나에게 안기고 밤은 아직 깊지 않은데 모든 소리 사라지고 온 천지가 빈 듯이 고요해졌다. 마른땅 위로 토닥토닥 떨어지는 빗소리가 한없이 구슬픈 생각을 자아낸다. 푸른 계절이 떠나면 지친 몸은 기어이 단풍 들겠지.

우리의 몸과 자연 사이에 아무런 장벽도 없는 상대로 더욱 많은 시간을 보낼 수만 있다면 얼마나 좋겠는가. 더 작은 것으로 만족하는 법을 배워야 하는데….

5월 11일

소담스럽게 피어난 기다림, 오롯이 마음속에 담는다. 그대는 혼자만이 자신을 잊게 된다. 아네모네, 속절없는 사랑, 바람 신이 사랑한 여인, 그녀 아름다움을 플로라가 꽃 속에 가두니 아네모네는 기어이 꽃으로 피어난다.

사랑이란 과연 무엇일지 묻는다. 사랑은 서로를 변화시키는 힘을 지닌다는 생각이다. 그래서 연애시절 말투나 옷차림 그리고 상대의 사소한 습관들을 지적하며 바꾸려 한다. 서로의 진로를 응원하며 삶이 발전하도록 돕는 데는 그다지 적극적이지 않다. 그래도 사람은 마음이 가면 행동으로 드러나게 되고 서로 마음 가는 대로 감정이 이끄는 대로 충실하면 된다. 하지만 사랑이란 딱 이렇다고 정의할 수는 없다. 그렇다고 나만의 정의를 고민하고 그것을 함께 이루어 갈 부부 관계를 만들어 가는 일이 중요하다. 우리는 사랑이 상대에게 잘 보이고 싶은 마음, 잘해주고 싶은 마음, 인생을 전반적으로 즐겁게 해 주는 감정이라는 걸 안다. 하지만 무책임한 관계는 삶을 정체시키고 부패하게 만든다. 언젠가 벗에게 사랑이 무어냐고 물은 적이 있다.

"서로를 챙겨주고 배려하는 마음 아닐까."

라는 말에 서로의 자존감을 북돋우고 심리와 정서를 윤택하게 만드는 게 사랑이라는 의미일 거라 생각하며 고개 끄덕였다. 사랑은 자신이나 타인의 성장을 도울 목적으로 자신을 확대시켜 나가려는 의지일 것이다. 개인의 사랑이나 경험에 따라 필요한 사랑의 행태는 달라질 수 있다. 다만, 그릇된 관계들로부터 자신을 보호하기 위해 그 정의를 항상 긍정적인 단어들로 채울 필요는 있다.

관계를 발전하는 생각들인 배려, 다정함, 보살핌, 격려, 서로를 도우려는 자세 그리고 상대 위해 더 나은 사람이 되려는 노력 같은 것이 필요할 것이다. 사랑하는 마음은 존재에 대한 나와의 약속이다. 누군가를 사랑하는 일에 어려움을 느끼는 것은 결국 나를 진심으로 사랑하지 않고 있기 때문인지 모른다. 21세기는 새로운 사랑의 정의가 필요할 터이다. 나를 잃지 않고 타인을 사랑하기 위해선 먼저 자기 자신을 진심으로 사랑해야 하리라.

5월 13일

보들레르는 자연은 단순한 사물이 아니라 어떤 암시와 계시를 품고 있는 부호이자 암호로써 성스러운 존재의 세계로 접근하는 통로라 하였다. 그가 자연을 바라보는 시선이 부럽다. 눈을 감고 바다의 언어를 듣는다. 속삭이는 밀어처럼 부드럽게 마음을 적시는 파도 소리, 등대 그늘에 앉아 거친 심신 다독인다. 누우레 해변에 왔다. 바다에 기대어 살아가는 물빛 닮은 섬사람이 오손도손 풍경으로 스친다.

하얗게 내린 와현 백사장에서 누군가의 얼굴을 그린다. 지금 내게 가장 그리운 사람이겠지. 어렵사리 당신을 꺼낸다. 떨어져 산지 꽤 되었다. 아내 얼굴이 멀어졌다 가까워진다. 아니 성숙해진 그리움이다. 그대 안녕하신가. 화로에 불이 없다 할지라도 가슴속에 더 큰 불이 타오르고 있다면 어떤 그리움도 견딜 수 있다. 봄 바다가 아름답다. 여름을 기다리는 바다가 더욱 파랗게 질린다. 잘 지내겠지. 기다려야지, 몽롱해진다. 당신이 해주던 참치 김밥이 먹고 싶다. 김치찌개도 먹고 싶다…. 그리움 담은 노래 부른다.

해변에는 여러 그림이 그려지고 있다. 한 소녀가 꽃을 만진다. 매력적이다. 마음고생이 큰가 보다. 헛헛한 쾌감이 뻔뻔하게 슬픔을 기다린다. 아직도 첫사랑을 찾니? 진짜 사랑을 못해 집착하는 건 아닌가? 결정은 네가 해. 자격을 따지지 마라. 그대들, 잘 어울려 논다. 헛헛한 사랑이다. 잠깐의 이별도 좋겠지…. 이제 공부를 하고 싶다. 공부가 깨끗해. 소녀가 중얼거린다.

검은 옷 입은 여인이 크게 누워 있다. 신발이 예쁘다. 그 옆으로 두 여인이 쪼그리고 앉아 남자를 그리며 조잘거린다. 감각을 쫑긋 세운다. 어두워진다. 버티지 못하는 놈들,

까부는 놈들 거들먹거리는 놈들 모두 실패작이다. 연민은 얼마나 잔인한 감정인가, 그런데도 우리는 이 감정을 사랑이라는 감정과 혼동하곤 한다. 그 결과는 치명적이다. 무언가에 집중하며 사는 게 멋진 삶이지. 모난 삶 속에서 모두 멋진 사랑을 꿈꾸길 기도하며.

5월 15일

모든 개체는 자신 주변에 일정한 공간을 필요로 하고 다른 개체가 그 안에 들어오면 긴장과 위협을 느낀다는 것이 인류학자 에드워드 홀의 개념이다. 아무리 친한 관계라도 적절한 거리는 필요하다. 가까운 사이라도 함부로 그 거리를 침범해선 곤란하다. 이는 물리적 거리와 더불어 정신적 거리도 포함한다.

우리에겐 저마다 자신만의 세계가 있다. 숲 속 나무가 올곧게 자라기 위해선 적절한 간격이 필요한 것처럼 사람에게도 간격이 필요하다. 이 거리를 둠으로써 좋은 관계를 유지하며 상호 성장할 수 있다.

아주 가까이하였던 벗을 떠올린다. 조금 멀어져 보니 그가 소중하게 느껴진다. 바람에 그리움의 안부를 묻고 나를 잊지는 않았는지 조심스레 마음을 가까이하여본다. 물망초의 꽃말로 그리움을 달래는 것은 외로워서가 아니라 당연히 함께 공존하는 존재에 대한 안부의 인사이다. 전화기를 만지작거린다. 잘 지내지, 어디서라도 행복하고 건강하길….

5월 17일

숨이 차오르고 땀방울이 굵게 맺힌다. 대가 없는 자유가 어디 있으랴. 절벽 위 우제봉 정상에서 해금강을 품으며 시름 내려놓는다. 거제도는 바다의 금강 보유 섬이다. 삶의 의미는 발견하는 것이 아니라 자신이 만들어 가는 것임을. 경험은 손가락과 머리에서 나오며 심장은 경험이 아님을.

땀이 바람에 날아간다. 자유가 넘실거린다. 찾아든 바다의 금강은 외로움 지닌 채 아직 푸르다. 섬은 정말 외로울까….

5월 18일

지금껏 얼마나 많은 비와 바람을 안은 숲인가. 한줄기 빛 따라 흘러가는데 행간의 빈터에 앉아 허공을 내린다. 숲의 고절한 공기, 소리와 그늘과 정원에 멈춘다. 대숲과 어우러진 실개천에 구슬 굴리는 물소리가 모두의 가슴 열어 주던 속마음처럼 아침 이슬 영롱한 빛 맺혀 있다. 산기슭 흘러내리는 자유로움 담아 꽃향기 따라 다가가니 수줍은 듯 살짝 미소 짓는다. 시간 가는 줄 모르고 숲 속을 걷는데, 5·18 광주민주화 운동 기념식이 엄수되고 라디오에서 1980년의 그날을 기리고 있다. 오늘이 41주년 민주화 운동 기념일이라 전하며.

고교 2학년 시절, 광주에서의 핏빛 외침을 모른 채 오월의 일상을 보내고 있었다. 대다수 국민이 그러하였으리라. 먼 광주에서 희미하게 들려오는 민주화 향한 고난의 맥박소리는 철저히 가로막혀 보지도 듣지도 못하였다. 먼 훗날에야 군사정권에 의해 매몰되었던 역사가 세상에 드러났을 때 우리는 울분을 토했다. 철저하게 감추어 온 우리의 아픈 과거였다.

군 시절, 광주가 고향인 전우의 나지막한 토로로 알게 된 그의 아픈 기억, 피로 얼룩진 광주를 듣고 소름 끼치는 울분을 삭였다. 그리고 전역 후 민주화라는 역사적 소명의식으로 군부세력에 저항하는 학생으로 살았다. 자유민주의와 인권보장이라는 인류 보편적 가치가 군부세력에 의해 유린당하는 시대를 혁파하려고 대다수 청년이 그러하였듯이 운동권 학생이 되어야만 하였다. 당대를 살아가는 청년의 소명이었으니 마땅한 것이었다. 군부세력을 몰아내고 6·29 선언을 이끌어낸 그 역사적 현장에 있었다는 자부심은 지금도 남아 있다. 우리는 광주의 역사를 잊어서는 안 될 것이다.

　몇 년 전 남도 여행길에서 광주의 길을 걸으며 그날의 함성을 느낀 적이 있다. 빛고을 광주는 늘 먹먹한 감정이 앞서던 곳이었기에 꼭 와보고 싶었다. 5.18 역사가 머무는 곳, 금남로를 걸었다. 5.18 추모 행사 때 온 시민이 금남로에 모여 광주 혼과 넋을 위로하고 그날 아픔을 국가적 힘으로 승화시키기 위해 대동 한마당이 연출되던 곳이기에 고개 숙였다. 시청 앞 광장에 이르러서는 잠시 머물러 그날을 떠올리며 이제 잊혀가는, 아니 잊어서는 안 될 역사를 만났었다. 아들과 함께 찾았던 광주를 떠올리는데 식장에서는 임을 위한 행진곡이 울려 퍼진다.

　역사는 올바르게 기억하는 것이다. 그들의 목마른 외침을, 5.18의 진실을, 광주에서의 오월을 우리는 기억하여야 한다. 아픈 역사를 망각하고 기억하지 못하는 민족에게 희망은 없을 것이기에.

5월 19일

　책 선물은 언제나 반갑고 고맙다. 책을 선물한다는 것은 마음을 오롯이 건네는 일이다. 삶의 여정 담아 보내는 다소곳한 위로이다. 출가 전 속세 친구인 태감 스님이 보내온 책을 펼치며, 인연 이어가며 소통하는 스님의 맑은 미소 떠올린다. 365일 매일 그대 스스로 깨어나라며 일깨움을 준다. 책 첫 장에 끼워져 있는 손 편지를 펼친다.

"경만이의 독립을 응원한다. 혼자의 삶은 태어나서 이 몸 해탈할 때 어느 누구도 예외는 없다. 그러나 스스로 지켜야 할 자신과의 약속이 중요하다. 스스로에게서 자유로운 것이 자신에게 철저할 때 나오는 자유로움이다. 무방비 해제는 오히려 삶의 독이지.

친구야, 벌써 이순이고 공자의 이순의 의미에서 나를 더욱 물들여야 보는 인식들이 여유로움으로 보여 진다. 항상 생활에 절도 있는 시간 삶들이 되길….

코로나가 세상을 바꾸는 것도 어마어마한 혁명 같은 것 같다. 세상 모두의 패턴이 바뀌지만 정은 항상 따뜻하길….

-옛 벗이

절제된 자유를 권하는 벗의 혜안이 담긴 글 대하며 진정한 자유를 다시 생각한다. 세상을 대하는 관점이 협소한 나에게 삶의 주인이 되라는 충고로 새긴다. 불기 2565년 부처님 오신 날 맞아 내면의 붓다를 만난다.

다시 시작하는 하루

부처님 오신 날

마음 비우고

탁 트인 가슴으로

우리네 잡다한 인생에 대해 자분자분 얘기하는 금강경을 읽는다

그가 우리에게 묻는다

인생의 마지막에 대한 비밀은 무엇인가?

이 세상 진정한 모습은 무엇인가?

만물은 어떤 법칙에 따라 운행하는가?

자신 감정을 어떻게 다스려야 하는가?

어떻게 하면 순수한 영혼으로 돌아갈 수 있는가?

갑자기 닥친 생사의 기로에서 어떻게 대처해야 하는가?

망설이다 답한다

매사에 집착하지 않는 것

모든 대상에 집착하지 않는 것

아무것에도 집착하지 않는 것

집착하지 않으면

외부 그 어떤 것도 나를 초조하게 하지 않는다

일체유심조 一切唯心造

모든 것 마음이 한다
밤을 기다려 향기를 머금는 연꽃처럼
깨우침 얻는다
집착에서 벗어나 나를 비운다
기어이
자유와 너그러움 몸에 깃든다
일순 부처가 된다
회향나무 잔가지가 붉게 타오른다.

5월 20일

  고전이란 당대의 지식인이 그 시대 사람에게 던지는 메시지이다. 오래 살아남은 고전은 지금 읽어도 새롭게 다가온다. 젊어서 읽으며 가진 생각과 나이 들어 접한 고전이 건네는 지혜는 다르다. 이는 고전이 인간의 보편적 가치관을 담기에 그러하다. 보는 관점에 따라 늘 새롭다. 그러기에 고전이라고 해서 하늘에서 뚝 떨어진 것이 아니다. 그들 역시 당대의 진부함과 싸워야만 한다. 오랜 시간이 지나도 낡거나 진부해지지 않는 이유가 여기에 있다. 세월이 흘러도 사람들의 가슴속에 남아 오랜 생명력을 유지하는 것이 바로 고전의 힘이다. 무거운 고전을 마주해야 하는 이유다.

또한, 인간의 가장 고귀한 사상을 기록한 것이 고전이다. 독서를 잘하는 것은 참다운 정신으로 참다운 책을 읽는 것이며 고귀한 수련이며 시간과 힘이 드는 단련이다. 하여, 고전을 자주 대하려 애쓴다. 고전은 한 시대의 지식인이 후세에 남긴 고귀한 유산이며 인류의 고귀한 생각들이 오롯이 담겨 있다. 하여 고전은 지혜의 보고다. 영원히 소멸되지 않는 유일한 신탁이다. 예전에 쓰인 글이라고 모두 고전은 아니다. 문학 역사에서 그 위치가 인정되는 글이 고전이다. 후세 사람들에게 끊임없이 영향력을 끼친다. 살아가며 부딪히는 여러 문제를 해결할 수 있는 지혜를 건넨다. 당대에도 일어나 혼란하게 했던 일들이 오늘에도 똑같이 생긴다. 이 보편적 질문에 대한 답이 들어있다. 그리하여 고전 속 지혜는 시대마다 던지는 메시지가 다르게 다가온다. 과거를 읽으며 세계를 더 깊이 이해하고 현재의 나를 진지하게 성찰하고 미래를 내다보게 한다. 그가 던지는 기본적인 물음들…,

 '나는 누구인가?', '어찌 살아가야 하는가', '이 세계는 무엇이 지배하는가', '삶에는 어떤 의미가 있는가' 등 쉽사리 답하기 어려운 기본적 물음들이며 철학의 바탕이 된다. 이는 책을 읽고 우리 현실에서 묻고 묻는 과정에서 스스로 발견하는 것이다. 변화하는 또 다른 나와의 만남 통해 인격의 성숙을 꾀하게 된다. 스피노자는 "정신은 사물의 본성보다 자기 신체의 본성을 더 많이 반영해 사물을 인식한다."라 하였다. 이 철학은 오늘의 나에게 어떠한 깨우침 갖게 하는가.

"인생에서 최고의 선이라고 여기는 것은 부, 명예 그리고 감각적 쾌락이다."

근래 다시 꺼내 읽고 있는 그의 저작 '에티카'란 책에서 얻은 문장이다. 우리가 삶에서 최고의 선이라 추구하는 것들이 과하면 참된 선을 행하는데 걸림돌이 된다는 결론을 제시한다. 오늘도 책에서 지혜를 얻는다.

이 세상에 누구도 진짜 스승이 될 수 없다. 오직 책만이 스승이 되고 책 안에서 우리는 우리 자신이 얼마나 초라한지 얼마나 커질 수 있는지 또 외연의 힘이 얼마나 빈약한 것인지 우리 내연의 힘이야말로 진정 키워야 하는 유일한 가치라는 것을 알게 해 주는 지혜의 보고라는 생각에 머문다. 시대마다 새롭게 태어나는 책, 수백, 수천 년을 살아온 저자와 대화를 나눈다. 고전의 진정한 힘을 느낀다. 다음에는 문우가 추천한 힌두교의 중요한 성전 중 하나인 '바가바드기타'를 만날 요량을 한다.

5월 24일
사랑은 눈이 아니라 마음으로 보는 것이다. 아직은 사랑이 낡은 외투처럼 너덜너덜해져서 이제는 갖다 버려야 할, 그러나 버리지 못하고 한 번 더 가져보고 싶은 희망이 세상 곳곳에 있어 그게 살아갈 이유라는 믿음이 생겨나곤 한다. 라디오에서 극한 사랑을 씨줄로 하는 드라마가 절정에 이른다. 극단적 나르시시즘을 다루고 있다. 귀를 쫑긋 세우고 집중해 듣다가 허망한 결말에 실소를 머금는다. 검은 욕망이 몸과 마음을 지배하게 되면, 사랑이 죽음을 불사할 만큼 가치가 있다는 생각을 하곤 한다. 그런 몹쓸 인식들이 우리 내면에 깊숙이 자리 잡고 있다. 진정한 사랑은 배려와 상호 존중이 우선되어야 함에도 말이다. 우리는 아프지 않은 사랑은 진짜가 아니라고 생각하는 경향이 있다. 많은 이가 사랑은 사람을 절망하게 하고 분노하게 만든다고 믿는다. 이게 진실이 아님에도 말이다. 거의 대부분의 드라마는 이를 극화하며 미화한다. 대중은 이에 서서히 동화하며 객관화한다. 역사 통해 보면, 이념을 위해 사랑을 이용하였고 부의 추구 위해 그리고 권력 소유 위해 또한 정보 습득 위해 오늘날에는 욕구 충족 위해 사랑을 이용한다. 모두 검은 욕망이 빚어낸 것이다.

  세상에는 두 종류 관계가 있다. 우리를 더 나은 사람으로 만들어 주는 관계와 우리를 파괴하는 관계이다. 안정감을 주는 관계와 모든 것을 앗아가는 관계이다. 그런데 우리는 대부분의 경우 잘못된 선택을 한다. 사람들은 왜 자신을 힘들게 하는 사랑을 선택할까?

　이 사회와 고정관념은 우리를 잘못된 길로 내몬다. 고통이 좋은 거라고 가르치면서 말이다. 하지만 그렇지 않다. 고통은 매혹적이지만 상처를 준다. 우리는 사랑하며 서로에게 깊은 상처를 주며 이를 극복하며 완전한 사랑을 추구하려 한다. 우리는 진정한 사랑이 뭔지 다시 배워야 한다, 반드시. 많은 이가 순수한 사랑의 관계를 이루는 토대가 되길 소망하며 라디오를 끈다.

5월 26
"거제도에 사람이 살고 있는 섬이 몇 개인지 아니?"
　"음~ 지심도랑 내도, 외도 그리고 지금 간다는 칠천도 정도야. 난 가본 곳도 없고 잘 알지도 못해."
　"내가 알려줄게. 거제도 안에 10개 유인도가 있어. 섬 안의 섬인 셈이지. 오늘 우리가 가는 칠천도가 그중 제일 크고 사람도 가장 많이 살고 있어. 유채꽃밭도 아름답고 둘레길이 멋진 섬이야. 갯벌 체험 장도 있지.
　일출과 일몰이 장관인 가조도와 철따라 달이 떠오른다는 산달도도 아름답고 또한 큰 파도를 연상케 하는 기복 심한 구릉으로 이루어진 아름다운 진달래꽃 섬 화도와 물이 좋아 황금어장인 이로운 섬 이수도가 연륙교를 기다리며 바다 위에 떠 있어. 그리고 우리들 추억 간직한 동백섬, 지심도는 알 터이고 환상적인 식물농원으로 조성되어 관광객 발길이 끊이질 않는 외도, 때 묻지 않은 자연 그대로 간직하고 있는 한려해상국립공원 명품 마을 2호인 내도. 1호는 통영 관매도야. 장수마을로 알려진 아주 작은 섬 황덕도는 낚시꾼들이 많이 찾는 곳이래. 마지막으로 현지인도 잘 모르는 대부분 산림인 조용한 섬마을 고개도야. 섬 지킴이 한 가구만 살아간다더라. 모두 한 번은 가보고 싶은 섬 안의 섬들이야."

"정말 가보고 싶어."

승수의 소개가 끝나자마자 반짝이는 눈으로 반응하는 영미다.

〈소설 거제도 중〉

사람들은 왜 섬을 찾을까. 섬이 섬에게 손짓하는 섬들의 천국, 거제도. 거센 바람도 섬을 잠들게 하진 못한다. 섬은 떠있지 않고 물속 깊이 뿌리내리고 있다. 바다 위에서 흔들리는 자신을 품을 수 있는 곳, 거제도. 거제도는 62개의 부속 섬을 가지고 있는데, 52개의 무인도와 10개의 유인도로 이루어진다. 틈틈이 섬 안의 섬을 찾기로 약속해둔다.

싱그러운 연두색 5월을 보내며 첫 방문지로 철따라 달

이 떠오른다는 산달도로 향하였다. 열린 창으로 들어오는 바람의 감촉은 꽤나 관능적이다. 기분이 좋아지며 나를 더 열기 위해 차창을 끝까지 내린다. 파란 하늘 담은 바다 위에 하얗게 놓인 연륙교를 지나니 일주도로 옆으로 하얀 양식장이 펼쳐진 바다가 잔잔하게 반겨준다. 조개무지가 곳곳에 보인다. 산달도는 거제 부속 섬 중 세 번째 큰 섬으로 조개류가 많아 살기 좋은 섬으로 알려져 있다.

시장기가 동해 방파제 곁 소담스러운 식당에 들었다. 연륙교로 본섬과 연결된 이후 찾는 이가 부쩍 늘었다고 전한다. 어항에는 해산물이 가득하다. 산달도는 역시 조개다. 얼큰한 조개탕으로 허기를 해결하였다. 친절한 주인장이 고맙다.

섬의 둘레 십 리길을 걸어 완주하는 것은 섬 안에서 그와 하나가 되어봄을 의미한다. 방파제에 앉아 파도처럼 일렁여본다. 섬 안에서 밖으로 보는 풍경은 밖에서 보는 아름다움과는 사뭇 다르다. 내가 불청객임을 깨닫게 된다. 산달도는 차가 거의 다니지 않아서 도보 여행이나 자전거 하이킹을 하면 운치가 더하는 곳이다. 한 여인이 간편한 복장으로 트레킹을 하는 모습이 건강해 보인다. 분 냄새가 코를 스친다. 해안 길에는 가로수를 많이 심었으면 좋겠다는 생각을 하였다. 마라톤 코스로도 안전해서 좋을 듯하다. 산달도의 자연환경은 바다로 둘러싸인 섬이지만 천혜의 피항지 인듯하다. 아무리 바람이 불어도 바다는 고요하고 잔잔하다. 큰 섬들에 끼인 작은 섬 산달도는 '섬 속의 섬'이라고 해도 좋겠다.

   코로나 시대엔 섬으로 살아가야 한다. 파도소리 무너지는 저녁 바다를 헤아린다. 섬은 늘 다다르고 싶은 대상이다. 지친 어깨를 털고 조용히 숨어든 어스름은 고요를 찾아 두리번거린다. 휘영청 높이 떠오르는 달 아래 낚싯대 드리우니 참 좋다. 내 마음속에서 자라던 섬 하나 낚아 올린다. 그대라는 섬을 만나 고립과 소통의 부재에서 벗어나려 한다. 당신이 가고픈 섬이 되고 싶다. 그를 노래한다.

섬이 섬에게

신열을 앓아 뜨겁던 대지도
바람 색을 알아챘다
달아오르던 시간 동안
자라서 엉글었던 유성이 하필 밤바다에 퍼부어서
달 없는 초여름 밤을 밝힌다

큰길이 없어
대처 사람 오가지 않던 바닷가 마을
산을 옮기는 기적같이
넓은 길이 바다 위로 파랗게 피어났다

철따라 달이 떠오른다는
산달도
달빛이 은은하게 내리니
길을 따라 천지에서 사람이 모여든다

섬의 외로움을 모르는 아이들은 그저 파랗게 웃는다
향기로운 풀들 사이로
산달도는 푸른 별로 가득하고
별들은 섬사람 삶이 되고
하얀 밥이 되었다

날아가는 갈매기
고뇌로 가득한 가슴으론 이 계절을 자유로이 날 수 없다
크게 들숨을 마신다
나지막한 산그늘 아래로 졸졸 바람이 내려온다
섬 가운데 섰는데 나무 냄새가 난다
섬이 섬에게 말을 건다.

5월 28일
나에게 감동과 영감을 주러 오늘도 걷는다. 어디에서 무엇으로 용기를 얻을까를 생각한다. 너럭바위에 앉아 다

리쉼을 하며 문학의 가치로움에 대해 사유한다.

문학의 발명은 기원전 2300년경 메소포타미아 문명시대 엔헤두안나로부터 시작하였다고 전해진다. 최초의 작가인 그녀는 문학의 힘으로 달 숭배자들의 대제사장이라는 자리에 우뚝 섰다. 창작으로 일궈낸 힘이자 권력이었다. 훗날 그녀의 계승자는 마케도니아 출신의 호기심 가득한 젊은이 아리스토텔레스이다. 그는 이성에만 매달리는 플라톤의 아카데미를 떠나 여러 소피스트와 만나 대화하고 숲길을 한가로이 산책하며 자연과 더불어 함께하며 배우고 경험하여 문학을 발전시켰다. 이것이 경이를 자아내는 심오한 발명품의 시작이고 발전에 발전을 거듭하여 오늘에 이르렀다.

문학이란 발명품이 어떻게 인간의 슬픔과 불안 그리고 외로움과 비관적 기분을 덜어주고 나아가 창의성과 용기, 사랑과 더불어 공감과 치유를 안겨주는가. 사람은 본디 갖가지 의문을 일으키며 살아간다.

우리는 왜 여기 있는가?

시간의 목적은 무엇일까?

이 삶에 어떤 의미가 있을까?

뇌를 자극하는 이런 물음들이 문학을 태동시키는 원천이다. 바야흐로 문학은 우리 자신으로서 살아남는 문제를 해결하고자 내부로 눈을 돌린다. 하여. 인간에게 희망과 위안을 제공한다. 사람의 마음을 치유하고 영혼을 고양시킨다. 여전히 죽음을 사유하고 심리적 충격을 덜어준다. 불멸의 의미마저 전해준다. 아울러 인간으로 존재하는 데서 제기되는 의심과 고통을 극복하기 위한 발명품이 문학인 것이다. 하여 문인으로서 자부심을 느끼는 시간이 행복으로 다가온다. 나만의 메타포가 피어나고 있는 이 시간 원고지에 펜대 힘을 가한다.

5월 30일

세상 만물 중에 가장 밝게 빛나고 뜨거우며 힘찬 태양, 해처럼 가열 차고 싶다. 가능하면, 아침에 눈 뜨면 태양을 바라보아야 할 것이다. 아침 조각이 조금씩 떨어져 나간다. 태양을 향하고 있으면 자신의 그림자는 볼 수 없기에 그를 응시한다.

냉랭하고 힘없는 그림자 인생은 죽은 삶이다. 늘 동그랗게 웃자. 사람 표정 중에 가장 아름다운 것은 미소 짓는 모습이다. 미소는 얼굴에 피는 꽃이며 사랑의 언어이다. 진정 성공한 이다. 일찍이 도산 선생은 훈훈한 마음으로 빙그레 웃으며 살아가야 한다고 하였다. 얼굴이 웃으면 마음도 웃게 된다. 마음속에 밝은 희망과 이상의 태양 지니고 따뜻하게 미소 지으며 사람을 대하고 싶다. 용감하고 열심히 살아가는 사람이 인생의 참된 승자가 될 것이다. 청순한 오월을 보내고 빙그레 웃으며 길을 나서 바다로 간다.

6월 1일

지금껏 생활했던 도시라는 공간도 사람이 만든 하나의 자연이겠지만, 여름으로 넘어가는 이곳 계절은 봄과는 또 다른 색과 정서를 갖기에 시인의 감정은 민감해진다. 행복한 삶은 자연에서 시작된다. 나의 몸과 아름다운 자연은 아무런 방해 없이 이 숲에서 많은 시간을 교감하며 즐거움을 나눈다. 하지만 많은 이는 이를 느끼지 못하고 자신의 조그마한 몸 하나를 지탱하느라 온갖 위험에 부딪치며 살아간다. 끊임없는 걱정과 스트레스로 어지러운 삶을 이어가고 있는 것이다. 그러면서 지금 자신이 하는 일이 가치롭다고 여긴다. 비정상적인 열정은 아닐까. 그렇게 사는 것이 삶에 순응하는 것이라 판단하고 쉼 없이 행동한다. 인간은 본디 나약하게 태어난다. 그러기에 자신 세계를 한정하는 것이 옳다. 이것은 철학적 진실이다. 이러한 사실을 삶의 마지막에 이르러서야 알게 된다는 것은 큰 낭비며 안타까운 일이다. 인생에서 진정 필요한 열매를 맺지 못하는 일이다. 우리는 매사에 부드럽게 대할 필요가 있다. 아마도 많은 이는 실현 불가능한 세상에 살고 있다 할 것이다. 하지만, 다른 이가 나를 평가하는 것보다 스스로를 평가하여야 진실한 삶 영위하게 될 것이다. 자신부터 편견으로 사람을 대하는 것을 경계해야 하리라. 조금의 것으로 만족하는 정신을 갖자. 숲의, 자연의 가르침이다.

우리네 인생도 생각도 취향마저도 모두 습관에 따라 바뀔 수 있음을 경험하며 살아간다. 사람은 마음이 시키는 대로 한다. 수레바퀴가 소발자국을 따르듯이 인생이라는 수레도 습관에 따라 변할 수 있다. 지금 가고자 하는 길에 도움이 되는 습관을 익히고 있는지 돌아볼 일이다. 자연을 스승으로 삼고자 하는 습관을 내 몸에 익히는 시간은 그래서 행복하다.

6월 3일

바다라고 늘 쪽빛일 수는 없다. 아마도 유월은 감자 꽃이 하얗게 피었다 지고 송사리들도 강물에 집을 지으리라. 하늘은 기어이 흰 구름으로 허공을 채우고 바다는 하얀 감자 꽃보다 더 아롱진다. 살아 있다는 것 자체의 어두운 면모를 알기까지는 회색 하늘도 잿빛 바다도 밋밋하다. 폭풍우 몰아치는 검은 바다에 나를 띄운다. 쪽빛 바다

일 때는 쪽빛인 채로 잿빛일 때는 또 그 나름의 빛으로 사람 속의 변화처럼 바다도 변화무상하다. 이끌림에 바다에 갔다. 바다는 나를 맞으며 뒤척인다. 저 멀리 등대는 더 크게 운다. 그들을 응시하니 외로움이 잦아든다. 낮은 산을 넘어온 자줏빛 바람이 닿은 곳에 내려앉는 마음자리, 물에 젖은 갈매기는 더 높이 날아오르지 못하고 일렁이는 파도에 내린다. 그냥 딱 한 번, 철썩이는 파도가 되었다가 돌아서는 여린 감성이다. 어린 날 소망을 생각하게 하는 사유가 힘겹게 차오른다. 바다는 아래로 몰래 가라앉는다. 돌아서 다시 아늑한 숲으로 향한다.

여러 날 비가 내리고 나니 숲에는 더 많은 산새가 찾아들었다. 백일홍은 꽃을 펼쳐 사흘을 넘기고 긴 여름날을 세기 시작한다. 무더위가 지고 나면 신선한 바람에 스러질 백일홍 향기를 한가득 느낀다.

바다도 좋지만, 근래 내 지기는 숲속 가족들이다. 그중에도 느리게 숨 쉬는 바위와 살아가는 이끼류 식물이다. 그들은 사람을 멀리하며 완전한 야생으로 살아가길 원하고 있다. 비난을 무릅쓰고라도 난 그들을 사랑하려는 정신이 분명 있다. 이 마음의 기저에는 자연 사랑이 있다. 하여 건강과 자유를 얻는다. 그래서 나는 어디든 걷기로 하였다.

얼마 전 산책길에서 만난 요란한 등산복을 차려입은 오

십 대의 남자가 이끼 가득한 바위 그늘에 피어있는 자색을 띤 각시붓꽃의 아름다움을 독차지하려고 뿌리째 뽑아가는 것을 보며 이기로 가득한 소유욕에 아찔해졌다. 야생화를 자연에서 이탈시켜 집 안에 들여놓으면 머잖아 그 본연의 색을 잃고 시들고 만다. 그 자리에 존재하고 있어야만 그의 아름다움이 더욱 빛난다는 것을 망각한 채 혼자만의 소유를 위해 주위 모든 관계에서 단절시켜버리는 권리는 누구에게서 부여받은 권리이던가. 그 무엇도 세상 그 어떤 존재도 그들만의 고귀함이 존재하는데도 말이다. 깊이 반성할 일이다. 언제든 붓꽃의 아름다움을 느끼고 싶으면 웃으며 가슴속 창고에서 끌어내면 될 것이고 그도 부족하면 그를 만나러 오면 될 터인데…. '무감어수 감어인' 그의 얼굴에 지금의 나를 비추어본다. 자연 통해, 존재적 실존 양식으로 성격을 변화하여 새로운 인간으로 다시 태어나기 위해 노력해야겠다는 생각을 가지는 내가 자랑스럽다.

 더는 길을 잃기 전에 이기심 버리고 우리 자신을 찾아야 할 것이다. 내가 어디에 있던지 관계하고 있는 자연 속에서 관용을 깨닫고 순수함을 잃지 않는 일은 삶에 유연함과 탄력을 선물한다. 자연을 느끼며 사랑하고 깊은 교감을 하려는 나는 자연주의자라 생각하게 되었다. 시시때때로 변화하는 자연에 대한 호기심과 경이로움은 나에게는 행복이며 온통 즐거움이다. 이러함 통해 그동안 지녔던 오만한 자기만족을 철저히 배격해 나가려 다짐하는 오늘이다.

6월 4일

절대 고독의 숲, 그리고 바다 혹은 하늘. 할아버지처럼 근엄함이 외할머니처럼 따뜻함이 큰어머니처럼 넉넉함이 그리워지는 6월의 어느 날, 눈 감으면 들리는 숲의 속삭임 듣고파 오늘도 집을 나섰다. 행, 불행을 구분 않고 고독하기를 마다하지 않는 것은 모두 지나가기 때문이리라. 불행을 즐기면서 그것을 보내는 그때부터 행복은 소리 없이 내 곁에 오게 될 테니까. 행과 불행은 긴 시간 속에서 순간 일뿐이다. 인간은 어떤 환경에서 살아가든 자신이 어떤 사람이 될지 선택할 자유가 있다. 이를 잘 수용하면 내면을 지배할 수 있다. 삶에 의미를 부여하면 다가온 불행도 행복으로 변화한다. 고독을 즐기다 보면 불행도 기어이 지나가기 마련이다. 이 순간 행복은 소리 없이 내 곁에 다가온다. 나를 믿고 자신을 사랑하자. 나는 이제 무엇이 되고자 하는가. 내 마음을 들여다본다.

난 숲의 친구가 되려는 소망이 있다. 나아가 많은 이에게 이 숲으로 데려와 벗이 되게 할 터이다. 그들에게 쉼터를 제공해 소박한 즐거움을 주어야겠다. 인간은 누구나 그림자를 지닌다. 홀로 외롭다. 이는 인간이면 갖는 감정이다. 자신의 그림자는 자신이 다스려야만 동행할 수 있다. 먼저 자신이 만족해야 모두와 조화를 이루게 된다. 우리는 전체의 한 부분이기에 그러하다.

첫 번째 여름이 시작되니 봄꽃은 시들고 숲의 초록은 더욱 왕성하다. 즐기던 반송재 숲을 잠시 벗어나 조금 더 먼 새로운 숲인 다리골로 옮겨 걷기 시작했다. 꽃 진 자리에 열매들이 튼실하게 맺기 시작한다. 이제 여름날을 노래하려 마음 다잡는다.

6월 6일

인간은 녹색을 좋아하는 본능을 갖고 있다. 하여 초록이 시작하는 봄이면 산야를 찾아 그 기운을 즐긴다. 초록도 다 같은 초록은 아니다. 자연은 다양한 녹색 기운 담은 빛을 선물한다.

시냇가에 줄지어선 수양버들의 연두색 가지가 바람에 하늘거리며 연녹색을 띠우며 봄노래 부르기 시작하고 아카시아 잎이 연초록색 그림자 드리우며 봄빛이 익어간다. 산속 박달나무는 시나브로 초록 잎을 피운다. 4월 중순이 되면 주변 산야는 연녹색으로 변하고 4월 말이 되면 바다는 더욱 짙푸른 빛을 발하고 온 산야는 초록빛으로 가득해지고 산 호랑나비는 더욱 화사한 빛을 낸다. 이어 숲은 수박색을 띠다 서서히 갈매색으로 바뀌고 5월 말이 되면 온통 암녹색을 띠우고 여름을 준비한다. 이렇듯 자연은 여러 푸른색으로 다가서며 인간에게 경이로움을 건넨다. 주어지는 모든 푸르른 시간이 선물이다.

6월 7일

이제 봄에서 여름으로 넘어가고 있다. 길은 멀리 돌수록 그만큼 값어치가 있지 않을까. 새로운 숲길에 들어선다. 샛길로 들어서며 우연히 발견하여 오늘이 세 번째 같이 호흡하며 걷는다. 꼬부랑 고갯길을 쉬게 하고 올곧은 새 길을 내면서 휴면에 들어가 숲이 된 길이다. 나무와 새들이 길을 침범해 숲의 일부로 변해가는 길. 만인의 길이었다가 이젠 순례자가 되어 정처 없이 걸어도 좋은 길. 다른 이와 자주 부딪히기 어려운 길. 영혼이 자유로운 길. 보살필 필요 없는 나무뿌리와 그루터기 나무가 키재기하는 길. 내가 그저 몸 가는 대로 마음을 맡길 수 있는 길. 아침이든 저녁이든 별다른 차이가 없는 길. 숨이 차면 천천히 내비치는 변덕마저 소중해지는 길. 사람들과 맺는 거짓 관계를 잊게 하는 좋은 길…. 이 책 속에 담길 길들은 아마도 수많은 발자국이 찍힌 숲인지도 모른다.

  길이 너무 넓어 이 길 위에 서면 내 생각은 기어이 크고 넓어진다. 이 길은 넓다. 이 숲길에 들어서면 머리가 맑아지며 생각이 커진다. 청량한 바람은 새소리를 담고 있다. 그 소리에 내 인생이 담겨 나에게 온다. 나무 사이로 불어오는 이 바람소리는 내 삶을 내 것으로 받아들이게 한다. 맑아진 내 영혼의 감응에 호응하며 다가오는 모든 것들을 온전히 품는다. 생각은 무한해지고 선하다. 멧종다리가 가까이에 있다. 그의 노래는 베이스 기타를 울리게 하는 바람처럼 감미롭다. 조팝나무가 가벼이 전율하며 멜로디를 음미한다. 나도 그 소리에 맞추어 천천히 걷는다. 오늘도 어느 숲길을 천천히 걷고 있는 이와 더불어 동행하면 좋겠다. 그리고 조금의 위안도 되기를 바라게 된다.

  따사로운 햇살이 가득한 날에 지세포구가 한눈에 내려다보이는 쉼터에 당도하여 푸른 바다에 피어난 햇살을 바라보고 있노라면 왠지 달뜬 마음이 된다. 시간이 더 지나면 따뜻한 미소 통해 바다에 내려앉은 내 마음은 어떤 동요도 없이 잠잠해질 터이다. 쉼터 옆 큰 바위가 이끼를 덮은 채 숨을 쉬고 있다. 희귀한 보석보다 소중한 자연이다. 오솔길 옆에 뿌리를 내리고 느린 호흡을 하며 살아가는 바위를 인간은 그저 무생물로 치부하여 무심히 깨부수고 길을 내는 데 주저함이 없다. 자연을 인간이 취할 수 있는 수단으로만 여기는 의식은 언제부터 비롯되었는가. 인간이 만물의 영장이기에 자연을 보듬어야 함에도 너무 짧은 호흡으로 대하기에 보존 개념이 약해지는 것은 아닐까. 나팔꽃은 피지 않으나 피어 있다. 너무 느리게 피기에 눈으로 볼 수 없을 뿐이다. 우리는 인간의 오감으로 감지 못하는 것은 부정하는 오류를 범하는 경향이 있다. 서로 주고받는 것이 사랑이다. 그럼에도, 인간의 개발 광풍으로 말미암아 우리 금수강산은 잘리고 부서져 나가고 있다. 자연재해가 심해지는 것이 어쩌면 살려달라는 그들의 외침일지 모른다. 소유양식 삶에서 존재양식 삶을 지향해야 그들과 어울릴 수 있음은 진리다. 그 누구라도 이 숲을 파헤치려 한다면 온몸으로 숲을 지켜나갈 것이다.

6월 9일

초하에 설익은 더위는 연두색 바람에 흔들리더니 내 마음에는 스미지 못하고 산사나무 뒤로 숨는다. 그늘은 햇살이 배불러야 더욱 짙게 드리운다. 양지의 삶이 얼마나 밝은지 얼마나 새로운지 현기증이 인다.

꿈도 많고 희망도 부풀었던 꽃처럼 아름다웠던 어린 날과 청춘의 시간들은 세상모르게 잠들고 이젠 이순을 맞아 가을 들녘에 앉았다. 여명보다 노을이 반갑고 가을 긴 밤은 이슬에 젖은 낙엽처럼 쉼표 없는 그리움만 아득히 밀려든다. 석양이 내린 언덕에서 회환의 눈시울 붉게 물든다. 너는 노 저어 추억 속 어디로 향하나. 너는 내 기억 속에선 영원하리라.

날빛 부서져 오는 먼 하늘에는 종다리 날아간 끝은 없다. 이미 오래전부터 흥얼거리며 혼자 행하였던 지신밟기. 걸어온 길 뒤돌아보며 어설픈 고개 끄덕임 해본다. 다시 마음 다잡고 먼 길을 되짚어 나선다. 깊은 내면의 나와 통하면 촛불이 어둠을 밝히듯 슬픔과 외로움도 밝은 영혼이 되겠지. 위로를 받는다.

세월이 숲을 덮었다. 아니 길이 숲에 들었다. 인간은 고독의 경지에 다다랐을 때 비로소 자신의 실존에 탐닉하게 되고 살아 있음을 체득하게 된다. 너무도 아름다운 것들이 존재한다. 세상엔 아름다움이 넘쳐난다. 가끔은 그 아름다움이 한꺼번에 느껴지곤 하는데 터질 듯이 부푼 풍선처럼 가슴이 벅차게 된다. 하지만 마음을 가라앉히고 집착을 버려야 한다는 걸 깨닫게 되면 희열이 몸 안에 빗물처럼 흘러 오직 감사의 마음만이 남는다. 힘겹게 살아온 내 인생의 모든 순간에 대해 말이다. 소박함은 단순함이고 고요함이다. 드디어 번뇌의 숲에서 벗어난다. 고통이 고통에게 건네는 위로이다.

6월 10일

초여름 날이 따가워 오전 내내 숲 그늘에 머물다 돌아왔다. 메모해 온 생각들 토대로 원고지에 옮겨 적다 문득 노을이 보고 싶어졌다. 해가 질 시간에 맞추어 오후 늦게야 집을 나섰다. 금계국이 노랗게 익은 바닷길을 달려 저구항에 이르렀다. 정말 멋진 드라이브 길이다. 수국축제가 열리는 아름다운 포구이지만, 아직 때가 이른지 수국동산은 허허롭다. 저구 뒷산 석양이 곱게 피어나는 풍경을 즐길 수 있는 전망대로 향한다. 무지개 숲길에 들어섰다. 산허리를 휘감으며 돌고 도는 임도 따라 한참을 덜컹거리며 달렸다. 아직은 많은 이의 발길이 닿지 않는 무지개 길은 숲 향기 어우러져 옛 냄새 가득하다. 이 냄새가 너무나 좋다. 여름날 해는 길어 아직은 햇살이 강하게 남아 있다. 길 가장자리 의자에 앉아 노을을 기다린다. 산 그림자가 짙어지더니 시나브로 황홀하게 피어나기 시작한다.

누구든지 고향에 돌아갔을 때, 그걸 대하면 고향에 돌아왔음을 강하게 느끼게 하는 것이 하나쯤은 있기 마련이다. 그것은 십 리 밖에서도 보이는 동네 뒷산 높은 봉우리일 수 있고, 동구 밖 노송일 수도 있으며 마을 초입 당산나무 위의 까치집이나 솔잎 때는 연기의 매캐한 내음일 수도 있다. 나는 노을 예찬론자다. 노을은 가난해서 가진

게 없는 곳의 유일한 사실의 흔적이 아니라, '마니아'가 될 만한 충만의 대상이기에 그러하다. 지는 순간조차 여전히 '존재' 하는 노을. 장엄한 낙조도 이제는 오늘의 어둠 속으로 침몰하는 과거가 되었다.

생각이 깊어진다. 많은 이의 축복받으면서 세상에 태어나 사랑을 받으며 자랐고 교복 안에서는 우정도 갖고 사랑도 하였다. 이별이란 걸 경험하며 많이도 아팠고 슬픔과 고통 속에서 어느새 훌쩍 어른이 되었으며 더한 고통으로 좌절하고 아픔을 경험하며 삶이란 게 마음처럼 되는 것이 아님을 알게 되었고 기어이 이순이 되었다. 이제 돌아와 바다에 비친 내 모습 보니 많이도 변했다. 빛은 어둠을 만들고 어둠은 빛을 드러낸다. 언젠가 아들과 보았던 영화 '변산'을 떠올리며 노을 아래서 내일의 태양을 바라본다. 내 얼굴에 책임져야겠지. 후회하지 않는 삶이되기를…,

기도하며 황홀했던 노을 자리에서 벗어난다.

6월 11일

보이는 모든 세계는 유한하다. 늙어 감을 부끄러워 말자. 청춘을 부러워하지도 말자. 젊음에 집착하지도 말자. 내 청춘도 한때 푸르지 않았던가. 세월을 한탄하는 관념

놓아버리면 우주의 순리를 두려움 없이 순응할 수 있을 터이다. 나이 든다는 것은 그러기에 새로운 시작 위해 묵은 허물을 벗어 내는 일이다. 삶이란 본래 태어나고 죽음이 따로 없는 것이라 하였다. 모든 생명은 마지막이 있으니 순리에 따르면 그만이다. 버들은 가지마다 푸르렀다 지고 복숭아도 송이송이 붉었다 떨어지듯이. 나에게 주어진 생을 성실히 살다 가면 이 또한 조화로운 삶일 터이다. 들꽃은 들꽃대로, 나무는 나무대로, 호박꽃은 호박꽃 대로 주어진 생명만큼 살아야 한다. 그러기에 그들처럼 흔들림 없이 길을 가면 그만인 것이다. 그럼에도 우매한 나는 인생무상을 부인하거나 슬퍼하지 않는가. 모자란 나를 돌아보는 시간이다.

6월 13일

연이틀 비가 오더니 해가 떠오르며 그치려 한다. 바다에 섰다. 날이 쾌청해지길 바라며 불어오는 습한 바람과 마주 섰다가 숲을 향해 발길을 돌렸다. 보이지 않던 노랑나비 한 마리가 머리 위에 날아올라 나를 따르고 새와 매미 소리가 어울려 바다에 잇댄 숲을 가득 메운다.

내가 걷는 이 숲은 인간과 관련된 근원적 사상이나 문화를 대상으로 하는 인문학의 시작점이다. 이 인문학 숲을 걸으며 사유하고 사색하는 시간은 그리하여 삶의 철학을 지니게 한다. 이로 인해 인문학에 대한 소양과 자연을 대하는 내 시선은 그윽해진다. 자연주의 시인은 은유하는 인간이 되어 사유의 확장성 얻는다. 가장 탁월한 사람은 은유하는 인간이며 창의적 활동할 수 있는 소양 지니게 된다. 철학의 힘이란 남이 이미 알아낸 세계를 답습하는 것이 아니라 스스로 사유하여 얻어낸 지혜의 힘이다. 아름다움이다. 나는 매일 이 아름다움을 발견하려 숲으로 향하는지 모른다. 시적 메타포가 아롱진다.

6월 14일

코로나 시대엔 왠지 섬이 더 그립다. 두 번째 섬 탐방이다. 저녁 무렵 일출과 일몰이 아름다운 섬 가조도에 왔다. 가조연륙교가 생겨 운치를 더하고 있다. 강렬한 노을빛 닮은 연륙교를 넘어서니 가조 오션 탑 건물이 하얗게 반긴다. 아름다운 조형물이 풍광 속에 어울려 좋다. 일몰을 즐길 요량이었다. 노을이 붉게 타오른 광경을 보기 위해 섬 안쪽 언덕배기에 자리 잡았다. 전망대에서 바다로 눈을 향했다.

바다는 지향점을 잃은 물이라며 목표를 지니고 흐르는 강을 더 사랑한다는 문우의 얼굴이 떠오른다. 그 벗이 강물을 예찬하는 뜻을 모르는 것은 아니지만 강은 질곡의 고통을, 고난의 역사를 담고 있지 않은가. 인간이란 강물과 같은 존재이다. 엎어지고 뒤틀리고 갇혔다 풀려난 그 모든 애환을 담아 오면 바다는 묵묵히 보듬어 안아주기에 이 그윽한 바다를 바라보면 생각이 깊어진다. 시인이 찾아들어 여기 이곳에서 뿜어내었을 감정의 소용돌이를 되뇌어 보며 나를 비추어 본다. 기어이 한 점 섬이 되고 만다.

6월 15일

나무는 인간의 신앙적 대상이었다고 쟈크 브로스는 '나무의 신화'를 통해 역설하였다. 인간은 나무와 태고부터 깊은 관계를 맺고 살아왔으나 도시화와 산업화가 급격히 진행되면서 산과 숲 그리고 나무와도 멀어지게 되었다. 이제 그의 곁으로 돌아와 나무의 소리를 듣는 시간을 즐기고 있다. 아침에 숲으로 나가 한낮까지 머물며 향기로운 나무 냄새 맡으며 새소리와 어울렸다. 모기가 날카롭게 덤빈다. 비 온 뒤의 습한 공기를 즐기는 듯하다. 오늘은 그만 숲을 벗어날 요량을 한다.

지금의 우리는 물질과 명예, 권력이 자아를 짓누르는 시대를 살고 있다. 이런 시대가 더 지속되면 인간세상뿐 아니라 생태계까지 위협받을 것이다. 모든 사람은 우주만물 가운데 가장 고귀한 존재이기에 사람이 곧추서야 세상이 평화로워진다. 인간의 힘은 육체에서가 아니라 내면에 있음을 '오체불만족'의 저자 오토다케 히로타다가 보여주었다.

  자연의 순리에 따르는 성숙한 나무처럼, 가난한 내 몸에 물과 바람을 주며 선한 내 영혼에 귀 기울이려 숲을, 나무의 기운을 마신다. 좀 더 관대하고 자유로운 철학을 지니기 위해 그 느낌들을 되새긴다.

6월 17일

별들과 바람이 가득한 하늘을 올려다본다. 감동적인 밤을 기대하는 아이처럼 호기심 가득한 눈이 되어 미소 짓는다. 저 하늘처럼 다른 이에게 웃음을 줌으로써 내가 웃게 되고 자신이 대접받고 싶으면 남을 대접하면 될 터이다. 내가 얻고 싶은 것을 타인에게 행하는 것이 삶의 지혜이기에 그러하다. 매정하게도 자연은 인간의 슬픔을 동정하지는 않는다.

  홀로 바람 속에 걸으며 무엇에도 얽매이지 않고 마음속 깊은 숲 속에 머물며 즐기는 나날이다. 자유와 고독 속에서 강해지고 싶다. 내 안의 기쁨을 꽃처럼 피우며.

6월 19일

사람의 본성은 악한 것 없이 본디 착하다. 사회제도와 도덕 그리고 모든 관습이 억지로 틀을 만들어 아집과 편견이 삶을 지배하고 이에 적응하며 살면서 인간을 지배하는 망념이 본디 나를 덮는다. 이를 걷어내면 청정함이 돌아온다. 악한 이도 선한 이로 변할 수 있다. 그러기에 순한 자연과 함께 하며 본래의 선한 자신을 되찾으면 될 터이다. 만물의 근원인 물은 원래 모양이 없다. 담는 그릇의 모양에 따라 세모, 네모 그리고 둥근 모양이 된다. 담겼던 물을 놓아주면 낮은 곳으로 자유롭게 흘러 뿌리를 적시고 이 물 먹고 자란 나무는 이를 안고 하늘 향해 자란다. 이처럼 필요한 곳에서 새 생명을 잉태하고 그제야 자유로워져 생기와 활력을 띤다. 물이야말로 만물의 근원이다. 사람도 이와 다르지 않을 것이다. 시간의 뚜껑을 열고 자연의 소리에 귀 기울인다.

요즘은 학교가 아니어도 지식을 습득할 기회가 많다. 마음만 먹으면 전문가처럼 그 분야 지식을 얻을 수 있다. 하지만 인간으로 살아가는데 필요한 지혜를 갖지는 못하는 이가 많다. 이는 지식과 인격이 단절하기 때문이다. 자연의 섬세함으로 선한 본성을 키워 지식과 지혜를 겸비해야 진정한 지식인이 될 것이다.

6월 20일

토요일 오후, 조카 결혼 피로연에 초대받아 통영 예식홀로 향했다. 일가친척이 모여 축하자리는 왁자하였다. 듬직한 조카와 아름다운 신부의 미소 속에 행복이 가득하여 덩달아 기뻤다.

많은 이가 외갓집에 대한 추억을 지닌다. 어린 날 방학이면 외가에 여러 날 머물며 외사촌들과 함께하며 행복한 시간을 보냈었다. 사촌 중에도 내가 유독 따르던 형이 있었다. 유순하고 온화한 성품으로 동생을 아껴 주었던 세 살 터울의 형이다. 유년의 고운 추억을 선물한 이다. 작년에 공직생활 마감하고 밀양에서 휴식을 즐기는 그다. 먼저 도착한 형이 연회장에서 손을 내밀며 반긴다. 아들 결혼식에서 만났으니 몇 개월만이다. 곁에서 형수도 온화한 미소로 반겨준다. 맛나게 요기를 채우고 있는데 형수가 슬며시 다가와 책을 건넨다. 의열단 창립 100주년 및 광복 74주년 기념 도서로, 2020 세종도서 교양부문 선정도서 '끝나지 않은 그들의 노래'.

첫 장에 써 준 적바림이 겸연쩍은 미소를 짓게 만든다. 격려의 말로 받는다.

"거제 출신 최고 작가이신 김경만 님께"

작가는 고교 역사교사이다. 다음날, 운명적 만남을 앞세운 작가의 말을 읽고 나서 책을 들고 숲으로 향했다. 숲은 새소리 앞세우고 끊임없이 나에게 어떤 의미를 부여하려 한다. 그늘이 드리워진 곳에 휴대용 의자를 펼치고 가만히 책을 열었다. 어디에서 책을 읽는가에 따라 그 감응은 달라진다. 불어오는 솔바람이 책장을 가볍게 넘겨준다. 숲 그늘이 더욱 짙어가는 오후 늦게까지 속독으로 읽어 내리고 마지막 인물 연보까지 만나고 허기와 함께 책장을 덮고 일어선다. 숲은 그제야 나를 밀어낸다.

역사교사인 필자는 역사 속 '약산 김원봉 선생'을 그의 주인으로 삼고 사료와 그의 발자취를 찾아 오랜 시간 보내고 난 후, 담담하게 끝나지 않은 그들의 노래를 다시 부르고 있었다. 일제가 가장 두려워하였던 무장투쟁단체 의열단을 기억하자며 항일운동사와 개인의 삶을 재조명한다. 밀양 출신의 독립운동가 약산 김원봉, 백민 황상규, 윤소룡의 해방 향한 투쟁을 대서사로 표현하였고 박춘금, 노덕술 등 우리 근현대사에서 잊어서는 안 될 친일 인물도 재조명하고 있다. 씨줄과 날줄에 묻어난 선열의 죽음에 대한 처연함에 때론 희열로 때론 먹먹함으로 내 몸과 마음을 휘감았다. 미처 몰라서 느끼지 못했던 그들의 해방에 대한 가열 찬 열망에 고개가 숙여졌다.

역사는 과거로 떠나는 여정이 아니라 현재의 과제로 돌아오는 귀환이다. 그러기에 역사를 배우기보다 역사에서 배워야 한다. 그들이 일제강점기 모든 것을 내려놓고 오로지 통일조국을 위해 헌신하였듯 이제 우리는 분단조국을 혁파하고 조국통일에 대한 그들 열망과 소망을 기어이 이루어 내어야 한다는 시대적 소명을 숙고하고 다각적으로 논의해 나가야 할 것이다. 기적이 일어나길 원하지 말고 만들어 나가야 한다. 꼭 쥔 주먹에 땀이 고인다. 그들이 극복한 두려움 떠올린다. 위정자들이여, 후손들이여 무엇이 그리도 두려울까. 저자가 머무는 밀양 하늘이 무척 보고 싶다.

6월 21일

낮달이 오래도록 머문 하지이다. 철 이른 매미가 울음 운다. 불면의 매미다. 녹음이 짙어가는 숲에 있는 그늘 속 정자가 나그네를 불러 세운다. 지세포항이 한눈에 들어오는 숲속 정자에 올라 시원한 바람 냄새 맡는다. 바다를 향하는 새 울음은 운치를 더하니 작게 무릎을 친다. 흥이 돋는 저녁나절이다. 과거와 미래라는 두 영원이 만나는 현재에 서서 시간의 눈금을 읽는다. 물 밖으로 나오는 순간 아름다움을 잃어버리는 물고기처럼 순간을 잃지 않기 위해 땅과 하늘에 있는 경이로운 사물들에 대한 아름다움을 붙잡아 둔다. 달아나려는 한때는 이 기록으로 영원을 살게 되리라.

달그림자가 비치는 물속에 본래 달은 존재하지 않는다. 달은 밤하늘에 떠있고 존재의 인연이 빚어낸 허구이다. 어리석은 이는 허구에 매몰하지만 지혜로운 이는 실체를 본다. 살며 남들의 관점보다 자신의 해석이 더 필요한 것이다.

매서운 추위가 이어져도 어김없이 봄은 찾아오고 지루한 장마도 찾아드는 가을의 기운에 잦아든다. 우리네 삶도 하나의 바람이다. 이 바람에 사람들도 휩쓸린다. 그러면서 본래의 자신도 흔들린다. 탐욕과 증오가 부자유를 이끈다. 이 쾌락을 이기지 못해 괴로워한다. 이를 비우지 못하면 선한 나를 되찾기 어렵다. 어찌하면 될까. 나무가 받은 물을 다시 내놓고 비우지 않은가. 이 비움의 나무 생을 배워야 하리라. 지나친 사랑도 지나친 미움도 없애고 자신을 이겨내 맑음을 생각하라는 나무의 충고를 다시 새긴다.

6월 24일

하늘이 내려앉고 바람이 심하다. 싱거운 바람 타고 온 어느 쓸쓸함은 이내 말하지 못한 언어가 되어 가슴에 수북이 쌓여가고 있는 오후다. 푸른 하늘과 그에 맞닿은 바다가 그립고 바람 한 점에 가슴이 시려온다. 서둘러 저무는 날들이 아쉽다. 세월이 깊어 갈수록 계절을 몸살 하게 된다.

 가을은 오고 있는데, 그리움이 고통스럽지 않았던 청춘의 시간들을 떠올리게 된다. 그리움이란 감정으로 시작하여 사람을 설레게 하는 것이 여행일 것이다. 바쁜 일상에 매몰되어 앞만 보며 아스팔트 도로 위를 달리다가 잠시 우측 깜빡이를 넣고 한적한 시골길의 가로수가 우거진 시원한 그늘에서 잠시 쉬어가는 여유로움이 여행 느낌이란 생각을 해본다. 하여, 매일 떠났다 돌아오는 숲속 여행이 삶을 채워주니 참 좋다.

 바로 지금 아무리 긴 여행일지라도 전혀 지루하지 않게 갈 수 있는 벗을 떠올릴 수 있는 삶은 정말 행복하겠다는 생각이 든다. 주변의 바위 하나 물줄기 한 곳 그 어느 것도 빼놓지 않고 각각 이름과 그에 따른 사연을 만들어 간직하고 있기에.

 내 안에 숨은 욕망과 절제에서 벗어나 자연과 하나가 되고 자유롭게 마음을 표출하고 느끼는 것이며 또 다른 나를 찾을 수 있는 기회이기도 한 것이 자연을 벗 삼기 위해 떠나는 길이다. 한 번에 포용할 수 없는 산과 바다가 반겨주는 이 길도 멋진 여행이 되고 만다. 그래서 나는 오늘도 길 위에 섰다.

6월 25일

말은 생각의 거울이다. 좋은 말은 좋은 생각에서 나온다. 말을 더 잘하려면 침묵을 즐겨야 할 것이다. 침묵이 깊다면 더 큰 즐거움이 찾아올 것이다. 독선으로 점철된 냉소적이고 차가운 침묵보다 충만한 사랑을 바탕으로 한 깊고 온순한 침묵의 시간이 필요하리라. 하여 내 삶 마칠 때 세상은 슬퍼하고 나는 기뻐하는 삶이었으면 좋겠다. 세상엔 아직 친절함이 남아 있어 좋다. 기쁨 안고 아침 조각이 떨어져 나간다, 조금조금씩.

숲에서 생활하며 바뀐 게 있다면 침묵과 싸운다는 것이다. 혀의 침묵뿐 아니라 지성의 침묵마저도. 하지만, 아직은 침묵에 어떠한 틈도 만들지 못하였다. 이는 끝이 없다. 인생에 당연히 빈틈은 있기 마련이고 말은 단지 침묵의 시작에 불과하다. 자연을 대하며 말을 잘하지 않는 것은 이 침묵을 깨기 위해서이다. 침묵은 내 속에서 기어이 보석이 되어 글 속에 맺힐 것이기에.

6월 27일

배롱나무가 꽃을 피우고 길손에게 뽐내는 여름 아침. 소나기가 거세게 지난 숲은 물기 머금고 촉촉하게 열리고 있다. 옛적 찾았던 숲 떠올린다. 어린 날에도 난 숲을 사랑하였다. 자작나무를, 향이 좋은 소나무랑 전나무도 그리고 야생화도 풀꽃도 또한 파란 이끼도 모자 쓴 버섯도, 청설모랑 개구리도 사랑하였다. 그래도 가장 사랑하는 것은 새랑 돌이다.

하늘 날며 지저귀는 저 새는 무얼 생각하는지 생각해본다. 허공은 텅 비었는데 새들은 그래도 그걸 밀어내면서 공중에서 행복하게 지내는 것 같다. 유영하다 땅에 내리면 숲과 나무와 꽃과 풀들에게 사랑을 전한다. 아직 돌이었을 때를 회상하는 새의 미소를 본다. 나에게도 새가 보내는 행복이 깃든다. 하지만 그의 생각을 알기는 쉽지 않다. 어떤 사실을 낱낱이 알기보다는 그냥 모르는 채 행복해하는 것이 때로는 더 낫다는 생각이 들었기에 동그랗게 웃어준다. 새들에게는 길이 없다. 그의 자유는 그 자체이기에 사랑스럽다.

6월 29일

인상주의 화가 모네가 발견한 조그만 천국인 지베르니 정원의 순수한 숨결을 내 거대한 정원인 다리골 편백림 숲에서 느낀다. 예술가의 창조적 작업과 인간의 평범한 걷기라는 행위가 조화를 이룬다. 보이는 대로 느껴지는 대로 그림을 그리듯 글로 기록해둔다. 벚꽃을 바라볼 때도 그것이 벚꽃임을 잃어버리고 장미를 바라볼 때도 그것이 장미라는 것을 잊어버리는 것, 그 망각의 자유에서 모네의 눈부신 자유로움은 탄생하였으리라. 벚꽃은 이렇게 생겼고 장미는 이렇게 생겼다는 고정관념에서 벗어나 오직 눈과 눈앞의 형상에 집중하는 모네의 그림이야말로 눈부신 수많은 영감을 건넨다는 것을 경험한다.

모네의 그림 대하면, 삶은 이러해야 하고 미래는 이러저러해야 한다는 관념에서 벗어나 보자는 속삭임이 들리는 듯하다. 지금 바로 내 눈앞에 펼쳐져 있는 이곳을 천국으로 만들어내는 것 그리고 내 곁의 존재들을 믿고 사랑하고 받아들이는 것이라는 걸 깨닫는다. 대상을 꿰뚫는 고흐와 달리 모네는 멀리 아주 멀리서 자연을 바라보았을 것이다. 삶도 내 자신도 타인도 나이 들면 거리두기가 피로를 견디는 삶의 비결임을 얻게 된다. 누군가가 밉고 싫어서 거리두기를 하는 것이 아니다. 나무를 보기보다 숲을 보기 위해서 모네처럼 삶을 관조하기로 한다. 거리두기를 통해서 말이다. 아는 만큼 그림은 보이기 마련이다. 모네 향한 사랑이 깊어간다.

6월 30일

세계적으로 유명한 화가들은 자화상을 그렸다고 한다.

자화상은 자신의 내면을 돌아볼 수 있는 성찰의 기회를 주기 때문일까. 늘 마음의 거울을 통해 자아를 돌아보고 성찰하는 삶이어야 할 것이라는 생각 하여본다. 사람의 마음은 거울과 같다. 그러니 우선 자신을 잘 들여다보고 마음의 자화상을 그려야 할 것이다. 다음으로 내 부족한 면을 다른 사람에게 비추어 마음을 다잡아도 좋으리라. 날마다 다르게 살려면 매 순간마다 자신에게 진지한 물음을 던져야 할 것이다.

나는 누구인가?

나는 지금 행복한가?

우리 부부는 사랑으로 맺어져 있는가?

자식들을 사랑하고 있는가?

내 일을 잘하고 있는가?

매사에 성실하게 임하는가?

이러한 물음들을 나에게 던지고 질문에 성실하게 답하기 위해 실천하면서 사는 것이 참된 인생이라는 것을 책에서 배웠다.

장발장이 굶주리고 있는 식구들을 위해서 빵 한 조각 훔친 죄로 19년 동안 옥살이를 하고 세상에 나왔을 때 사람들은 모두 그를 대하기를 꺼려한다. 그러나 단 한 사람, 밀리에르 주교는 장발장을 따뜻하게 받아 준다. 그리고 주교가 식사 때마다 사용하는 은 식기를 장발장이 훔처 달아나다 잡혔을 때도 도리어 그에게 은촛대를 가지라고 한다. 그 순간 장발장은 진정한 사랑에 눈을 뜨게 되면서 전과는 다른 새로운 삶을 살아가게 된다. '레미제라블'에서 여러 생각하게 하는 대목이다. 주교가 보여준 포용력과 수용력 그리고 인간을 신뢰하고 사랑하는 마음이 한 인간을 변화시키는 큰 힘이 되었음을 알려주는 예이다.

 빅토르 위고는 이렇게 주장한다. '감옥은 범죄자를 만들어 낸다. 사랑은 확신이다.' 라고. 평등의 첫 번째는 공정함이다. 개혁 의식은 일종의 도덕의식이다. 진보야말로 인간이 나아가야 할 길이다. 위고는 사회의 악과 불공정을 단죄하면서, 미래를 향해 향상될 인간의 선을 확신하고 있었던 것이다. 빈곤에 의한 남자의 쇠락, 굶주림에 의한 여자의 타락, 어둠에 의한 아이들의 쇠약이란 현대의 세 가지 문제가 해결되지 않는 한, 이런 종류의 책은 무용하지 않을 것이다. 현대인의 큰 비극은 인간 소외, 인간 상실 아니겠는가. 이러한 자기 상실을 극복해 인간 권리와 가치 그리고 존엄성을 다시 찾아야 할 것이다. 우리는 이방인으로 살아간다. 나답게 살아야 하는데 그러지 못한다. 참되고 진정한 자아를 상실하고 거짓된 나로 전락하고 있다. 마음 따뜻한 심리상담사가 되어 힘들고 나약한 이들에게 사랑으로 다가가서 밀리에르 주교처럼은 아니어도 인간적인 따뜻함으로 사람들을 변화시킬 수 있게 되기를 소망하던 때가 있었다. 언제든 사람들 아픔을 안아주는 그 길을 걷게 되기를 바라게 된다.

  살아가며, 지인이 주는 상처는 그래도 견딜만하다. 하지만 믿었던 가족이 비수처럼 꽂는 상처는 견디기 어렵다. 다른 길이 없다. 영혼의 순수함으로 견디어 내야 한다. 사람을 돕는 일은 친절한 말이나 돈으로 할 수 있다. 만일, 돈이 없고 말도 할 수 없다면 같이 눈물을 흘리며 손을 잡아주면 될 터이다. 우리가 가장 원하는 것은 '사랑'이어야 함에도 돈이나 물건, 명성, 재산을 더욱 원한다. 존재의 깊은 곳에서는 사랑이야말로 우리를 행복하게 하는 유일한 것임을 알아야 한다. 행복을 찾아 나서는 모든 여정은 결국 사랑을 찾는 길이다. 산을 넘었다고 길이 끝난 것은 아니니까.

7월 1일

  나의 죽마고우인 숲에 들어서면 표정이 달라진다. 이상하리만큼 맑아진다. 어린 날 맑은 시냇가에서 들이켰던 몸 깊이 간직하고 있는 조롱박 작은 물의 순수처럼.

  강렬하게 맑은 날이다. 우람한 포구나무가 육중한 그림자를 만든다. 무성한 가지가 만든 그림자는 땅위를 오가는 개미떼를 덮는다. 절실히 표현하려는 것이 무엇인지 헤아리지 못해 복잡한 생각을 한다. 귀뚜라미 울음소리가 들려온다. 내 정신이 고요하고 건강한지 알게 해주는 시간이 흐른다.

나는 당신의 둑 안에서 태어났다. 나의 피는 당신을 타고 먼 길을 달려왔다. 이제 내 꿈의 바다에서 숲이 된다. 자연 속의 고독은 도저히 외롭지 않다. 하늘 날며 지저귀는 저 새는 뭘 생각하는지 생각해본다. 허공은 텅 비었는데 새들은 그래도 그걸 밀어내면서 공중에서 행복하게 지내는 것 같다. 유영하다 땅에 내리면 숲과 나무와 꽃과 풀들에게 사랑을 전한다. 아득한 옛날을 회상하는 새의 미소를 본다. 나에게도 새가 보내는 행복이 깃든다. 하지만 그의 생각을 알기는 쉽지 않다.

느리게 발걸음 옮기면 하늘을 걷게 된다. 렘브란트가 느낀 빛의 변화 공감하며 각기 다른 빛 담은 그늘을 즐긴다. 3차원의 세상을 2차원의 글에 사유를 입체화 한다. 현대사회에서 회자되는 융합도 이와 연결될 듯하다. 아는 만큼 대가의 그림이 보이듯 자연의 진가를 기록한다. 동심을 생각한다. 동안의 나를 파괴하고 다시 깨어나는 숲 속 시간이 유유히 흐른다.

7월 3일

여름 꽃이 피어난다. 봄꽃이 파스텔 톤이었다면 여름에 피어나는 꽃들은 화려하고 강렬하다. 저구 항에서 만난 수국이 온갖 빛으로 반겼었고 거제 포로수용소에 조성된 보랏빛 라벤더 밭과 지세포구가 한눈에 들어오는 선창마을 라벤더 언덕에서 허브향기를 연이어 느꼈다. 자귀나무가 꽃을 피우고 길손에게 뽐내는 여름 아침. 소나기가 거세게 지난 숲은 물기 머금고 촉촉하게 열리고 있다. 비가 내리고 나니 숲에는 더 많은 산새들이 찾아들었다. 백일홍은 꽃을 펼쳐 사흘을 넘기고 긴 여름날을 세기 시작한다. 무더위가 지고 나면 신선한 바람에 스러질 백일홍 향기를 한가득 느낀다.

풀냄새 밴 오솔길은 바다로 내려와 파도 소리 듣고 눈썹 끝에 매달린 빗방울의 촉감 입술에 와닿는다. 초록 바람 담은 소나무 한 그루 외로움에 젖어 고개 숙이는데 침묵 같이 고결하고 정갈한 그대 음성, 정겨운 바람 소리와 더불어 흐른다. 나무 그림자에 등을 기댄다. 기댄 것은 나인가 나를 품은 바람인가. 미소 띤 얼굴은 언제나 슬퍼지는 얼굴 데리고 산다. 푸르른 숲, 파란 부전나비 날아와 좁은 어깨 위에 앉는다. 바람은 추억이 수런거리는 산 능선을 돌고 도니 소나기 멎고 산안개 걷힌 맑은 날 이슬방울 맑고 향기롭다. 철 이른 매미가 울음 운다. 녹음이 짙어가는 숲에 있는 그늘 속 정자가 나그네를 불러 세운다. 푸르른 정자에 올라 시원한 바람 냄새 맡는다. 바다를 향하는 박새 울음은 운치를 더하니 작게 무릎을 친다. 온갖 흥이 돋는 숲길이다. 가슴에 쌓여 있던 외로움이 녹아내린다.

7월 6일

장마가 시작되어 여러 날 울창한 장맛비가 내린다. 지난밤엔 억수 같은 비가 어둠을 뚫고 내렸다. 빗소리에 놀라 창밖을 내다보니 칠흑 같은 어둠 속에서 하얀 빗줄기가 바람 따라 뒹굴고 있었다. 집중해 어둠을 깨우는 소리를 듣고 있으려니 오히려 마음이 그윽해졌다. 자연이 주는 소리에 귀를 기울인다는 것은 참으로 행복해지는 일이다. 텅 빈 가슴이 되며 무심해지기까지 한다. 한참을 그 내면으로 이어지는 소리에 촉촉이 젖어든다. 마음에 평화가 오고 맑아짐을 느낄 수 있었다.

이 어둠 속을 파헤치는 빗소리를 음미하며 창가에 홀로 서서 긴 상념에 잠긴 나는, 어디에선가 이 빗소리를 함께 하고 있을 누군가를 생각하여 본다. 그 누군가를 알 수만 있다면 더불어 이 고독을 나눔으로 행복해질 수 있으리라는 마음까지도 하게 된다. 지금 내가 글을 써내려 가는 것은 바다 향 함께 하며 떠올렸던 그 시심이 아니다. 저녁 나절 장엄하게 그려졌던 노을빛을 떠올림도 더더욱 아니다. 이 시간 모든 것을 묻어 버린 깊은 어둠도, 더욱 그 강함을 뽐내는 비도 이제는 아니다. 그것은 다만 인간의 아름다운 고독에 관한 것이다. 한계와 상상의 경계선을 뛰어넘어 내가 원하는 곳으로 가려하는 선량한 마음에 대한 것 말이다. 부드러우며 섬세한 마음으로, 나를 붙잡는 오만과 아집에서 벗어나려고 애쓰는 혼자만의 사랑 나누기가 고독일 테니까. 이제 비는 운동을 멈추고 어둠만이 홀로인 나를 지켜준다. 어둠을 응시하며 몇 번이고 공기를 폐 속 깊이 들여 마신다. 생각이 깊고 넓어진다. 그 누군가도 내가 받아들이는 이 축복을 느끼기 위해 창가로 다가가 가로등 아래 우두커니 서있는 나무에 마음을 주고 있기를 바라게 된다. 바람에 어둠 속 나뭇잎이 흔들린다. 생명의 숨결이 스쳐 지나는 것을 보았다. 여름날의 무성한 저 잎도 한 잎 한 잎 동떨어져 살고 있는 고독한 존재임을 느끼게 된다. 나뭇잎이 흔들리니 내 마음도 흔들린다. 온 세상이 흔들린다. 왜 내가 지금 혼자인가를 생각하게 한다.

지혜는 고독을 즐김으로 인해 얻어 가질 수 있는 철학이다. 진정한 고독 속에서 얻을 수 있는 진리가 곧 지혜이다. 혼자만의 상념에서 찾을 수 있는 영혼의 흐름이다. 바람 타고 떠돌던 순수한 영혼이 그제야 나에게 흘러들어와 충만한 가슴을 지니게 할 테니까. 이제 그 덕분에 가슴이 뜨거워지고 지혜가 생겨났다. 당당하고 자유롭게 길을 갈 것이다. 빗소리가, 고독이 가져다준 축복이다. 이제 이 얻어진 기운으로 말미암아 붉게 타오를 태양을 기다릴 수 있겠다. 아무리 볼품없고 쓸모없는 풀 한 포기도 누구와 견주지 않고 꿋꿋하게 살아간다는 진리를 얻었으니까. 이는 자연이 우리 인간들에게 주는 지혜일 터이다.

비가 멎고 안개가 짙게 내렸다. 시간들 자화상을 물 위에 그리고 싶어 숲으로 향했다. 나의 시간에 그대의 시간을 데려오는 것이 이 마음의 전부이다. 안개에 싸인 내 숲은 물기 가득 머금고 반긴다. 깊숙이 안겨드니 산새들도 물기를 털고 나뭇가지로 나와 청량하게 울음 운다. 눈을 비비며 자기 그림자만 한 해자를 파고 사람을 경계하며 밀어내는 그를 본다. 그의 두려움은 무엇일까.

7월 10일

길이 사라지고 섬이 되었다. 사라진 길을 불러내니 바다가 기르는 상처를 고스란히 받는 이들이 살아가고 있다. 섬사람들은 그 아픔 통해 뭍과 내통한다. 삶의 속도가 느긋해진다. 세 번째 섬 탐방으로 칠천도에 갔다. 임진왜란 첫 패전 역사를 간직한 섬. 거제도가 1971년 4월에 거제대교 개통으로 육지와 한 몸이 되었듯이, 칠천도 역시 2000년 1월 1일에 칠천연륙교(길이 455m)가 완공되어 거제도와 연결되었다. 명칭의 유래를 보면, 예로부터 옻나무가 많고 바다가 맑고 고요하다 하여 칠천도漆川島라 불려 오다가, 섬에 7개의 강이 있다 하여 칠천도七川島라 해서 현재에 이른다.

역사의 거울 칠천량 해전 공원에 서서 먼바다를 내려다본다. 임진왜란 당시 조선 수군이 전투에서 패전한 칠천량 해전이 벌어졌던 곳이다. 당시 삼도수군통제사 원균이 지휘하던 조선 수군은 일본 수군 600여 척의 기습 공격으로 대패한 아픈 역사 지니고 있다. 하지만, 백의종군하던 충무공 이순신을 다시 삼도수군통제사로 임명하여 제해권을 회복하게 된다.

그동안 우리는 늘 성공과 승리만 추구하며 살아온 게 사실이다. 한 번쯤 과거를 뒤돌아보고 반성하게 만드는 곳이 이곳 해전 공원이다. 과거에서 현재를 생각하게 하는 것이 역사의 효용성이다. 임진왜란 중에 영광과 아픔을 동시에 안겨 준 칠천도 바다는 그때를 아는지 모르는지 타오름 달 열기에도 해류를 따라 말없이 흐르고 있었다.

같은 형태의 섬은 없다. 섬은 물밑에 거대한 뿌리를 지닌다. 섬들의 은밀한 취향은 모양도 향기도 규칙마저도 달리 키운다. 섬이 섬을 만들어 낸다는 것을 알게 된다.

7월 12일

며칠 뜸하더니 검은 구름떼가 손에 잡힐 듯 하늘을 수놓고 있다. 다시 시작된 장마가 아직 멎지 않는다. 어깨가 욱신거린다. 어이쿠, 또 비구름인가.

우산을 펼치고 흠뻑 젖은 길을 걷는다. 걷는 것은 오래된 기억을 되살리기에 좋은 행동이다. 또한 추억 속에서 고독을 꺼내어 진정한 자유와 조우하는 기쁨도 선물한다. 하여 홀로 걷기는 자유가 넘쳐난다. 짜릿한 아름다움으로 피었던 자귀나무는 장맛비를 견디다 지쳐지고 만다. 누구나 꿈을 꾼다. 꿈속에서 우리는 과거 편린을 추억한다. 눈을 뜨면 그 열망하였던 꿈은 현실의 인격이 된다. 홀로 머흘머흘 숲길을 걷다 긴 비가 거세지기 전에 돌아갈 요량을 한다. 문득 마음은 그 사람의 중심이란 걸 생각해낸다.

7월 14일

새벽에 내린 소나기가 숲을 스쳤는지 우수수 잎이 떨어져 낙엽이 되어 길 위를 뒹군다. 뒹굴뒹굴. 한여름 초록을 빼앗아 간 도둑이다. 그래도 매미소리는 더욱 요란스럽게 들려오고 숲은 순록의 녹음이 한창이다. 잠시 멈춘 장마 속을 뚫고 나온 강렬한 햇빛은 숲 그늘을 찾아 걷게 만든다. 그늘이 옹골지다. 흐르는 땀방울이 눈으로 파고드는 순간 희열이 찾아든다. 산등성이 따라 바람이 불어온다. 산에서 불어오는 그는 장마철에도 그다지 습하지 않고 시원하다. 하여 산속 정자는 달콤한 쉼터이다.

가방에 든 찐 옥수수를 꺼내 한입 가득 베어 문다. 알싸한 고소함이 온몸으로 퍼진다. 바람의 자유가 오롯이 내 가슴에 파고들고 이내 가난한 내 몸에 평화가 깃든다. 깊은 내면의 나와 통하면 촛불이 어둠을 밝히듯 슬픔과 외로움도 밝은 영혼이 될 터이다.

여름 나무는 무한히 성장한다. 오만과 이기를 숨기고 무턱대고 나무의 야성을 안은 뒤 기어이 하산한다. 나무에게 배웠다. 자연은 우리의 슬픔을 동정하지 않지만 이를 감출 수 있는 방법은 많이 마련해 두었다는 것을. 많은 이와 이 방법을 공유하고 싶은 마음이 된다.

7월 16일

숲으로 향하는 길가 연못에는 연꽃이 한창이고 너무 짙어 더욱 선명해진 숲 그늘이 반긴다. 세상 안과 밖이 공존한다. 축 늘어진 삶, 사회적 만남을 막는 정부에 악다구니로 맞서는 여러 사람, 하지만 기어이 순응한다. 빼앗긴 시간을 줍다가 길마저 잃어가는 일그러진 자화상을 화가는 그려내고 소박한 삶마저 허락하지 않는 어지러운 세상이 시인은 서럽다.

 마스크를 걷고 숲을 휘감는 선한 공기를 들여 갑옷으로 무장한 밀집 보병 미생물을 밀어내 본다. 가리개에 숨겼던 기다란 얼굴을 나무에 내보인다. 내가 가진 언어로는 너의 얼굴을 위로할 수 있는 말이 없다. 떠밀려 가는듯한 고달픈 세월을 발끝에 싣고 그저 느리게 걷는다. 텅 빈 진공관 같은 표정으로 그윽하게 너를 마주하니 그제야 동그란 얼굴이 되어 평범한 행복을 기억해낸다. 그제야 큰 위로가 찾아든다.

7월 17일

세상엔 영원한건 없다. 주먹을 꽉 쥐면 아무것도 없지만 주먹을 놓으면 그 안에 모든 게 있다. 집 앞 나지막한 돌담에 걸터앉아 펼쳐진 풍경을 응시한다. 산도 좋고 들도 좋고 물도 좋다. 먼 곳의 바다는 더 좋다. 이리도 아름다운 자연을 함께 할 수 있으니 무얼 더 바라겠는가. 참으로 행복하다.

 자연은 절대 서두르지 않는다. 늘 속도가 일정하다. 봄이 무한정이라도 되듯이 싹은 서두름 없이 서서히 싹튼다. 지극한 공을 들이며 마치 유일한 목적이라도 되는 것처럼 말이다. 진정한 여가를 즐기는 이는 영혼의 밭을 갈 시간을 갖는다. 자연의 역사를 접하기만 하면 늘 어린아이로 돌아갈 수 있다.

7월 19일

보이지 않던 노랑나비 한 마리가 머리 위에서 날아올라 나를 따르고 새와 매미소리가 어울려 숲을 가득 메운다. 청설모 한 마리도 나뭇가지 타고 오르며 함께 한다.

바람처럼 그물에 걸리지 않고 진흙에도 더럽혀지지 않는 연꽃처럼 사는 이 세상의 지혜란 한때는 받아들이기 어려웠던 현자들의 이단 사상이다. 그들의 평범한 말도 무언가 깊은 의미를 지니고 있을 것이란 편견을 가진다. 하지만, 이따금 귀에 거슬릴 때도 있다. 세상에 알려진 지혜는 내게 다가와 말을 걸기까지는 허위에 불과할 것이라는 생각이 남아있기에. 그러기에 우리는 앞선 자들의 가르침과 삶의 불일치를 분별할 수 있어야 할 것이다.

7월 21일

복 중 더위가 사납다. 한여름 밤은 열대야로 익어 내리고 이내 잠을 자기가 어렵다. 두려움은 생각에 불과하다. 뒤척이다 새벽에 일어나 무작정 길 위에 올랐다. 오늘이 중복이다. 다리골에 들어섰다. 끝물 고추 같은 고추잠자리 한 마리 허공에서 버둥거리지만 속수무책으로 배고픈 거미 밥이 된다. 풀잎에 내려앉은 이슬 한 방울 눈 밝은 산새가 물고 하늘로 차오른다. 날이 밝자 고운 하늘빛이 진한 그리움에 어지럽다.

문득 노자산자락 거제자연휴양림이 생각났다. 꼬부랑 산길을 한참 달려 바람의 숲에 도착했다. 낮은 산을 넘어온 자줏빛 바람이 닿는 곳, 어머니 젖가슴처럼 포근한 숲이다. 시원한 바람을 지닌 산골짜기 바람이 머문다. 휴양림에 들어서니 공기부터 달랐다. 순하디 순하다. 내 마음에 들어와 서로를 나눈다. 마음속에 자라던 오래된 느티나무가 기어이 땅에 내린다. 자연과 조화롭게 살아가라며 내 어깨 토닥여 준다. 산다는 것은 뽀얀 가로등에 걸렸던 바람이 구름 타고 숲에 찾아들어 깊이 잠드는 그리움 같은 것일지 모른다. 청아한 산새들 노래에 절로 삶을 사색하게 만든다. 월든 호숫가 숲에 살았던 소로우가 맞이한 숲속 향기가 이러하였으며 모네가 발견한 지베르니 정원의 순수한 숨결도 이러하였을 터이다. 오늘을 찬미한다.

아름답기도 하다. 어느새 해가 중천에 올랐다. 따가운 햇살도 숲속에선 여린 속이 된다. 청아한 새소리와 청량한 바람소리 함께하며 오롯이 오솔길을 거닐었다. 가방에서 무선 리시버를 꺼내 귀에 꽂으니 수면을 두드리는 듯한 피아노 선율이 감미롭게 흘러 들어왔다. 연잎 잎사귀에 도르르 구르는 물방울처럼 둥글게 울려 퍼지는 피아노 음악을 듣는다. 울려 퍼지는 소리가 자작나무와 내 마음을 하나로 묶어 주었다. 나무의 소리를 듣는다. 즐거움 가득한 소년이 되어 있다. 호사한다. 숲이 선물하는 태초 음악과 유명 피아니스트 연주를 양 귀로 나누어 들으며 여유롭게 그리고 느리게 걸으니 문득 구름 담은 하늘이 열린다. 샘물이 솔바람 보내어 가을을 막으라 한다. 숲 속 산책을 시간 가는 줄 모르게 즐겼다. 순한 공기와 숲이 전하는 분위기에 취해 너무 오래 머문 것 같다.

숲을 벗어나 고개를 넘어 내리막을 내달으니 학동 흑몽돌 해변이 펼쳐진다. 산도 높고 골도 깊은 고향 산야를 돌고 돌아 집으로 돌아왔다. 복 다림은 무얼 할까 생각하다 소소하게 점심상을 차린다. 이미 더위를 날리고 왔으니 따끈한 숭늉 한 그릇과 막장에 싱싱한 고추와 멸치 곁들이면 족할 것이다.

7월 23일

새벽이슬에 잠을 깬 고샅길이 오늘따라 더 새롭게 다가온다. 인생이란 결국 혼자 아닌가. 자연만이 위안이 되어줄 동료이다. 인생의 긴 여정을 끝까지 함께 할 수 있는 사람은 드물다. 변함없는 진리임을 다시 새긴다.

신에 의지하며 무엇인가 갈구한다면 윤회의 굴레를 벗어날 의지가 없는 사람일 것이다. 만약 신을 굳이 설정하고 싶다면 굴레 속에 얽매인 우주만물이 신이다. 절대적으로 믿고 따라야 할 신은 없다는 생각이 내 정신을 지배한다. 서구에서 말하는 절대지존의 신은 있을까. 신은 인간이 만들어낸 존재이다. 세상은 우리 인간이 만들어 가는 것이니까 그러하다. 세상만사는 인간이 자연 속에서 만들어가는 것이란 생각이 크다. 신은 어느 누구의 편에도 서지 않는다. 자연은 성실하고 믿음이 깊은 영혼의 길이고 자연이 그 영혼들을 위해 존재한다는 생각이 들 때마다 홀로 언덕에 올라 고독을 즐긴다. 신이 전하는 공평무사한 자비를 느끼며.

숲을 다스리는 것은 묵직한 침묵이다. 숲은 절대 서두르지 않는다. 동트는 새벽녘에 자유의 음유시인인 저 종달새는 무한한 여유와 시간의 영속성을 노래한다.

7월 28일

코로나 19 바이러스 위세가 대단하다. 온 세상을 덮칠 기세다. 기어코 4차 대유행이 시작되어 연일 1,500명 넘게 감염자가 생겨난다. 당국은 개인 방역에 최선을 다해 줄 것을 당부한다. 이 바이러스가 앞으로 어떻게 나아갈지 누구도 예상하기 어렵다. 두려움은 생각에 불과하다. 하루빨리 일상이 회복되길 애타는 마음이 된다.

백신 접종 대상자가 되어 예방주사 접종 위해 부산 집 근처 병원을 내원하였다. 혹시 일어날지도 모르는 부작용에 대비하기 위해 가족과 함께 머물렀다. 이틀간 주사 맞은 부위에 약간의 열감이 있었고 사흘째 되는 날까지 통증이 있어 진통제와 얼음찜질을 하니 모든 증세가 가시고 개운해졌다. 며칠 더 머물라는 아내의 권유가 있었지만 숲이 그리워 귀환을 서둘렀다.

부산에 머문 지 닷 세 째 되는 날 아침을 먹고 조금은 가벼운 마음으로 길 위에 섰다. 오늘은 거가대교가 아닌 예전 고향 다니던 길인 창원과 고성을 지나 통영으로 이어지는 국도를 선택했다. 옛 길을 더듬어 보고 싶단 생각에서였다. 명절이면 먹거리와 아이들 소변통도 준비하여 많게는 5~6시간을 막히는 길을 천천히 굴러가며 주변 풍경 즐기던 추억 가득한 길이다. 이제 거가대교가 생겨 한 시간 삼십 분이면 넉넉하게 고향에 당도하지만, 이 추억의 길을 떠올린 것은 글벗이 추천한 삼진의거기념관과 숲 속 그레이스 정원을 가보기 위함이다.

　더위가 최고치를 기록한다. 다행히도 창원시 애국지사 사당은 거제로 가는 국도변에 있어 쉽게 찾아들었다. 무더위가 기승을 부리고 있었고 공교롭게도 점심시간이어서 안내자도 자리를 비워 인적이 없었다. 번으로 돌아가며 사당을 지킨다는 글벗이 보이지 않아 아쉬웠다. 경건한 마음으로 조심스레 둘러보았다. 이 사당은 일제강점기에 국권 회복 위해 목숨 바친 독립유공자 91인의 위폐를 모신 곳이라 전해 들었다. 계단을 천천히 오르며 애국지사의 마음을 되새겨보며 경양문 지나 승절사 앞에 섰다. 머리 숙여 참배를 올리며 숙연해졌다. 승절사 앞 뜰이 정갈하게 관리되고 있어 왠지 고마운 마음이 들었다. 담 너머에는 배롱나무가 선홍빛 꽃을 한껏 피우고 있어 선열들의 핏빛 함성을 담고 있는 듯하여 눈감았다. 서계로 내려와 전시관에 들렀으나 대형 태극기만 보일뿐 들어설 수 없어 아쉬웠다. 돌아서며 하늘을 보니 횃불 모양을 한 구름이 사당을 내려다보고 있어 사뭇 그날의 만세 소리가 다시 들려왔다. 몰랐던 역사적 사실을 알고 나니 한쪽 가슴이 아린다. 깨우침이 오는 것인가. 많은 이가 찾아들어 우리 지역 사에 관심을 가지는 계기를 제공하게 되기를 바라는 마음 지니며 돌아서 다시 길 위에 섰다.

다음 목적지인 숲 속 아름다운 정원으로 향하였다. 문명의 이기인 내비게이션 도움받으면 어디든 찾아갈 수 있게 된 세상이다. 지인이 다녀온 뒤 추천해준 곳이기에 힐링 위해 나에게 건네는 선물이다. 제법 깊숙이 산속으로 들어간다. 길가에는 배롱나무 가로수가 한창이다. 호젓한 산길을 돌고 도니 드라이브가 마냥 즐겁다. 드디어 산속 그레이스정원에 도착하였다. 입장료를 오천 원 받는다. 기꺼이 지불하고 산길을 올랐다. 수국동산의 산수국은 빛을 잃고 있었지만 산책길 곳곳에 여름꽃들이 화려하게 피어 향기롭다. 메타세쿼이아길을 지나 연못에 이르러 잠시 시름 내려놓고 숲속 트래킹 길 지나 숲속도서관에 이르러 책 향기 맡으며 행복했다. 오로지 꽃과 자연을 사랑하는 주인장 마음이 오롯이 전하여졌다. 너무도 아름다운 것들이 존재한 곳이었다. 꽃동산에 머물며 즐거운 휴식시간 보내고 내 숲이 있는 소동으로 향하였다.

애국지사 사당과 그레이스정원을 둘러보는 짧은 여정이었지만, 마음이 정화되는 좋은 시간이었다. 아름다움 다음으로 중요한 것은 그것을 감상하는 것이리라. 자유로운 그 길 위를 걸으며 가진 생각이다.

7월 29일

오랜만에 찾아든 내 숲은 직박구리 우는 소리 더욱 청아하고 교태롭다. 산들바람은 이마에 맺힌 땀을 식혀주니 더할 나위 없이 좋다. 이 한여름날도 바이러스와 더불어 청포도가 연한 푸름으로 익어간다. 피할 수 없다면 이 미생물에 올라타 파도타기를 해야 하리라.

숲길 그늘 따라 사색하며 걷는다. 누군가를 숲길에서 자주 만나게 되는 건 인연이다. 이 인연은 소중하다. 이유는 없다. 괜히 억지로 이유를 갖다 붙일 필요가 없다. 조화로운 움직임을 느끼면 된다. 그게 착하게 사는 것일 게다. 그냥 조화로운 것이다. 용기를 내어 다음 만남에는 인사를 나누고 악수 건네며 인연을 맺어야겠다. 이 조화는 자연스러운 창조를 행하게 되리라. 문학적 교감을 나눌 수 있다면 더 좋겠다.

7월 31일

여러 가지 생각한 일 중에서 지금 내가 가장 소중하고 가치 있게 생각하는 것은 무엇일지를 생각한다. 내가 가장 잘할 수 있고 또한 지금 해야만 할 일은 걷기와 명상이며 글쓰기라 판단하고 실행하고 있다. 게으름을 멀리한다. 날이 더워도 조금 늦어져도 그리고 비가 내려도 나에게 변명하기 싫어 길 위에 선다. 날이 추워져도 그러할 것이다. 오늘 걷지 않으면 이 순간은 지나쳐 흘러가고 다신 돌아오지 않을 것이기에. 걷기를 마친 후에야 기어이 심신이 안정되고 불안이 사라지며 걱정이 내일로 이어지지 않는다. 구르는 돌맹이에 이끼는 없다. 걷는 순간만큼은 번뇌는 마음을 어지럽히지 않는다. 게으르지 않고 생각이 깊으면 큰 즐거움이 찾아든다. 그래서 나는 걷기로 한 결심을 지키려 애쓴다.

누리장나무 꽃이 향기를 피워 벌과 나비를 부르는 여름숲, 이 아름다운 숲길 걸으며 머릿속에는 늘 글을 쓴다. 산과 바다 그리고 숲은 내 옆에 자리 잡고 창작을 도와준다. 바다와 함께 추억하고 산에는 그리움 심어 두고 숲에서는 오늘의 세월을 먹고 살아간다. 하늘과 바람 그리고 새들과 함께 시를 노래하며.

8월 1일

개망초 향기는 멀리 수평선으로 넘어가고 섬을 때리는 파도는 못다 한 사랑으로 피어난다. 짧았던 장마가 지나가고 작렬하는 폭염은 열 돔으로 세상을 달군다. 섬은 돌이킬 수 없는 세월을 보내며 언제인지 모를 가을을 기다린다. 또 다른 섬 안의 섬 찾아 집을 나섰다. 기복이 심한 세

개 구릉으로 이루어진 진달래꽃 섬 화도에 찾아들었다.

화도花島는 거제도 본도와 통영시 사이에 위치해 있다. 거제와 통영 사이에 끼어 있는 모든 섬이 통영시 부속 섬인데 화도는 홀로 거제에 포함되어 있다. 거제시 부속 섬 중 칠천도, 가조도, 산달도에 이어 4번째 큰 섬이다. 커다란 파도를 연상케 하는 3개의 구릉이 인상적이다. 일봉산과 이봉산, 삼봉산이 길게 펼쳐져 있다. 또한 썰물 때 걸어서 갔다 올 수 있는 목섬도 하나의 명물이다.

청마기념관에서 선생의 시심 느끼며 잠시 쉬었다 바닷길 따라 돌고 돌아 10km 더 지나 이제는 다 왔지 싶었는데 내비게이션이 안내를 제대로 하지 못한다. 지났던 길을 세 차례나 더 돌다 어렵사리 호곡마을 화도 선착장에 도착하였다. 하루 다섯 차례 운항한다고 한다. 왕복 4000원의 요금만 지불하면 되었다. 조개무지 가득한 호곡 항에서 카페리를 타고 화도로 향하는 가슴에 시원한 바람이 땀을 식혀준다. 배 안 사람들은 지나온 삶을 한 올 한 올 올곧게 엮어서 기워낸다. 외로움이 힘이 되어 한없는 응시가 진달래로 화해 활활 타올라 온 섬을 물들이는 봄이었으면 더 좋았겠지 싶었다.

'사람과 자연이 함께하는 건강한 섬'이라는 선착장 푯말이 반겨준다. 선착장 바로 옆으로 신비의 바닷길을 숨겨둔 목섬이 보였다. 염막포항으로 향하였다. 염막포 방파제에 서니 거제도와 통영의 산들이 키 자랑하며 서 있었다. 임도에 올라서 숲길에 들어섰다. 고사리 숲길 따라 1봉을 오른다. '산이조치요'라는 푯말에 멈추어서니 땀방울이 식어 내린다. 숨이 차오르기 시작하니 해오름 전망대가 오롯이 반긴다. 360도 돌아도 사방이 온통 바다이고 섬이다.

  나도 자유로운 섬이 되었다. 피톤치드 가득 품어내는 숲길을 되돌아 하산하니 길가에는 산 수국이 빛을 잃어가고 있다. 다음 계절인 가을이 곧 오려나보다. 섬의 외로움 오롯이 함께 한다.

8월 4일

  매미 소리는 더욱 요란스럽게 들려오고 숲은 푸르게 녹음이 우거졌다. 여름 나무는 무한히 성장한다. 강렬한 햇빛은 숲 그늘을 찾아 걷게 만든다. 그늘이 옹골지다. 흐르는 땀방울이 눈으로 파고드는 순간 희열이 찾아든다. 산들바람이 불어온다. 산에서 불어오는 그는 그다지 습하지 않고 시원하다. 하여 산속 정자는 달콤한 쉼터이다.

  한 모금 얼음물은 머리부터 가슴을 거쳐 발끝까지 짜릿하게 열기를 뺏어간다. 바람의 자유가 오롯이 가슴에 파고들고 이내 내 몸에 피가 돈다. 걸음을 옮길 때마다 풍경이 새롭게 지나니 새들의 노래는 기백을 품고 순결한 영혼을 지니고 있다. 갈래 길에서 가보지 않은 길을 선택한다. 왠지 두려움과 설렘의 양가감정이 생긴다. 한참을 나아가니 길이 막혔다. 발길이 닿지 않는 길임을 감지하였지만 무턱대고 나아간다. 사람이 다니지 않아 태고의 숲으로 변한 듯하다. 되돌아서 왔던 길을 걷는다. 미처 감추지 못한 미소 짓는다. 무더위를 즐긴다.

우리는 살아가며 자주 선택을 해야 한다. 어떤 길을 택해야 좋은 판단이었는지 대개 뒤늦게 알게 되기에 아쉬움이 남게 되는 경우가 생겨난다. 보잘것없는 지혜일지라도 결정에 도움이 된다는 것을 알게 된다. 인간은 누구나 그림자를 지닌다. 홀로 외롭다. 이는 사람이면 갖는 감정이다. 자신의 그림자는 자신이 다스려야만 나와 같이 갈 수 있다. 먼저 스스로 만족해야 모두와 조화를 이루게 될 터이다. 우리는 전체의 한 부분이기에 그러하다.

8월 6일

오늘도 무척 덥다. 폭염경보가 발령된다. 연사흘 37도를 넘나 든다. 무더위가 한창 기승을 부리는 가운데 오늘이 절기상 입추다. 가을의 시작이란 의미를 대하니 이 무더위 가운데에 서서 가을을 이야기하며 더위를 한시름 놓으려 하였던 선조의 지혜를 마주하며 미소 짓는다.

 숲에 앉아 이러한 마음을 대하니 일순 더위가 가시는 듯하다. 나뭇잎 사이로 펼쳐있는 하늘을 올려다보니 한층 높아져 있다. 크게 들숨을 한 후 천천히 숲길을 걷는다. 나비 한 마리가 더위에 지쳤는지 길 위에 내려앉아 날개를 접고 쉰다. 나도 그처럼 다리쉼을 한다. 바람이 이는 숲 그늘을 천천히 걸어도 온몸이 땀으로 흠뻑 젖어온다. 땀이 눈으로 들어와 따갑다. 이어 코끝을 타고 내려 배꼽까지 적신다. 걸음 멈추고 다시 길옆 너럭바위에 앉아 범나비와 함께 숨을 고른다. 바위의 느린 호흡 느끼며 오롯이 자유를 느끼는 시간이다.

 고뇌는 밖에서 주어지는 환영에 내가 집착하고 속는 것이지 밖에서 오지 않음을. 큰 맥락에서 바라보아야 자기 경험과 문제를 자신과 분리할 수 있게 된다는 것을 생각해낸다. 경험과 자신을 동일시하면 숲을 보지 못하고 나무에 매몰되고 말 것이다. 큰 맥락에서 외부 시선으로 자신 문제를 돌아보며 다른 이에게 용기 주며 이로 인해 내가 힘을 얻게 될 것이다. 이로 인해 얻는 것이 자유다. 다른 이에게 웃음을 줌으로써 내가 웃게 되는 것처럼. 내 거친 마음을 어루만져 본다. 내 안의 많은 아름다운 것을 잊고 사는 것은 아닐까….

8월 7일
유머 속에 삶의 철학이 담겼다.

한 도둑이 경찰에게 쫓기고 있다. 도둑이 강가에 이르렀을 때 마침 배 한 척이 보였고 그는 얼른 올라타 사공에게 손짓을 했고, 사공은 앞만 보고 계속 노를 저어갔다. 뒤늦게 쫓아온 경찰이 사공에게 되돌아오라며 고래고래 소리를 질렀지만 그는 잠자코 노를 저으며 출발했다.

도둑이 옆 사람에게 물으니 사공은 귀머거리라 한다. 도둑은 이에 너무나 기뻐하며 생각했다. '하늘이 나를 돕는구나.' 그러나 감격도 잠시, 강 건너편에 다른 경찰이 보였다. 도둑은 사공에게 다른 쪽으로 배를 대라고 소리쳤지만 그는 묵묵히 노을 저어 나아갔다….

지혜로운 사람은 모든 일을 우연으로 생각하지 않는다. 그들은 행복을 얻는데도 규칙이 있다고 믿는다. 그리고 노력한다. 미덕을 갖추고 모든 악을 경계하며 살아야 행복에 이를 수 있음은 진리이다. 행복을 얻는 기술이다. 모든 행복의 여신은 불운을 갖고 온다 하였다. 사람은 어디서나 배울 수 있다, 한 편의 유머 속에서도.

8월 9일

새는 허공을 움켜쥔다. 먼바다 끝에서 밀려오는 태풍을 맞기 위해 몸을 더 웅크리며 알을 힘겹게 품는다. 깃털이 젖기 시작하면 젖은 몸을 바람에 내놓는다. 바람은 바위의 비명을 개의치 않고 몰아친다. 상처의 바깥이 상처를 덮는다. 기어이 눈물이다.

자연은 늘 변함없이 운동한다. 이제 어김없이 태풍의 시간이다. 자연의 질서이기에 순응해야만 한다. 태풍 루핏이 예쁜 이름표 달고 북상 중이다. 폭우와 강풍의 패악질에 비명 줄줄이 밀려들 것이다. 철저히 대비하여 극복해야 한다. 절대자의 능력 앞세우고 우리를 무기력하게 만들 것이기에. 저수지 수문을 열지 않게 되었으면 좋으련만….

개와 늑대의 시간이 흐르고 고통이 쌓이더니 자꾸 잠이 온다. 가슴은 오물로 채워질 것이다. 거머쥔 주먹엔 힘줄이 불끈 솟는다. 공포가 지나가고 열린 아침에는 쌓인 아픔 벗겨낸다. 지난밤엔 열대야가 사라졌다. 다행히도 태풍은 동해안 일부 지역에만 강한 비바람을 뿌리고 먼바다로 물러갔다는 뉴스를 들으며 안도한다. 산책길에 들른 심원사 주지스님은 배롱나무 가득한 마당을 계속 비질하고 그래도 하늘이 좋다고 중얼거린다. 하늘은 아무리 퍼담아도 하늘에 남아 있다. 합장하며 미소 나누는데 불어

오는 시원한 바람은 매미소리 더욱 청량하게 담아낸다.

나 혼자만을 위한 시간이 조용히 흐른다. 나를 만나고 다시 돌아보는 시간들이다. 공존을 충전한다. 땅의 아픔 아는지 모르는지 하늘은 참 맑게도 웃는다. 환경파괴로 인해 올여름 더위는 정상을 넘었다는 평가다. 코로나로 연기된 도쿄 올림픽은 폭염으로 이변을 속출하고 폐막한다. 이제 무더위는 어느 정도 물러가고 시원한 바람이 얼굴을 스친다. 태풍의 선물이다. 물구나무로 비질을 한다.

태풍은 파괴의 산물이지만 자연을 정화하고 폭염을 몰아내는 순기능도 지니고 있다. 하지만 인간의 우매한 파괴와 훼손으로 인한 기후변화는 감당하기 어려운 변이 상황을 야기하기에 두려움이 크다.

"지구는 뜨겁다. 뜨겁고 평평하고 붐빈다."

뉴욕타임스 칼럼니스트가 진단한 현재 지구촌 날씨다. 지구가 점점 뜨거워지고 있음을 강조한다. 빙하 시대와 현시대 간 평균 온도차는 단 6도라 한다. 6도 차이로 지구가 얼음덩어리가 되거나 아니면 뜨거워질 수 있다는 견해다. 환경 파괴 인한 지구온난화로 1.5도 오르면 대형 산불, 폭염이나 산사태 등 기상이변 속출하여 극한 기후 현상 발생한다고 주장하고 있다. 전 세계적으로 중산층이 급격히 확산하고 있다. 사람들이 모두 미국식 소비방식을 추종할 경우 길거리는 더 막히고 환경이 악화될 것은 의심의 여지가 없다.

에너지 독재(petro dictatorship) 추세도 강화될 것이다. 기후변화가 가져오는 이상기후 현상과 생물다양성 감소도 걱정거리다. 에너지 빈곤은 장기적으로 국가와 개인의 경쟁력을 앗아갈 것이다. 그린에너지라는 것은 단순한 환경보호가 아니라 경제적 힘과 국가안보를 담보하는 원천이다. 모든 재원이 두뇌 속에 있다. 혁신적인 환경기술을 개발할 수 있는 무한한 잠재력을 지니고 있는 것이다.

내일이 말복이다. 황금빛 가을이 기대된다. 감각의 바깥에서 처음으로 하늘을 나는 새처럼 우리는 하루가 저무는 저녁에도 마치 아침처럼, 새봄처럼 그리고 처음처럼 감사하게 새날을 시작하여야 한다. 산다는 것은 수많은 처음을 만들어가는 끊임없는 시작이기에.

멀리서 또 다른 태풍 9호 미리내가 생성된다. 먼 동해로 진로를 설정하길 기대하며 내딛는 발걸음에 힘을 가한다. 이름에 걸맞게 은하수처럼 밤하늘에 은은하게 머물길 기도하며.

8월 11일

해가 떠오르고 허물투성이 삶이 다시 시작된다. 창에 떠오른 새벽 기운에 마음이 오래 머문다. 산그늘 잔뜩 짊어진 듯하던 얼굴이 백일홍처럼 발그레하게 익는다. 무거운 몸을 힘차게 일으키고 습관처럼 집을 나선다. 인생에 당연히 빈틈은 있기 마련이다. 사람이 오직 자기 자신의 일만을 생각하는 마음으로 살아갈 수 있다고 생각하는 것은 그저 인간의 착각일 뿐이고 실제로는 사람은 사랑의 힘에 의해 살아가는 것임을 알아야 할 것이다. 한여름 날에는 조금은 게으름도 피우며 느리게 가는 것이 매력적이며 또한 생산적일 수 있다. 물질이 아닌 여름날의 시간을 넉넉히 지니고 있기에 여유롭게 사용하면 될 일이다. 자연의 품에서 누릴 수 있는 생각이다. 자연을 놓아두고 자유와 평화를 논하는 것은 이 지구를 무시하는 것이다. 아침이나 저녁의 빛깔은 얼마나 황홀한가. 만약 낮과 밤을 기쁜 마음으로 맞이할 마음을 지닌다면 인생의 꽃이나 허브처럼 향기를 내뿜게 된다. 그리하면 삶은 조금 더 유연해지고 빛나며 종국에는 영원한 것이 될 것이다. 우리는 축복할 이유를 얻게 되는 것이다. 가장 커다란 이익과 가치는 제대로 평가받지 못하지만 실은 가장 뚜렷한 실체이다. 우리의 몸과 자연 사이에 아무런 장벽도 없는 상대로 더욱 많은 시간을 보낼 수만 있다면 얼마나 좋겠는가. 그래서 더 작은 것으로 만족하는 법을 배우고 또 배운다.

  오전에 숲을 향하는데 산 까치 한 쌍이 앞섰다. 왠지 좋은 기분이 되었다. 스스로 나를 존중하게 될 것 같기만 하다. 졸졸졸 흐르는 맑은 시냇물은 어제보다 더한 풍경을 담아낸다. 미래를 예언하는 신비한 문장이 담겨있다. 그에게 다가가 입 맞춘다. 내가 마신 물 한 모금에 귀 기울인다. 나는 산미나리 나물을 마셨다. 샘이 솟는 가장자리에 그가 뿌리내리고 있기에. 넓은 풍경으로 다시 발을 내딛는다. 무심해진다. 영혼과 자연의 결합이다. 시인이 된다. 시인이란 자연을 세밀하게 관찰하고 결국 자신의 마음을 정밀하게 주시하는 이다. 나에게 모든 것을 빼앗고 시적 자각만 풍부하게 가질 수 있도록 하여 다른 이들이 소유하고 있는 것들을 볼 수 있는 눈을 갖게 해 주소서.

산책길 위 엷은 안개 안으로 비가 내리기 시작한다. 안개비가 내리니 숲속 향기가 더욱 짙어진다. 그리움이 밀려오고….

8월 13일
'별똥별이 비처럼 내린다.'

우리들 가슴 한 곳에는 꿈이 자리하고 있으며, 그 꿈을 생각하며 별을 바라보곤 하였다. 그리하여 하늘의 별처럼 빛나는 삶을 살고 싶어 한다. 이 별이라는 존재의 의미가 생각을 키우게도 하고 꿈을 키우게도 한다.

우리는 가끔 별들에게 말을 걸지만, 그들은 듣지 못

한다. 되돌려 내가 듣지만, 마음의 소리가 되어 자신을 볼 수 있게 한다. 그리하여 별은 밤하늘에 떠 있다. 성냥팔이 소녀의 소원을 이루게 해 준 별똥별 이야기 생각나는 날이다. 도심과 달리 시골 운치를 더하는 밤하늘 별을 자주 볼 수 있는 것은 시골 생활에서의 큰 기쁨이다. 그 무덥던 날도 태풍을 내보내고 입추와 말복을 지나며 다소 선선해졌다. 오늘 밤하늘에 펼쳐질 유성우 우주 쇼를 즐기라는 뉴스를 대하곤 어두워지기만을 기다렸다. 은하수 따라 펼쳐지는 여름 밤하늘을 올려다보며 시름 잊으려 하였다. 손에 든 커피 향이 그윽하게 가슴에 젖어든다.

　유성우는 다수의 별똥별이 떨어져 비처럼 보이는 천문 현상인데, 지구가 혜성이나 소행성의 궤도를 지날 때 평상시보다 많은 잔해물이 지구 대기와 부딪히며 순간적으로 밝게 빛을 내면서 떨어지며 생성한다 한다. 페르세우스 유성우는 1월의 사분의 자리, 12월 쌍둥이자리와 더불어 3대 유성우 중 하나로 매년 8월 12일 전후인데, 올해는 오늘 밤부터 내일 새벽 사이에 볼 수 있을 것으로 기상청은 예상한다. 페르세우스 유성우는 지구 대기 내에서 일어나는 현상이지만 지구에서 볼 때는 페르세우스 별자리에서 퍼져 나오는 것처럼 보이기 때문에 페르세우스 유성우라고 부른다는 정보를 제공한다. 절정인 4시경에는 시간당 110개 별똥별이 쏟아진다며 설렘과 흥분까지 고스란히 전한다. 살아있는 대자연의 모습을 보게 될 설렘이 시작한다. 유성우는 맨눈으로 모든 방향에서 관측이 가능한데, 북동쪽에 위치한 복사점 근처에서는 짧은 유성우를 관측할 수 있는 반면에 복사점에서 멀리 떨어진 곳에서는 길고 밝은 유성우를 관측할 수 있다는 것까지 세세한 정보를 접하고 두근거림으로 쇼가 펼쳐지기만을 기다린다. 하지만, 오늘 우리나라는 서해상에 위치한 고기압의 가장자리에 들어 전국에 대체로 구름이 많겠고, 제주도와 남해안에는 남해상을 지나는 저기압의 영향으로 흐리고 비가 내릴 것으로 전망하고 있어 조바심은 더한다. 대자연이 만들어낸 불꽃놀이 우주 쇼를 완벽하게 감상하기 위해서는 도시의 불빛이 없는 깜깜한 곳이나 산과 건물이 없는 사방이 트여있는 곳에서 관측하는 것이 좋다기에 시야가 확 트여 수평선이 보이는 곳에 자리를 잡았다.

  개와 늑대의 시간이 흐른다. 저녁 하늘에는 먹구름이 밀려오기 시작하더니 기어이 비를 뿌리기 시작한다. 이를 어쩌나. 10시부터 쇼가 시작되어 새벽 4시경에 절정을 이룬다 하였는데 관람이 아무래도 순조롭진 않을 듯하다. 10시 이후에는 나아지리라 기대하며 집으로 올라와 국립과천과학관 유튜브를 연결하니 이만여 명 넘게 접속하여 생중계되는 영상을 보고 있다. 코로나 19로 인해 모두가 힘든 시기를 보내는 요즘 잠시나마 밤하늘 수놓는 아름다운 유성을 바라보며 근심과 고민을 떨쳐버리는 힐링의 시간을 가지려는 심산이리라. 과천과학관이 있는 강원도 양구에서 진행한 방송이었는데, 그곳 하늘도 먹구름이 끼어 맑지 않자 지난 유성우 사진들 보여주며 꿈과 희망을 전하더니 끝내는 하와이 마우나케아 천문대에서 보내온 화면을 보여준다. 밤하늘에 초록색 무늬를 한 유성이 여기저기 흐른다. 마치 반딧불이가 여름 밤하늘을 수놓는 것 같다.

새벽 2시 30분경 잠에서 깨어나 눈을 떴다. 혹시나 하며 창을 열고 습관처럼 하늘을 올려다보았다. 내려앉은 하늘엔 먹구름 가득하고 별 하나 보이지 않았다. 손바닥을 내미니 가는 빗방울이 손에 닿는다. 별똥별과 함께 하며 실제 하늘에서 만나고 싶었지만, 아무래도 오늘은 쉽지 않겠다고 생각하니 섭섭함이 밀려왔다. 자연이 건네는 황홀한 선물이 가득 펼쳐지는 광경은 다음을 기약해야 할 것 같다. 아! 그들이 함께 했으면 이 여름밤이 얼마나 아름다웠을까….

8월 14일

지난밤에는 열어 놓은 창으로 들어온 찬 기운에 이불을 끌어당겨 한기를 막아야 했다. 이른 가을을 느꼈다. 아직 끝나지 않았지만, 이제 여름을 이야기할 수 있다. 그렇게도 뜨거웠다고…. 새벽부터 비가 쭈룩쭈룩 내린다. 무지개 색 우산 받쳐 들고 숲길을 걷는다. 나무는 잎을 활짝 펼쳐 갈증을 해소하고 새들은 나뭇잎 속으로 숨어들어 울음 멈추었다. 먼 하늘의 까마귀만 까악 거리며 순한 비바람을 가르며 날고 있다.

이 비 내려 어디로 흘러갈지 생각한다. 추억이 내 마음 적시더니, 우산도 없이 신작로를 뛰어다니던 어린 날 기억 속으로 흐른다. 그 동무들 그립다. 문득 예전 지인이 전해준 말이 바람 타고 날아든다.

"비가 오면 우산 받치고 걸으며 느껴 보시게. 촉촉한 세상이 얼마나 아름다운지를."

자기를 깊이 들여다볼수록 자신과 만물이 둘이 아님을 깨닫게 된다. 길가에 뒹구는 돌멩이 하나도 빗방울을 받아내는 저 나뭇잎도 남다르게 보인다. 만물을 자연의 시각으로 바라본다. 환희를 경험하며 그 영감을 토대로 기록해 둔다. 느껴본다, 촉촉한 이 흙길을. 이 얼마나 아름다운가.

8월 15일

여름 껍데기를 벗겨 활짝 달군 햇살이 담장 너머로 토해낸다. 76주년 광복절이다. 지금의 우리에게 8.15란 과연 어떤 의미일까? 3·1운동과 외교전쟁의 산물인 카이로 회담에 의한 한국만의 8·15 해방 그리고 서구열강들의 이권 다툼과 김구 선생의 이념적 결단 이은 한국전쟁이란 동족상잔의 비극, 중국과 소련을 견제하여 동아시아 패권 위해 미국이 다시 손잡은 패전국 일본의 경제 부흥, 동아시아 장악 위한 열강들의 속셈에 이용당한 약소국 대한민국의 근현대사를 기억하며 자국의 이익 추구 위한 외교전쟁시대에서 우리는 어떻게 대처해야 할지를 깊이 숙고해 대응해 나가야 할 것이라는 생각을 해보는 8월 15일이다. 역사는 현재와 과거와의 끊임없는 대화이다. 과거 역사를 잊어서는 우리 미래를 담보할 수 없다. 내년 대선을 앞두고 근래 공정과 정의가 사회적으로 널리 대두된다. 무엇보다 이에 대한 위정자들의 철학이 확고하게 정립되어야 하리란 생각이 든다. 과연 정의란 무엇인가?

하버드 대학교 교수이자 정치철학자인 마이클 샌델 교수는 그의 저서에서

"정의를 판단하는 세 가지 기준으로는 행복, 자유, 미덕을 들 수 있다. 즉, 정의가 사회 구성원의 행복에 도움을 줄 수 있는지, 혹은 사회 구성원 각각의 자유로움을 보장

할 수 있는지, 아니면 사회에 좋은 영향으로 끼쳐야 하는지로 정의로움을 결정할 수 있다. 시장경제 체제에서 각각의 판단 방식은 그 장점과 단점이 존재한다."

라고 하였다. 또한, 샌델 교수는 일상생활에서 발생하는 각종 사례와 역사적인 철학가들의 가르침을 통해 각각의 정의로움에 대한 판단을 보여준다. 마지막으로 공동체주의를 정의와 연결하며 논리적으로 피력한다. 위정자들이 이 책 통해 적절하게 적용하면 좋겠다는 생각을 한다. 나 역시도 그러하리라.

이성적 존재인 우리가 언제 어디서나 추구하고자 하는 궁극적 이념인 정의는 인간의 선한 본성이 지배해야 한다는 생각을 하게 된다. 모든 사람이 자신 아닌 다른 이의 자유와 양립할 수 있는 동등한 권리를 가질 수 있어야 정의가 실현될 것이라는 생각과 함께. 진정한 정의를 위해 행동하려는 굳센 열망이 세상이나 결과에 대한 두려움을 이긴다는 생각을 하며 정의로운 사회를 꿈꾸게 된다. 우리는 어떻게 살고, 어떻게 실천하고, 어떻게 마음을 다잡아야 할지를 묻는 날이다.

8월 17일
계절 잃은 코스모스는 이미 오래전부터 산책길 가로막으며 하늘거렸고 아카시아는 북병산 오르는 길에 꽃잎을, 향기를 가득 뿌리고 있었다. 무엇이든 때가 있는 법이다. 청춘인 양 매양 철없이 꽃을 피워대고 내 청춘도 그렇게 숨죽여가며 철없이 피어나고 싶었다. 놓치고 싶지 않았던 시간, 덧없이 지나가는 세월을 지나 물끄러미 타인처럼 바라보는 감성이 눅눅하다. 살아가며 우리 사회가 불통시대임을 종종 느낀다. 소통 창구인 뉴스를 볼라치면 그런 생각이 강하게 들곤 한다.

허준 선생의 동의보감 잡변 편에 의하면, '통즉불통 불통즉통通卽不痛 不通卽痛'에 대해 논하고 있다. 통할 통자와 아플 통자의 발음이 같아 묘한 대비 이루어 통통거리는 느낌이 드는 경구이다. 통하면 아프지 않을 것이고 통하지 않으면 아플 것이다. 막힌 것을 통하게 해 주면 아픈 것이 없어지며 막혀서 통하지 않으면 통증이 생긴다는 것을 의미한다.

우리는 몸속 모든 곳이 막힘이 없어야 병 없이 건강하게 살 수 있다는 것을 잘 안다. 우리 몸이 호흡계, 소화계, 신경계, 배설계, 혈관계 등으로 이루는데 이런 오장육부의 협업 없이는 큰 병에 걸리게 된다. 이는 무릇 몸에만 적용되는 원리가 아닐 것이라는 생각에 머문다. 국가, 사회, 가정은 물론 개인의 온 정신세계에도 해당한다 할 수 있다. 인간관계를 살펴도 이러함을 경험하며 살아간다.

우리가 삶을 영위하면서 소통과 협력 없이 어디 가당키나 하겠는가. 이러함에도 나눔을 간과한 채 다른 이를 질시하고 반목하면서 갈등하고 분노한다. 국가, 사회적으로도 소통과 화합은 큰 과제 가운데 하나이다. 대통령 탄핵을 이끈 광화문 촛불 연가와 대선 통한 정치 상황에서도 극명히 드러났었다. 계층, 지역, 세대를 넘어 이념 갈등에 이르기까지 대립과 대결 구도를 이루었다. 서로 간 골이 깊다는 것을 직접 경험하였다. 불통즉통이 답이라 감히 주장한다.

저녁나절에 벗이 만나자는 연락이 왔다. 긴 날들을 푸른 잉크 색 낯 빛으로 지냈던 친구다. 한층 밝아진 모습으로 다가와 손을 내민다. 부부 갈등으로 삶이 흔들려 고통스러워하던 모습이 스친다. 막혔던 굴뚝이 작은 손놀림으로 뚫리는 것처럼 작은 소통의 몸짓이 견고했던 갈등의 벽이 허물어져 부드럽게 되었다며 웃는다. 빛나는 것들은 대화 통해 생겨난다. '부드러움'에는 '강함'에 없는 것이 있다. 그건 사랑이다. 사랑을 얻는 것이 크나큰 행복이며 이를 잃는 것은 커다란 슬픔이다. 아내와 불통에 고통스러워하다 자신이 먼저 마음 열고 다가가 소통 원하니 통즉불통이 되더라며 맑은 웃음 보여준다. 나도 덩달아 얼굴에 미소가 걸렸다. 친구의 약점은 일깨워 주고 허물은 덮어 주어야 할 것이며 실수는 감추어 주어야 하리라. 삶은 의외로 한 번 살아볼 만하다. 가슴에 빛이 들면 하늘도 어느새 열린다. 언제나 극한 상황이었을 것이다. 삶은 언제나 스치고 지나간 뒤에야 '그것이 내 삶의 한 부분이었구나!' 하는 사실을 깨닫게 된다. 극한 상황이거나 무관심한 날이 많았겠지만, 그럴 때마다 삶이란 어차피 혼자라며 위안하였으리라. 하지만, 상대방과 말이 통해야 서로 오가는 마음이 되고 함께 일하는 사람과 뜻이 통해야 하고자 하는 일을 이룰 수 있음이 진리이다. 부부 사이도 더할 나위 있겠는가. 하물며 집을 지을 때도 바람이 잘 통하고 주변 경관과 잘 어우러져야 쾌적한 삶의 공간이 된다. 결국, 인간사 큰 고통은 통하지 않는 것에서 시작함을 깨닫는 시간이었으리라. 오래도록 화목하길 바라게 된다. 그럴 것이라 믿는다. 모든 희로애락은 사랑으로 연결되는 것이기에.

  소통이 지극히 필요한 시대다. 마음은 어떠한가. 모든 것은 마음이 한다. 살아가며 찾아드는 갈등과 고통을 잘 엮어 막힘없이 서로 잘 어우러지게 해야 느슨하게 흐르는 강물처럼 평온한 마음으로 살아갈 수 있다. 우리는 1년 후면 다 잊어버릴 슬픔을 간직하느라 소중한 시간을 허비한다. 그러기에 슬픔은 반으로 나누어 기쁜 감정으로 연결하고 찾아든 기쁨 또한 더불어 나누어 배가하고 불현듯 찾아든 분노는 자연 찾아 드러내어 소통하면 어느새 해소

된다. 막힘이 사그라지고 세상과 소통할 힘이 생긴다. 무릇 몸과 마음이 평온하려면 나를 잘 알고 낮추고 비워서 상대를 배려하고 존중하는 마음이 우선하면 비로소 소통이 이루어지는 사회가 될 것이다. 통즉불통, 다시 꺼내 기억한다. 잊지 않으려 한다.

 나이 들수록 마음이 고와져야 한다. 서로 통해야 선해진다. 나이는 얼굴이나 피부만 변화시키는 게 아니다. 냄새도 변화시킨다. 나이가 들수록 곳곳에 불순물이 끼어 악취를 내는 사람이 있는가 하면, 오래된 술처럼 더 맑고 그윽한 향기를 내는 사람이 있다. 나이 들수록 자기의 냄새를 곱게 만들어가야 할 것이다. 의서 동의보감에서 허준 선생이 육체적인 관점에서 언급한 말이지만, 답답한 이 불통 시대에 뜻하는 바가 크다 하겠다.

 '무감어수 감어인無鑑於水 鑑於人', 친구 통해 내 허물을 바라본다. 관계에서 내가 먼저 마음을 열고 배려하고 존중하는 마음가짐으로 살아갈 요량을 한다. 마음이 추운 사람은 익숙한 어둠에 누워 생각을 잃어갈 수밖에 없다. 이러함이 사회적으로 널리 퍼져 의식의 전환이 이루어지길 바라며 저 멀리 파랑으로 가득한 바다를 내려다본다.

8월 20일

　살며 생각을 그르치는 경우는 허다하다. 그 까닭은 단지 어렵고 쉬운 이유만은 아니다. 훨씬 더 다양한 원인이 존재한다. 이러한 것들을 차치해두고 생각을 바로 세우기란 쉽지가 않다. 무엇인가에 사랑을 느끼기 시작하며 찾아오는 문제는 믿음보다 설렘이 먼저 온다는 것이다. 그리고 더 큰 문제는 그 대책 없는 설렘이 얼마나 무서운지 너무나도 서서히 알게 된다는 것이다. 무엇인가를 마음에 들인다는 건 그 마음을 상처받기 좋은 곳으로 새긴다는 것이며 그걸 다 알면서도 그 손을 놓지 않겠다는 것이다.

　무인도에서 혼자 살지 않는 한 자신의 약점을 보완해가며 많은 이와 교류하며 살아간다. 하지만, 누구든 상처를 받고 싶진 않다. 그래서 자기 그림자만 한 해자를 파고 사람을 경계하며 밀어내기도 한다. 나를 본다. 갇힌 자는 스스로 깊어지는 물길의 그 깊이를 알 수 없다. 스스로 성에 갇혀 어두운 수면을 바라보며 차가운 울음을 삼킨다. 눈물 한 방울 떨어뜨리자 새가 되어 하늘을 날아오른다. 심장은 경험이 아니다. 진정한 지식과 정보는 오직 사랑을 통해서만 얻을 수 있다는 것은 진리이며 지혜이다. 사람의 병을 고치려 한다면 더욱 사랑하는 방법 외는 달리 좋은 치유책이 없다. 이제 중년의 평온한 삶을 꿈꾸게 된다.

　사랑은 눈이 아니라 마음으로 보는 것. 아직은 사랑이

낡은 외투처럼 너덜너덜해져서 이제는 갖다 버려야 할, 그러나 버리지 못하고 한 번 더 가져보고 싶은 희망이 세상 곳곳에 있어 그게 살아갈 이유라는 믿음이 생겨나 다시 뜨거운 사랑을 시작하고 싶기에 새로운 길에 들어선다. 나이가 든다고 두려움이 사라지는 건 아니다. 공포는 반응이고 저항은 결정이다. 하여, 자연과의 무한한 사랑이 시작된다. 그래서 나는 오늘도 걷는다.

8월 21일

말 그대로 비가 억수같이 내린다. 자연의 거친 흐름이 긴 시간 이어진다. 빗소리가 온 세상을 집어삼켰다. 앞도 보이지 않는다. 실로 야만적이다. 원시 상태의 존재로 돌아가는 듯하다. 라디오에선 호우경보를 알린다. 가을장마가 시작된 것인가. 억만년의 기운을 느끼고 싶어서 용기 내어 길 위에 섰다. 언젠가 우리가 돌아갈지도 모르는 그곳으로 간다. 아름다운 야만인이 되어본다. 숲 속 떡갈나무는 묵묵히 장대비를 받아내고 있었다. 차에서 내리지도 못하고 자연이 주는 소리에 귀 기울인다. 거친 빗소리에 젖어드니 텅 빈 가슴이 된다. 한 시간 넘게 쏟아지던 게릴라성 폭우가 잦아들더니 호흡을 멈추었다. 길은 작은 내가 되고 바람 따라 솔솔 아래로 흐른다. 그것도 잠시 다시 폭우가 시작된다. 차를 돌려 집으로 향한다. 나를 만나고 다시 돌아보는 시간들이다. 침묵으로 돌아선다.

8월 23일

길은 멀리 돌수록 그만큼 값어치가 없을까. 새로운 숲길에 들어선다. 내 정원은 넓기도 하다. 매서운 바람 잦아들고 선한 기운이 숲과 나를 감싼다. 사람이 오직 자기 자신의 일을 생각하는 마음으로 살아갈 수 있다고 하는 것은 그저 인간의 착각일 뿐이고 실제로는 사랑의 힘에 의해 살아가고 있다는 것을 순수한 자연 통해 다시 깨우치게 된다.

마지막까지 버둥거리던 나뭇잎 숨소리 잦아들고 유난히 새파란 하늘 열렸다. 구름이 내게로 왔다. 태풍의 선물이다. 어렴풋이 가을이 오고 있다. 저 바다가 속을 내어줄 때 파도는 다시 어울림을 생각한다. 세상과의, 삶과의.

8월 25일

하늘이 맑은 구름으로 수놓을 때를 기다리며 바람과 마주 섰다. 지구가 3백만 킬로미터나 되는 원주를 하루 2만 5천 킬로미터씩 돌고 있다는 생각을 하면, 시시각각 다가

오는 위험에서 지금 내가 평온하게 숲길을 거닐고 있다는 것은 행운일 수 있다. 특히나 진실한 사회로부터 점점 멀어져 가는 이 시대에는 침묵으로는 단지 위안에 불과하다.

코스모스 하늘거리는 길 따라 가을이 서서히 다가온다. 빽빽한 느티나무는 여름날 갈증을 기억하며 미련처럼 길게 그늘을 만든다. 제법 그림이 좋아 사진으로 남겨둔다. 새날이 시작되고 시간은 발자국 위에 놓인다. 그를 지난 바람이 남루한 우울과 발가벗은 슬픔 신고 어디론가 떠나간다. 인간 본연의 고향이 여기다. 나는 잠시 숨죽인 바람 소리에 걸음 멈추어 호흡하며 여기에 서 있다. 벅찬 숨소리가 잦아든다. 자유와 고독이 몸을 강하게 만든다.

우리는 경험과 체험에서 삶의 소중한 교훈을 얻지만 전체를 보지 못하고 한쪽에만 치우칠 수 있다. 좀 더 높이 멀리 그리고 깊이 자세히 보고 생각하고 아우를 수 있는 지혜를 얻고자 한다면 이 숲으로 걸어오시라.

8월 27일

친구를 갖는다는 것은 또 하나의 인생을 갖는 것이라고도 하였으며 사랑이나 지성보다도 더 귀하고 나를 행복하게 해 준 것이 우정이라고도 하였다. 인생은 흘러가는 것이 아니라 채워지는 것이다. 우리는 하루하루를 보내는 것이 아니라 내가 가진 무엇으로 채워가는 것이다.

 벗이 내가 사는 숲으로 바람처럼 왔다. 고향도 그립고 벗들도 보고 싶어 훌쩍 떠나 왔다 한다. 향수병이 도진 것이다. 부모님 모두 여의고 고향에 연고가 사라지자 찾아들기 쉽지 않았다는 말을 건네며 바다께로 눈을 향한다. 세상에는 내 삶을 염려하여 안부를 물어오는 사람이 있고 또한 내가 안부를 묻고 싶은 이가 있다는 것이 삶에 얼마나 큰 위안이고 힘이 되는지 모른다.

 초, 중, 고를 함께 다닌 동무다. 그는 자수성가하여 굴지의 기업을 경영하는 기업가다. 경주 근교에 거처를 두고 생활하고 있기에 가까운 거리도 아니다. 몇 년 전 문득 친구 얼굴이 떠올라 경주로 찾아갔던 생각이 난다. 갑자기 찾아든 나그네에게 아내와 함께 화들짝 반겨주었다. 무명 작가가 책을 낼 때마다 많은 양의 책을 구입해 지인들에게 나누어 주어 다음 책을 출간하는데 힘을 보태주는 고마운 나의 독자이자 벗이다.

 내가 고향 내려와 지낸다는 소식 듣고 머리도 식힐 겸 왔다는 말을 하며 그윽한 눈으로 손을 잡아준다. 무거운 짐 잠시 풀어놓고 언제든 고향 찾아오라는 평소 내 바람을 받아 준 듯하여 고맙기 그지없다. 포근한 마음이 들도록 안아 주었다. 내가 귀향을 꿈꾸며 지녔던 그 마음을 이제 그도 나이 들어 갈수록 더 깊어 감을 얼굴에 담고 있다.

저녁상이 차려졌다. 가슴에 묻어둔 추억들이 술잔에 기웃거린다. 창백한 추억을 여러 잔 마신다. 어슴푸레한 불빛 아래 취기가 흥건하면 묵묵하던 언어들이 알량한 사건들로 횡설수설 비틀거리기도 한다. 깊은 밤을 도란거리는 시간, 여러 벗과 함께하기에 마냥 좋다. 술은 행복한 자에게만 달콤하다는 말은 진리인 듯하다. 보고 싶어 하던 벗 여럿 불러들여 동그랗게 둘러앉아 긴 시간 담소 나눈 후 덩그러니 떠 있는 달을 머리에 이고 집으로 돌아와 긴 밤을 추억 소환하며 나누었다. 어린 날 기억 나누며 묵직한 믿음 건네는 그 큰 힘은 어디에서 기인한 것일까….
 마음이 추운 사람은 익숙한 어둠에 누워 생각을 잃어간다며 따뜻함 지니기를 권유하기까지 한다. 시간의 조각이 조금씩 떨어져 나갔다. 추억이 많기도 하다. 언제인지 모르게 잠이 들고 꿈속에서도 우리는 과거 편린을 추억하였다. 지금껏 살며 느꼈던 빈틈을 채워준 시간이었다. 인생에 당연히 빈틈은 있기 마련임을 깨우치며 그렇게. 눈을 뜨면 그 열망하였던 꿈은 현실의 인격이 될 터이기에.
 날은 다시 밝았고 그는 바다와 숲을 떠나 삶의 일선으로 복귀하려 한다. 적어도 한 달에 한 번 정도는 같이 시간 나누자는 굳건한 약속을 하고 바람처럼 또 그렇게 내 곁을 떠나갔다. 다음 만남에는 숲길 같이 걸어야겠다는 생각을 하여둔다.

"지혜로운 친구를 가까이하면 몸과 마음을 함께 깨끗이 간직할 수 있음을 생각한다네. 그동안 수고 많으셨네. 성공은 최후가 아니며 중요한 것은 계속 걸어갈 수 있는 용기인 것일세. 사랑하는 벗님네여, 강건하시게."

8월 29일

고향에 머물면서 느끼는 감정이 있다. 바다뿐 아니라 풍요로운 들녘과 관계하며 살아왔기에 이곳에서 살아가는 이들은 자연을 닮았다는 것이다. 큰 욕심이 없다. 인간이 자연을 꿈꾸는 순간 인간은 자연이 될 수 있음을 느끼곤 하였다. 고향으로의 회귀가 그래서 더욱 기쁘다. 이렇듯 고향을 지키며 사는 이들은 이 지세포구를 터전 삼아 자신 삶을 일구고 있었다. 뿌리 없이 떠돌다 찾아든 나에게 다가와 반겨준 여러 벗이 스친다.

가끔 숲길 동행해주는 영혼이 자유로운 벗과 거제 바다를 낚아 올리게 해 준 낚싯배 친구와 혼자 살면서 불가항력으로 해결하지 못하는 것들을 집으로 와서 뚝딱 해결해 준 친구 그리고 아늑한 찻집에 마주하며 정담 나눈 친구들 모두 내 삶의 동반자이다. 또한 최근 종종 시간 함께 나누는 초등 동기회장이 떠오른다. 혼자서도 잘 먹어야 한다며 여러 신선한 유제품들을 가져다주는 우유대리점을 하는 동무다. 가까이하지 못하다 귀향 후 다시금 내 곁에 와 주었다는 것이 고맙기 그지없다. 유쾌한 이 친구의 과거와 현재 그리고 미래까지 함께 하는 시간들을 기억해둔다. 여러 옛 벗이 나에게 안겨 주었던 시간이 삶의 활력이 되었음을 고백한다. 벗들과 교류를 많이 가져야겠다는 생각을 실로 아름답게 느껴지는 그들 눈빛 속에서 하곤 하였다. 고독을 즐기는 이에게 그들이 존재함으로 인해 행복한 나날이었다. 자신 마음의 바라봄을 조금만 달리하면 온 세상이 이토록 따뜻하고 고마운 것을 좁다란 마음이 배운다. 그들은 내 마음속에 가득 퍼진 이 훈훈함을 알까.

8월 30일

섬 그늘에 서면 조각구름 떠 노닐고 물새 울음 우는 풍경이 조화롭다. 양식장 부표 아래 피조개가 부르는 노랫가락 은밀하게 들으며 물의 시간을 잰다. 바다로 향하는 여울가에 물잠자리 떼 지어 날고 물방개가 갯바위를 살금살금 오르며 거북손을 간지럽힌다. 여름 맛 고소하게 스민다. 이번에는 장수마을로 알려진 아주 작은 섬 황덕도에 발길 머문다.

칠천도와 연결된 조그만 다리를 건너니 다리 밑으로 통

하는 길이 나왔다. 안몰마을 가운데를 지나서 조그마한 언덕을 넘어서니 진해와 마산이 보이는 동네가 나왔다. '새지마을'의 북쪽 선착장 방파제는 끝에서 약간 꺾인 비교적 짧은 규모다. 그렇지만 폭은 차 두 대가 거뜬히 통과할 수 있을 정도다. 이 방파제에서 마을을 향해 바라보니 해안도로가 좌우로 이어져 있었다. 바다는 온통 굴 양식장 천지다. 양식장 주변에 낚싯배들이 떠 있다. 강태공 천국이 황덕도다. 이곳은 해안도로가 끊겼지만, 해안가에 500m 정도의 나무 데크를 설치해 산책로를 만들어 놓았다. 20여 분 올라가니 마침내 하얀 무인등대가 하늘 아래서 있다. 이 등대는 예전부터 통영에서 부산을 항해하는 배들의 길잡이 노릇을 했다고 한다. 높지는 않지만 등대 정상에서 바라보는 풍경이 가히 압권이다. 거제도와 칠천도, 가조도 멀리 마산만이 파노라마처럼 보인다. 섬을 한 바퀴 돌아보는데 걸리는 시간은 대강 30분 정도였다. 해수욕장이나 뛰어난 풍경은 없지만 아직도 때 묻지 않는 모습 때문에 혼자만의 여유를 즐길 수 있는 아늑한 공간이었다.

 자기와의 거리두기 위해서 자기 응시가 필요하듯 타인과 거리두기가 필요함을 생각하게 된다. 코로나 시대엔 섬으로 살아가야 하기에….

9월 1일

유대인의 인생철학이 담긴 글을 만나 생각이 깊어진다. 수천 년간 모진 고난과 핍박을 견딘 유대인에게 유머는 '삶의 무기'였을 터이다. 벼랑 끝 나락으로 떨어져도 유대인은 특유의 해학과 위트로 역경을 견뎌냈다 한다. 그들에게 유머는 생활이자, 지혜의 산물이었던 것이다. 칼이 날카로워야 예리하게 잘 들 듯, 머리도 연마해야 좋은 유머가 나온다고 여긴 것이다. 삶에서 길어 올린 그들 유머 속 철학을 접한다. 사람은 어디서나 배울 수 있다. 생활 속에서 무거움 해소하여 유머로 관계에 활력을 더하여야 하리라.

언젠가 한 가난한 사람이 숲속을 걸으며 신과 대화를 나누고 있었다. 그가 신께 물었다.

"신이시여, 백만 년은 신께 무엇입니까?"

신이 대답했다.

"나에게 백만 년의 시간은 잠시 후와 같다."

그러자 그가 또 물었다.

"천만 달러는 신께 무엇입니까?"

신이 대답했다.

"나에게 천만 달러의 가치는 1센트보다 적다."

그는 신의 말을 듣고 용기를 내서 부탁했다.

"그렇다면 신이시여, 저에게 천만 달러만 주실 수 있으십니까?"

이 질문에 신은 너무 쉽게 허락했다.

"잠시 후에 주마."

다음은 월, 화, 수, 목, 금, 토, 일 어디에도 없다. '언젠가'는 결코 오지 않는 날이다. 뿌린 대로 거둔다. 왜 우리는 이 단순한 진리를 알면서도 실천하지 못하는 것일까? '다음에'라는 말은 가능한 하지 않아야 하고, 요행도 바라지 말아야 함을 얻는다.

9월 3일

숲에서 내려와 어스름이 내릴 즈음 부산으로 향했다. 월요일이 코로나 백신 접종일이다. 접종 예정이었던 모더나 백신 공급이 원활하지 않아 2주가 연기되어 1차 접종 후 6주 만에 2차 접종을 하게 되었다. 백신 수급이 원활하게 이루어져 하루빨리 집단면역이 형성되기를 바라게 된다.

많은 이가 사계가 건네는 향기를 제대로 느끼지도 못하고 촉각에 머물 수밖에 없는 현실이다. 몇 해 전 세계를 공포에 몰아넣었던 '에볼라' 그리고 우리나라를 휩쓸었던 '메르스'의 공통점은 모두 '전염병'이라는 것이다. 2020년 봄은 중국 우한에서 시작한 코로나19 바이러스가 전 세계에 창궐하여 인간을 좌절하게 한다. 일상의 소리와 기운도 잃어버렸다. 사람 눈에 보이지도 않으면서 한 번 퍼지기 시작하면 무서운 속도로 전염이 되어 버리기 때문에 특정 장소에 전염병이 발생하면 다들 공포에 떤다. 지금 세계는 전염병과의 한 판 승부를 겨룬다. 이번에는 너무 강하고 무섭게 지구촌 인류의 삶을 위협하고 있다. 불현듯 우리 사회에 찾아든 이 바이러스는 온 국민을 두려움에 떨게 한다. 감기 바이러스 한 종류일 뿐이지만 확산세가 굉장하여 지구촌의 큰 근심이 되었다. 9월 현재 확진자가 총 2억 명을 넘어섰으며 멈추지 않고 계속 증가 추세 보이고 우리나라도 현재 26만 명을 넘어섰다. 온 나라가 들썩인다. 바이러스는 점점 더 진화하여 변종이 거듭 확인되고 있다. 얼마나 더 확산할지 아무도 알 수 없다. 전체 사망이 9월 현재 집계로 4백 60만 명에 육박하였다. 지금껏 경험 못한 대재앙이다. 전문가는, 연내에 우리나라도 하루, 만 명이상 감염될 수 있다는 예상을 하고 있어 두려움이 엄습한다.

인간 사회는 바이러스에 매몰되어 경제 등 모든 분야에서 중심을 잃었다. 4대째 이어온 골목의 오래된 가게가 불황을 견디지 못하고 문을 닫는다는 뉴스가 마음을 아프게 한다. 작금의 상황을 보면 불가항력으로 방역이 뚫렸다고 봐야 할 것 같다. 방역이 뚫리면 그다음은 개인위생과 치료에 의존하는 수밖에 없다. 이미 4차까지 진행되었고, 4차 감염자부터는 감염원 확인조차 어려울 것이라고 전문가들은 말한다. 정부에서는 마스크 착용은 물론이고 개인위생과 사회적 거리두기를 권하고 있다. 몸은 멀어져도 마음은 더 가까이해야 할 것이다.

세계는 하나, 지구촌이라는 말이 코로나19 사태에서 무색해져 버렸다. 세계를 이끈다는 미국이 먼저 무너졌다. 이어서 선진국이라는 유럽도 바이러스에 의해 침몰하는 모양새다. 정치인들에 위한 것일 터이지만 자국 이익 위해서라면 마스크에 이어 백신까지도 강탈하는 상황이니 세계는 하나가 아니라는 생각이 우리를 지배한다. 인종차별도 쉬이 행해진다. 자국의 경제 논리에 세계 평화는 요원한 것인가. 코로나19 사태는 전 세계적 도전이고 한 나라에만 국한된 문제가 아닌 만큼 국제사회의 협력과 연대가 그 어느 때보다 요구된다. 깊이 사유해야 할 일이다.

역사는 과거와 현재의 대화이다. 역사적으로 전염병과 싸운 흔적은 곳곳에서 찾을 수 있다. 과거에서 지혜를 얻어야 하리라. 14세기 유럽에서 유행한 페스트(흑사병)와 지금은 백신이 개발돼 완전히 사라진 천연두도 처음에는 발병 원인을 알지 못했다. 과학자들은 그때마다 본인이 감염될 위험을 무릅쓰고 전염병의 실체 규명에 달려들었고, 결국 이들의 원인 바이러스와 세균을 밝히는 데 성공해 백신과 치료제를 만들었다. 지금도 전염병의 최전선에는 병원체와 사투를 벌이는 의료인들과 과학자들이 있었다. 가정으로 돌아가지도 못하고 바이러스와 싸우는 이들에게 격려와 아울러 마음으로나마 힘을 보태게 된다.

일찍이 헬렌 켈러는 "세상에는 수많은 시련과 고통이 존재하지만 이러한 고통을 극복하려는 사람도 넘쳐난다."며 희망을 이야기 하였다. 전염병은 인간이 피할 수 없는 적敵이다. 인간이 스스로 만들어낸 적이기도 하다. 바이러스에 의한 병의 종류는 많고, 감염의 방법이나 발병하기까지 경위 등이 종류에 따라 다양하다. 사람의 바이러스에 의한 병은 한 번 걸리면 재발하지 않지만 몇 번이나 걸리는 인플루엔자 등 사람과의 복잡한 인자의 조합에 의하여 병에도 여러 가지 다른 유형이 나타난다고 한다. 이들 바이러스병 치료에는 특효약이 없으므로 백신이나 항혈청에 의하여 예방접종에 중점을 두며, 발병 후는 대중요법과 합병증의 예방을 하는 것이 최선이라는 것이 의사 전언이다. 바이러스는 숙주의 세포 안에서 살고 자가 증식을 하며 숙주를 공격하는데 그들은 살아남기 위해 끊임없는 변이를 한다는 것이다. 그 결과물들이 신종플루, 사스, 메르스, 코로나19 등 매년 반복해 유행하는 다양한 형태의 독감들이다. 독감은 감기와는 매우 다르다. 하지만 중요한 것이 인간에게는 면역력이라는 게 있다는 것이다. 스스로 바이러스에 대한 항체를 만들어 이겨낸다. 바이러스는 변이를 하지만 인간들은 계속해서 항체를 만들어 대항하는 것이다. 하지만 코로나는 강력해서 백신을 파괴하는 돌파 감염까지 생겨나니 실로 경악하지 않을 수 없다.

원래 모든 병의 근원은 마음이다. 강한 정신력과 체력이 병을 극복하는 것이지 모든 병에 따로 약이 있는 것이 아니다. 약은 어디까지나 우리 몸이 스스로 이겨 낼 수 있도록 보조 역할을 할 뿐 나의 항체들이 스스로 이겨내는 것이다. 감기는 원래 약이 없다. 해열제와 항생제 이것이 전부일뿐이다. 네티즌들 사이에서도 코로나 19 바이러스 예방법으로 면역력을 높이기 위한 방법들을 서로 공유하고 있다. 마스크를 사용하고 손을 자주 씻고, 면역력을 높여주는 음식을 충분히 섭취하자고 권유하고 있다. 코로나19 환자가 아직도 폭발적으로 증가하고 사태가 진정할 기미가 보이지 않는다. 코로나19 증상이 완전히 잠식될 때까지는 우리는 거리두기와 개인위생을 더욱 철저히 하는 것은 물론이고 방역당국의 지침에 따라야겠다. 또한, 면역력 증가를 위한 각자의 노력으로 바이러스 위협에 스스로 건강을 지키는 것이 무엇보다 중요할 것이다. 빠른 시간 내 이 미생물과의 싸움에서 승리하기를 바라게 된다. 인류의 위대함으로 말이다.

보이지 않는 것은 무섭다. 어디에 있는지, 무엇인지 식별할 수가 없기 때문이다. 그럼에도 불구하고 그들이 눈에 보이지 않아서 우리가 이렇게 살아갈 수 있는지도 모를 일이다. 우글거리는 바이러스들이 눈에 보이면 징그러워서 하루도 살 수 없을 것 같다. 우리는 지금 갑자기 당하여 세상 모든 것이 힘든 상황이다. 길에서 만나는 모든 사람이 마스크를 착용하고 있다. 황사가 아니다. 공포 영화를 보는 듯하다. 두렵기는 모두 마찬가지다. 보이지 않아 누가 보균자인지 본인도 모르고 있으니 말이다. 요즘은 기침이 나오려 하면 참아야 한다. 많은 이의 오해를 불러일으킬까 조바심이 일어서이다. 어느새 불신의 사회가 도래한 듯하다. 만물의 영장인 인간의 나약한 모습이다. 이 보이지 않는 공포가 어디로 튈지 자못 걱정이 된다. 두려움을 떨치고 희망을 갖는 것이 중요하다고 생각된다. 두려움 없는 마음이 중요할 듯하다. 몸은 멀어져도 마음만은 더 가까이해야 할 것이다.

 꽃을 보는 눈망울에는 희망이 영근다. 좋은 에너지를 받는 듯하다. 동국대 K교수는 "외출을 줄이고 열이 나는 사람과는 만나지 말아야 하며 꼭 외출을 해야 할 경우에는 손을 자주 씻고 마스크를 하는 것이 좋으며 비타민C를 매일 복용하면 도움이 된다. 당분간 사람들 간 거리두기가 필요할 것이다."라는 일반론을 강조한다. 완화될 때까지 생활화하리라 다짐한다. 하루빨리 바이러스와의 싸움에서 이겨 평화로운 일상으로 회복하길 바라게 된다. 희망을 버리지 않으면 기적은 반드시 일어난다 하였다. 나부터 나서야 한다. 한 사람이 열 걸음을 움직이는 것보다 열 사람이 한 걸음씩 움직여야 보다 빠르게 세상을 변화시킬 수 있다. 함께 힘을 모아야 극복 가능해진다. 우리는 모든 것을 할 수는 없지만, 할 수 있는 것은 해야 한다. 모두 백신 접종에 나서서 집단 면역을 이루는데 힘써야 할 것이다. 이제 일상 코로나 시대이다. 바이러스는 사라지지 않을 것이니 공존하는 방안을 마련해야 할 것이다.

혹자가 주장하듯이 바이러스 창궐이 전 세계 78억 인구의 무분별한 자연 훼손으로 인해 그들이 살 공간이 사라지자 인간 세계로 나오는 것이라는 말을 부정할 수는 없다. 자연보호의 필요성은 우리가 깊이 새겨 의식의 대전환이 이루어져야 한다는 생각을 숲길 걸으며 하게 된다. 바다 표면에 풍랑이 일어도 깊은 바다 속은 고요하다. 이처럼 우리도 어지러운 세상에 휘둘리지 않고 평정심을 지녀야 할 것이다. 기적이 일어나길 원하지 말고 만들어 나가야 한다. 삶의 의미는 발견하는 것이 아니라 자신이 만들어 가는 것이기에 바이러스에 견디는 일에 최선을 다하여야 할 것이다. 나부터 실천하리라.

9월 9일

아침으로 시작해 오전과 오후를 지나 저녁을 맞는다. 이윽고 밤이 찾아오면 곧 새벽을 다시 만나게 되리라. 그렇게 한 바퀴를 맴돌면 반복되는 시간이 그 자리에 그대로 있다. 변하는 것은 그 아침을 보내는 나의 얼굴이나 가슴일 뿐이라는 생각을 한다. 닮았지만 또 다른 저녁이 왔다. 어느새 함께 하며 포근한 산새의 둥지를 튼다.

가을 기운 품기 시작한 숲길은 여름과는 또 다른 기운을 내뿜는다. 가까운 숲을 찾아 가을이 오는 소리 들어보길 권하게 된다. 매서운 추위가 이어져도 어김없이 봄은 찾아오듯 폭염과 지루한 장마도 찾아드는 가을의 기운에 잦아든다. 세상에 아름다운 것들이 얼마나 오래 남을까를 생각한다. 한여름 거친 소나기에도 굳게 버텨낸 배롱나무 꽃들도 이제 지기 시작한다. 우리네 삶도 하나의 바람이다. 이 바람에 사람들도 휩쓸린다. 그러면서 본래의 자신도 흔들린다. 탐욕과 증오가 부자유를 이끈다. 이 고통을 이기지 못해 괴로워한다. 이를 비우지 못하면 선한 나를 되찾기 어렵다. 지킬을 지키지 못하고 하이드가 되고 말 것이다.

어찌하면 될까. 나무가 받은 물을 다시 내놓고 비워 옹달샘을 채운다. 이 비움의 나무 생을 배워야 한다. 하늘 아래 모든 것이 홀로 서 있듯이 지나친 사랑과 미움도 없애고 자신을 이겨내 맑음을 유지하리라.

9월 12일

빨간 등대에 젖은 달이 내렸다. 파도에 떨어진 별들이 아우성이다. 까만 바다는 그제야 신음하고 아픈 세상을 담는다. 햇살 숨소리 선명해질 내일은 만선을 꿈꾸는데, 빈 배는 모두 어디로 갔을까. 몸에서 하얀 백합이 핀다.

가을바람에 일렁이는 코스모스에 앉았다가 꽃향기 묻힌 채 어깨 위로 날아와 날개를 흔드는 고추잠자리 그 위에 가을 햇살이 따사롭게 내려와 있을 때 굽은 등을 한 어머니가 떠오르니 이 가을이 우리를 사무치게 한다. '당신이 계시기에 참 행복합니다.'

무덥고 길었던 여름이 지고 기어이 가을이 왔다. 가을은 우리에게 쉼을 선물한다. 아침 산책을 반송재 쪽으로 잡았다. 살랑대는 솔바람의 입을 빌려 이제 가을 노래를 부른다. 여름 내내 그늘이 짙은 다른 길을 걸었기에 찾고 싶었다. 봄날에 야생화 찾아 벚꽃 흐드러져 꽃눈 내리는 이 길을 걸었던 기억이 떠올랐다. 모두 지고만 야생화 떠올리며 안녕한지 묻는다. 산다는 것이 때로는 낯설 때가 있다. 그들과 함께 했던 그 길이 이제는 새로운 이야기를 품기 시작한다.

숲에는 가을 야생화가 오롯이 피어난다. 이질풀과 타래난초 그리고 쥐꼬리망초가 수줍게 꽃을 피워 가을이 왔음을 알린다. 이어서 며느리밥풀꽃과 등골나물꽃, 수까치깨꽃과 차풀꽃도 가을을 노래하며 웃어준다. 그들과 반가이 미소 나누었다. 그윽하고 부드럽게 반송재는 나그네를 맞는다. 숲은 초가을의 울창한 푸름을 한껏 뽐낸다. 바라보며 그저 동그랗게 미소 짓는다. 가파른 절벽을 등지고 임도를 아스라이 걷는다. 이른 갈바람을 품고 경이로움으로 가득한 절벽을 산새 두 마리가 비상한다. 바람도 함께 뚫고 휘돈다. 평화로운 정경이다.

우리는 매일 어떤 형태로든 길을 간다. 조용히 홀로 음악을 듣던 좋은 사람들과 맛있는 저녁 식사를 하든, 들길을 걷든, 모두 산책이라는 생각을 한다. 우리가 함께 산책할 수 있는 길이 더 많다면 얼마나 좋을까. 그리고 새삼 또 생각한다. 이 세상에 단 하나의 길만 있을 수 없듯, 모두가 같은 길을 걷는 것처럼 보여도 실은 모두 다른 길을 걸어가고 있는 것이다. 그러니 하나의 노래도 모두에게 다른 노래로 남게 된다는 것을. 블로그 이웃이 고단할 때 들어보라던 쇼팽 녹턴 20번, 피아노 선율이 경쾌하게 이어폰 통해 흘러내린다. 나지막이 따뜻한 음악처럼 걷노라면 미처 보지 못했던 자연의 생명과 삶들이 아주 작은 나를 보듬고 안아주는 것을 느낄 수 있다. 그러니 시간이 개입하는 모든 자극은, 산책이다. 모두가 그렇게 자신만의 산책을 즐겼으면 좋겠다. 다양한 길 위에서 모두가 위로받는 삶이기를 바라게 된다. 영원을 호흡한다.

걸으면서 떨쳐내지 못할 상념은 없다 하였다. 텅 빈 머리가 된다. 멍하니 먼 수평선을 바라보며 섰다. 반짝반짝 빛나는 눈에만 풍경이 비치는 것은 아니다. 아름다움 다음으로 중요한 것은 그것을 감상하는 것이다. 아무 생각 없이 자연의 아름다움을 바라볼 때 그 풍경이 눈물에 고인다. 멍한 눈이 아름다울 수 있다. 멍한 눈은 멈춤이고 쉼이며 고요한 마음이다. 아름다운 눈에는 지나간 풍경도 겹쳐지며 태어나지도 않은 풍경이 달려오기도 한다. 의미 있는 아름다운 풍경이 잘 고이고 한꺼번에 여러 풍경을 담을 수 있다. 살며 우리 삶에 무언가 꽉 차 있거나 쫓기는 듯한 느낌이 있을 때 우리는 비워야 한다. 스스로 멈추어서 쉼표와 공백을 활용해야 할 것이다. 공空이다. 평온한 마음이 된다.

산기슭 정자에 걸렸던 바람이 내게로 와 나를 흔든다. 살아가려고 안간힘을 쓰는 나무만이 흔들린다. 살아남기 위해 더 깊은 뿌리를 내린다. 많이 흔들려본 경험 덕분이다. 삶도 사람도 다를 바 있겠는가. 시련과 실패에 흔들려본 이가 단단하게 걸어갈 수 있다. 전망대에 서서 사유한다. 내 마지막 소명은 고향으로 돌아온 데서 그치는 게 아니라 숲에 머물면서 돌아오는 이들을 반가이 맞아주는 거구나…

하고 다시 나를 타이른다. 가을 내내, 자주 이곳 찾아들어 잠시 멈춰 서서 산다는 느낌을 가져야 하리라 다짐해 둔다. 가을이 깊어갈수록 우리는 잠시 멈추어서 치열했던 봄, 여름을 돌아보며 소중한 것이 무엇인지 다시금 생각하고 나아가야 하기에. 우리는 어디서 왔는가, 인간 본질을 성찰하는 시간이다.

9월 14일

풍경은 안부를 묻지만 또 가을은 어디서 왔는가. 수채화 색 바래고 난 뒤 소나기 웅장한 장대로 득음하고 왕매미 유장한 곡성으로 득도하니 지천을 윽박지르던 천둥과 번개 즐거이 음계를 쓴다. 여름 소리들 유화로 지고 마니 지난여름 파란 기억도 훈풍 따라 가만히 지난다. 어쩌지 못해 찻잔 들고 모차르트를 만나는 감성아.

백일홍은 이 여름 저녁을 견디기 힘겹다. 드디어 가을의 소리 밀려온다. 모든 잎이 꽃으로 다시 피어난다. 또 한 번 봄이다. 계절의 깊이를 묻는 것은 정말이지 의미가 없다. 문 열지 않아도 가을은 바람 타고 가슴으로 스며들고 집을 비워도 창틈을 헤집고 햇빛 따라 창을 넘는 가을이다. 꽃이 한껏 펴져 가을이 되고 안으로부터 물든다. 가을은 아직 설익었어도 가슴에 영근 것이 있어 나도 모르게 뒤돌아보는 오늘이다. 잠자리 바람 따라 무리 지어 파란 허공 메우니 살랑살랑 내 가슴에 저미고 심연처럼 깊은 곳에서 사랑을 기워낸다.

어디선가 들려오는 풍경 소리 처연하다. 물이 깊으면 소리가 나지 않는 법이다. 아물기 어려운 상처는 눈물보다 진하고 돌아선 풍경이 차갑다. 모진 삶은 세상을 다녀가는 바람의 울음이다. 고운 하늘빛이 진한 그리움에 어지럽다. 잎이 다 떨어진 나무들이 일렬로 서있는 산등성이에 산새가 낙엽의 운명을 걱정한다. 산들바람이 길게 가을을 노래하니 가녀린 코스모스 갈바람에 흔들린다. 바람이 내 마음을 흔든다. 삶도 흔들린다. 세상에 저 홀로 흔들리는 것 있을까? 세상사 짐 내려놓으라고 힘겹게 속삭인다. 시간과 함께 둥글게 깎이고 있는 몽돌. 그러고 보니 당신은 늘 나의 가을이었다. 거무스름한 밤에 숲에선 귀뚜라미 지저귀고 황금 들녘에는 참새 날아들어 몰래 우는데 달그림자 내린 대청에 발 포갠 아이 둘, 누워 책 넘기는 그들 즐거운 노랫소리 허공에 퍼진다. 지난여름 우리의 날이 이젠 바랬을지라도….

9월 15일

북병산을 다시 오른다. 오늘은 심원사에서 오르는 길을 선택하였다. 해발 465미터이지만, 최단거리 코스이어서인지 다리골에서 오르는 것보다 산길이 가파르다. 그늘사초가 바람에 흔들리며 건조한 숲을 짙은 초록으로 물들인다. 천천히 호흡하며 오른다. 한발 한발 천천히 디디며 숨소리에 집중한다. 마냥 쉽게 볼 산은 없다. 높진 않지만 맵다. 숲은 매미가 마지막 울음 울며 가을을 밀어내려 하지만 가을 기운 품은 길은 오늘따라 유난히 나비가 많이 날아오르며 길손을 반긴다. 범나비가 꽃무릇에 내려앉는다. 두 다리로 산을 오르며 거친 숨으로 높은 것 배우고 푸름과 맑음을 보며 자연을 대한다. 그리하여 세상을 만나고 내가 나를 만나는 것이 산에 오르는 진정한 즐거움임을 느낀다.

즐기는 사람을 이길 수 없다고 하였다. 비록 느린 걸음이지만 힘들어도 걷는 것을 즐긴다. 언젠가부터 절박한 마음으로 걷기에 매진하는 나를 만나며 놀라기도 한다. 용기가 생긴다. 더욱 대담하고 세심해진다.

정상에 올랐다. 어느새 발아래 세상이 놓여있다. 구름이 손에 잡힐 듯하다. 시원하고 훈훈한 바람이 불어온다. 산 정상에 서야만 느낄 수 있는 맛과 멋 그리고 쾌감은 감당하기 어렵다. 누구도 다가서지 못할 고독, 거친 숨에 녹아

내리고 드디어 통증이 가신다.

9월 17일

한가위를 앞두고 가을 태풍이 북상한다. 제주도와 남부 지방을 지나간다고 한다. 서태평양 작은 태풍도 세상을 바꿀 용기는 품는다. 괌에서 생성한 14호 태풍 찬투는 꽃 이름 얻어 활동하기 시작하였으나 이름과 달리 거칠다. 제주도에 많은 피해를 입히고 북상해, 오전에는 약하게 내리던 비가 오후엔 강풍과 함께 폭우가 쏟아졌다. 바람에게서 비린 살내가 풍기고 비바람은 세상 흔들 힘 키웠다.

잠시 소강상태를 틈타 밖으로 나왔다. 바다가 불러 지세포구에 왔건만 어울리기엔 힘겹다, 갈매기라도 합류하면 힘이 되련만 어디에도 그들은 존재하지 않는다. 바다가 거칠게 요동한다. 평온했던 바다는 거대한 파도를 숨기고 있었다. 온통 하얀색을 드러낸다. 앙상한 팔로 바람을 겪는 지느러미들. 고개 내민 갯지렁이 뻘 속으로 더 깊숙이 숨어든다. 물새는 까마득한 절벽 올라 산으로 피하고 하늘은 더욱 짙은 그늘 드리운다. 자연의 정화운동 매섭게 시작한다. 멀리 등대만이 힘겹게 맞선다. 등대는 외롭다. 잿빛 하늘을 불러 내리고 서둘러 피항하는 긴 배도 불러들여 놀자 한다. 그를 위협하던 높고 긴 거친 파도가 기어이 배 몸속으로 침투한다. 차 안에서 커피를 들고 일렁이는 먼 수평선 응시한다. 밀려드는 하얀 파도가 두려워 색안경을 걸치니 온통 짙푸르다. 두려움 엄습한다. 피할 수 없는 자연현상 태풍, 움츠러든 어깨가 더욱 작아진다. 자연 앞에 나약한 인간, 어린 날 마을 휩쓴 기억 속 태풍 베티 스친다.

두 팔을 벌려 거친 바람 마셔본다. 가슴이 바람에 타들어간다. 왠지 누가 올 것만 같다. 굽은 등이 꺾어진 허리가 스쳐 간다. 등대는 쉬어가기만 하는 곳인가. 주기만 해야 하는가. 긴 한숨을 삼킨다.

9월 18일
태풍이 물러가고 파란 하늘이 뭉게구름 수놓았다. 이제 가을이 곱게 익어갈 것이다. 가을이 오면 지난날 그리도 그리워 새처럼 울 것이다. 스치는 붉음, 사랑만 남기고 모두 태우자며 따사로운 햇살에 가을이 바스락 타들어 간다. 온기로 남아 너의 겨울은 뜨거움 품기를. 모든 것 사랑하기를.

서이말 등대를 향하다 연지봉 와현 봉수대 가는 길로 접어들었다. 느리게 산을 오르는데 꽤 길게 오르막이 이어진다. 거친 숨 이래로 가는잎그늘사초가 너울댄다. 장관이다. 그늘사초 아름다움에 흠뻑 빠진 어떤 이가 거제시의 도움으로 그늘사초 산책길을 조성 중인 것으로 안다. 관광거제의 명소를 꿈꾸는 그의 소망이 이루어지길 바라게 된다. 억센 멧돼지의 주둥이도 보인다. 긴장하며 오르는데 태풍 찬투가 건넨 상흔이 듬성듬성 길을 막기도 한다. 막힌 길을 돌고 돌아 연지봉 정상에 이르러 봉수대에 올랐다. 바다 위로 펼쳐진 절경이 한눈에 들어온다. 온통 자유가 넘실거린다.

계절이 시간을 지우며 흐르는 동안 먼 나무부터 나에게 걸어와 말을 건다. 가을은 나무가 꿈을 꾸는 계절, 그리움이다. 사랑이다. 바스락 잎이 다시 꽃이 되길 석류는 꿈꾸고 그 사이를 스치는 바람에게선 유독 낙엽의 맛이 돈다. 붉어진 가슴 품은 채 어둠이 오기까지 느리게 걸어가리라. 소나무는 오롯이 푸르디푸르다. 삶은 속도의 문제가 아니고 방향의 문제임을 다시 인식하며 긴 날숨 토하고 하산 길에 들어섰다.

9월 21일
어머니의 한가위

한가위까지 가득 채웠을 달의 기다림이 힘겹기만 합니다. 어머니, 당신의 언덕을 보는 시간이기 때문입니다. 세상에서 무거운 것 중 하나 달구지에 태운 어머니 세월이지요. 누런 들녘에 나가 휘이휘이 참새 쫓으며 토실하게 말려 햅쌀로 차례 상 준비하고 며느리 힘 빌려, 숲이 된 과수원에서 늙은 알밤 여러 알 주워 솔 향 가득 송편 빚은 주름진 손은 기어코 큼지막한 보름달 만들었습니다. 아까운 것이 흐르는 시간뿐일까요. 한평생 일으켜 세웠던 당신 허리 마침내 굳었습니다. 참 오래도 버티셨어요. 뼈를 드러낸 물고기 잔등처럼 서럽습니다. 소리 내어 우는 것은 슬픈 게 아니지요.

한가위 둥근달, 들판을 내려다보는 먹구름이 가렸습니다. 빈 들판이 아니라 그나마 다행입니다. 거친 삶의 변방에서 자식들 돌아와 걸터앉은 툇마루가 삐걱거립니다. 여섯 형제 헤진 양말 구멍 꿰맸던 어머니 골무는 멍이 들었습니다. 반짇고리 함 손끝은 아직도 맵기만 합니다. 지난 이야기 도란도란 나누는데 동그란 가을 저녁은 애잔하게 젖어들고 만개한 채 달을 따르는 구절초는 영글어 따뜻한 위로가 됩니다. 샘은 얼마큼 퍼내어야 마를까요. 올해가 마지막이지 싶다는 어머니의 그 마른 말이 상처입니다. 등이 굽을수록 삶은 더 치열하겠지요. 뜨겁게 품어 봅니다. 한가위 저녁은 코끝부터 온 가슴으로 밀물처럼 쉼 없이 찾아듭니다.

눈물이 달을 키웠습니다. 달이 타 오릅니다. 달빛 속 동그란 미소는 당신에게서 배운 것이지요. 달이 기웁니다. 곧 터질 것 같은 물집의 부드러움이 가슴을 데웁니다. 고개 숙인 할미꽃처럼 이제는 슬픔입니다. 어쩔 수 없이 내려앉는 어머니 머리 위 모래시계가 어느 듯 썰물을 끕니다. 온몸이 달빛 소나타로 물들었습니다. 교묘하게 파고드는 통증이 녹슨 그리움을 닦고 있습니다. 어머니, 당신께서도 아버지가 그리우시지요.

9월 23일
추억하며…

그 해 봄, 남들 꽃 피울 때 파랗게 참아내었다. 그리도 사람이 그리워도 봄꽃이 범나비 유혹해도 묵묵히 견뎌낸 설움이 침잠하였다. 슬픔이 깊어지면 소리 내어 울지 않는다. 안아주지 않더라도 가슴은 열어두어야. 며칠째 아무런 일이 일어나지 않더니 길섶 배롱나무 기어이 꽃망울 동그랗게 터뜨리고 뭉게구름 담더니 그리움 가득하다. 길 건너 나그네에게 손 내미니 고귀한 사랑 나눈다.

꽃 무릇도 단풍도 물드는 계절, 생을 다하면 어디로 가는 것인가. 비 오면 떠날 갈 듯한 사람이 그립다. 생의 한 꺼풀을 벗는 순간은 이렇게 홀가분한 것인가. 새 목구멍으로 들어가는 짙은 울음 바라본다. 오늘은 어떤 진심을 숨기며 살아가는가. 옥녀봉 푸른 솔이 내려다보며 천년의 미소 지으니 울음 가득 문 아이 입술에선 꿈 냄새가 난다.

날은 간다
나비 날개 애무했던 봄날은 저 멀리 가고 없고
아쉬운 여름날은 눈물로 지새우며 보내 버리고
고추잠자리 붉은 꼬랑지는 가을마당에서
자랑하며 노래한다
꾸르 꾸르륵
물새 소리 교태롭게 메아리치니
물끄러미 무아경의 어린 사슴은
겨우 여린 웃음만 배워 미소 짓는다
하얀 눈 곱게 내리는 겨울날에는
사랑을 할 수 있으려나 몰라
동그랗게 몸을 말고 있는 어둠 속에서
하얗게 개망초 핀다
그렇게 또 날은 간다.

9월 25일
너무 늦은 깨달음
약간의 땅과 암소 몇 마리를 키우면서 행복하게 살고

있는 농부가 있었다. 어느 날 도시에서 의사로 일하고 있는 사촌동생이 농부의 집에 놀러 왔다. 사촌동생은 농부가 지금까지 듣도 보도 못한 여러 가지 물건과 도시 생활의 편리함에 대해 자랑을 늘어놓았다. 처음에 신기해서 귀를 기울이던 농부는 이내 서글퍼졌다. 자기만 촌구석에서 궁상맞게 살고 있다는 기분이 들었다. 그러자 사촌동생이 지금이라도 늦지 않았다며, 비결을 알려주었다. 은행에서 돈을 빌려 땅과 가축을 사고, 그 번 돈으로 더 많은 땅과 가축을 사라고 했다. 그렇게 계속해서 땅과 가축을 사서 큰돈을 벌고 나면, 도시에 사는 사람들도 형님을 부러워할 거라고 큰소리쳤다.

농부는 마음이 불끈 달아올라 사촌동생이 시키는 대로 했다. 하루도 쉬지 않고 파김치가 될 때까지 일만 했다. 땅은 물론이고 암소와 트랙터와 수확용 기계도 사들였다. 꼭두새벽부터 해질 때까지 농부는 입에 단내가 나도록 일만 했다. 은행 빚을 갚느라 한 푼도 쓰지 않고 알뜰하게 돈을 모았다. 물론 땅과 가축을 더 많이 사들일 욕심으로, 그 뒤로도 줄기차게 또 빚을 졌다. 이윽고 농부는 죽도록 일만 하다가 늙은이가 되었다. 온몸이 쑤시고 저려서 그는 결국 의사 사촌동생을 찾아갔다.

사촌동생은 농부를 이리저리 진찰하고는 점잖게 경고했다.

"쉬지 않으면 형님은 오래 못 사십니다. 제가 시키는 대로 하세요. 땅을 전부 팔고 암소 몇 마리만 남겨 두세요. 손바닥만 밭뙈기만 갈아도 얼마든지 왕처럼 살 수 있잖아요? 제 말을 믿으세요. 제가 이래 봬도 알아주는 의사니까요. 욕심 없는 단순한 생활이 건강의 열쇠입니다!"

농부는 이 말을 듣고는 사촌동생에게 벌컥 화를 냈다.

"젠장, 왜 삼십 년 전에 그 말을 해주지 않았어? 그랬으면 평생 이 고생을 안 했을 것 아냐!"

유대인의 인생철학이 담긴 글 다시 만나 음미하였다. 다른 사람에게 인생을 조언할 때, 틀리다고 말하지 말고 다르다고 말해야 한다. 입술의 30초가 가슴의 30년이 되기도 한다. 말 한마디가 누군가의 인생을 바꿀 수도 있지 않겠는가. 깊이 사유할 일이다.

9월 27일

숲, 끊임없이 나에게 다가와 의미를 부여하려 한다. 숲속 은둔자 뱀이 내 앞을 지나간다. 짐짓 놀라움 감춘다. 그의 영역에 내가 침범하였다 생각하니 사람을 피해 달아나는 그가 괜히 미안하고 고맙다. 꼬불꼬불 이어지는 임도 따라 느긋하게 걷는데 길가에 나이든 박달나무가 탐스런 연분홍 열매를 주렁주렁 많이도 달고 있다.

　모내기를 마치고 나면 농사일에 수고한 소들을 먹거리가 풍부한 반송재와 다리골에 방목을 하였다. 어린 날이 아련 거려 눈을 감는다. 소를 산에 풀어놓고 사나흘이 지나면, 소들이 잘 지내는지 확인하려 동네 친구와 형들이 어울려 산속을 헤매며 소들의 안위를 챙겨야 했다. 그때 어름이며 다래와 더불어 즐겨 따먹던 토종 과일이 이 박달나무 열매였다. 손을 뻗어 몇 개를 따 입에 넣고 음미한다. 이제 함께 할 소는 없지만, 어린 날 추억을 고소하게 깨문다.

　세상에서 가장 짙은 노란색을 뿌려 놓은 것 같은 나비가 머리 위를 날아올라 나를 따른다. 노랑나비는 사람을 두려워하지 않는다. 사람이 무서워 멀리 달아나는 저 고라니는 왜 나를 피할까. 네가 나에게서 떠나갈 때 숲에서의 내 삶이 열리는가. 더불어 살아갈 수는 없을까….

　오늘은 다리골 임도 따라 구조라 성까지 갈 요량을 하였다. 길섶에는 께묵 꽃에 꿀벌이 앉아 꽃가루를 탐하고 이질풀과 물봉선화 그리고 참취가 꽃을 피워 가을을 노래한다. 가을 야생화는 소박하지만 청초하게 피어나고 억새도 하늘거린다. 사랑스럽기 그지없다. 우리의 몸과 자연 사이에 아무런 장벽도 없는 상태로 더욱 많은 시간을 보낼 수만 있다면 얼마나 좋겠는가. 그래서 더 작은 것으로 만족하는 법을 배운다.

  두 시간 넘게 꽃 향 품고 살랑거리는 갈바람 따라 걷는데 길이 끊긴다. 세월이 숲을 덮었다. 아니 길이 숲에 들었다. 멈추어 서게 만든다. 당당했던 소나무는 왜 저렇게 쓰러질까? 아름드리 늙은 소나무가 뿌리째 뽑혀 길을 막았지만 어렵사리 넘어섰다. 하지만, 산길이 거칠어 더 이상 나아가기 힘들다 판단하였다. 한 그루 고사목은 푸르렀던 그 자리에서 그대로 자연으로 돌아가고 있었으니.

  성급할 것도 없는데 지름길 찾다가 빠르기는커녕 어려움에 직면할 수 있음을 알게 된 시간이었다. 날빛 부서져 오는 먼 하늘에는 종다리 날아간 끝은 없다. 오래전부터 흥얼거리며 혼자 행하였던 걸음. 걸어온 길 뒤돌아보며 어설프게 고개 끄덕임 해본다. 다시 마음 다잡고 먼 길을 되짚어 나선다.

9월 30일

  이틀째 내리는 비와 함께 가을이 익어간다. 무릎이 푹 빠진다. 문 열지 않아도 가을은 바람 타고 가슴으로 스며들고 집을 비워도 창틈을 헤집고 햇빛 따라 창을 넘는 계절의 하루가 저문다. 거무스름한 밤, 숲에선 귀뚜라미 지저귀고 황금 들녘에는 참새 날아들어 몰래 우는데 지난여름 우리의 날이 이젠 지났어도 아쉽지 않다.

바다가 공간을 연다. 숲으로 오는 느슨한 연락선이 기적을 울린다. 가을, 감처럼 익어가리라. 결코 그 무엇에도 흔들리지 않고서. 과거를 극복하고 미래를 설계하는 것이 이리도 힘들다는 것을 새삼 느끼고 자각하는 오늘이다. 우리는 어떻게 살고, 어떻게 실천하고, 어떻게 마음을 다잡아야 할지를 묻는다. 일렁이는 바다 바라보고 서서 침묵으로 응대한다. 굳건한 침묵이자 절절한 고독이다. 지그시 눈을 감는다.

10월 1일

초록이 지겨운 가을 나무들 바라본다. 시리도록 오늘 가을은 너무 깊다. 소 눈처럼 맑은 날, 낙엽 위를 걸어도 넌 아직 따뜻함을 지니고 봄인 냥 붉게도 찬란하다. 기댈 곳이 허공뿐인 나무는 밤이슬이 몰래 키운 숲으로 들고 은은한 억새 위로 사뿐히 앉는 흰나비 문득 그리움이 내리고 그제야 나비는 눈을 뜬다. 고통도 슬픔도 바람 따라 고요히 흐른다며.

시월. 지난날 그리도 그리워 새처럼 울었다. 스치는 붉음, 사랑만 남기고 모두 태우자. 따가운 햇살에 가을이 바스락 타들어간다. 온기로 남아, 너의 겨울은 뜨거움 품기를, 모든 것 사랑하기를.

시월은 나무가 그리운 꿈을 꾸는 계절. 바스락 잎이 다시 꽃이 되길 석류는 꿈꾸고 그 사이를 스치는 바람에게선 유독 낙엽의 맛이 돈다. 붉어진 가슴 품은 채, 어둠이 오기까지 느리게 걷는다. 시월의 꿈을 꾸기 시작하였다.

숲을 빠져나와 낯선 바다에 왔다. 처음 와보는, 수평선이 끝없이 펼쳐진 인적이 없는 한적한 곳이다. 소나무 세 그루 처연하게 아름답다. 천천히 걷다 홀로인 나무의자에 걸쳐 앉아 다리쉼을 한다. 맑고 시린 가을날을 적시는 바람이 위로를 건넨다. 바다 소리는 점점 깊어만 간다. 이곳에 자주 올 것만 같다. 사랑은 새로운 사랑으로 잊는 것처럼 잠시 동안 내 바다를 떠나 이곳을 자주 찾을 듯하다. 삶에도 여백의 공간이 있어야 좋음을 생각하게 한다.

10월 3일

단학은 사람이 천지 기운을 이용하여 심신을 완성에 이룰 수 있도록 하는 우리 민족 고유의 학문이다. 부동심의 결여로 중단하였던 단전호흡을 한가위 둥근달 바라보며 다시 시작하리라 다짐하였고 단군이 하늘을 연 개천절을 계기로 단학 수련의 길을 다시 걷는다.

단학은 고귀한 민족 고유 수련이며 시간과 힘이 드는

단련이다. 단학에 시달리지 않고 수련을 즐기는 단학인이 되리라고 결심하였던 초심을 생각한다. 1997년 12. 15일 처형의 권유로 입문하여 수련과 멈춤을 이어가다 이젠 일상에서 단전호흡, 장운동과 단전치기 그리고 뇌 호흡을 틈틈이 하는 것으로 만족하여 왔다. 이제 숲에서 수련을 다시 시작하기로 하였다. 흔들림 없이 임하리라 굳게 다짐한다.

지세포 항이 내려다보이는 정자에서 단전 치기와 장운동을 시작으로 몸과 마음의 긴장을 풀고 49배를 하며 감사하는 마음을 갖는다. 온몸이 땀투성이가 되며 심신이 개운해졌다. 행공을 이어가며 단전호흡을 한다. 정좌하고 명상에 들어갔다. 백회를 열고 마음의 숨 기둥을 청정한 하늘 중심에 꽂고 뇌 호흡을 한다. 천지 기운을 받아 마음의 손으로 뇌혈관의 아픈 부위를 만져주며 천부경을 암송한다. 뜨거운 열감이 머리로 전해진다.

오래전, 이틀간의 심성 수련에 참가하여 꼬박 눈물과 함께 보낸 기억이 있다. 마음속에 품고 있는 불신과 증오와 미움과 시기를 벗어던지면서 나도 모르게 긴 울음을 울었었다. 이 과정을 겪으면서 눈물의 진정한 의미를 느꼈다. 모든 고뇌와 마음속 찌꺼기를 눈물로 씻어내니 남은 것은 정화된 맑은 심성뿐. 울음 속에서 수련을 마친 사람들 얼굴은 그야말로 맑고 밝은 모습이었다. 사랑이 넘쳐나고 누구나 뜨거운 가슴으로 안아주며 위로해 줄 수 있는 넉넉함이 충만했었다.

신체적 불편함으로 인해 가슴이 작아져 살아가던 나에게, 장애는 몸이 불편할 뿐 삶을 머뭇거리거나 포기할 아무런 이유는 없음을 깨닫는 시간이었다. 원 없이 눈물 흘리며 '나는 누구인가'를 묻고 물질세계에 대해 무상함을 느꼈던 그 심성수련과 내가 간절히 원하는 것을 나에게 물었던 21일간의 영기통 수련 때가 떠오른다. 수련 후 일지에 메모하였던 글을 찾아 펼쳤다.

"우리는 모두가 나름대로의 능력과 꿈을 안고서 이 세상에 왔습니다. 우리는 그 능력을 찾아내어 이를 이용하면서 꿈을 채워갑니다. 그것을 인생의 도전이라 하지요. 사람은 저마다 아주 다른 여건 속에서 이 일을 해내지 않으면 안 됩니다. 그런데 우리에게 주어진 능력은 이 세상에 사는 사람의 수만큼이나 다양하지만, 우리가 끊임없이 갈망하는 그 꿈은 누구에게나 다 똑 같습니다. 그 꿈은 우리에게 가장 큰 기쁨을 줄 수도 있으며 또한 가장 큰 괴로움이 될 수도 있으니 바로 그 누군가와 더불어 삶을 함께 나누려고 하는 간절한 꿈입니다. 나는 모든 사람에게 그 무언가가 되기를 바라지 않습니다. 다만 그 누군가에게 그 무엇이 되고 싶을 따름입니다.

부디 저에게 능력을 주십시오. 다른 이를 이해할 수 있는 능력을, 다른 이에게 단순한 타인 이상의 사람이 될 수 있는 능력을, 이 세상에서 내게 주어진 일을 다 이루어 낼 수 있는 능력을 그리고 내가 살아가는 동안에 만나는 이 모든 세계를 따뜻하게 극복할 수 있는 힘을 저에게 주십시오."

간절히 원하였던 마음이 깊어 보인다. 당시의 삶에 대한 철학 접하며 지금의 나를 돌아본다. 다시 수련에 들어가며 나는 진정으로 이를 통해 무엇을 구하려는지 생각해 본다. 부동심을 다짐한다. 걷기와 호흡 그리고 명상은 내 삶이 되어야 하리라.

때로 세상은 아직 받아들일 준비가 되어 있지 않는데도 나에게 무엇인가를 주려한다. 지금이 그렇다. 내가 진정으로 받아들여야 할 것은 바로 나이다. 자신을 받아들인 후에는 그 밖의 다른 일은 저절로 이루어질 것이다. 더러 이루어지지 않는 일이 있더라도 더 이상 문제가 되지는 않을 것이다.

나는 물이어야 한다. 물처럼 자기 존재를 버리고 사람들 몸속으로 흘러 들어가 피가 되는 존재여야 할 것이다. 또한 물처럼 세상 구석구석으로 흘러가 모두를 적시리라는 크나큰 꿈을 품었던 그때의 나를 사랑하지 않을 수 없다.

10월 6일

반짝이는 이 **가을날 풍경**을 오랫동안 서서 꼬부랑 숲길이 꺾여 보이지 않는 곳까지 응시하며 나를 바라본다. 그리곤 아름다운 풍경을 한 장의 사진에 담아둔다. 낙엽이 내려앉은 다른 길에 들어서며 돌아갈 길을 생각하며 겸손해진다. 계절은 소리 없이 흘러 시냇물 소리는 작아졌다. 어둑해진 겨울날에 꺼내보리라는 다짐을 하며 이 가을 남아있는 온기를 저장한다.

숲을 벗어나 문화나들이에 나섰다. 새로이 조성되었다는 거제의 복합 문화 공간 '아그네스파크'에 왔다. 둔덕항이 내다보이는 큼직한 공간에 문화 향기가 그윽하게 퍼져 있다. 시린 가을 하늘 아래 한참을 머물며 즐긴다. 커피향이 그윽하니 낯선 바다가 좋아진다. 자주 올 것만 같다. 어떤 곳에 의미가 생기는 순간 특별한 곳이 되기에.

10월 8일

북병산 아랫동네 다리골에 들어서서 이제껏 가보지 않은 길로 들어섰다. 언젠가 들어서리라 예정하였던 미지의 길이다. 사람의 발길이 많이 들지 않아 숲이 우거졌고 야생화가 즐비하게 피어있다. 쾌재를 부른다. 샛노란 미역취, 고들빼기와 쑥부쟁이가 길가에서 한창이다. 숲이 깊어진다. 멧돼지 흔적이 보인다. 설렘과 조금의 두려움이 겹치며 양가감정이 인다. 잠시 후, 억새 군락지가 눈앞에 펼쳐졌다. 멈추어 섰다. 바람에 일렁이는 억새와 더불어 덩달아 하늘거리며 춤춘다. 억새는 향기가 없다. 고독을 즐기며 그저 흔들릴 뿐이다. 나도 따라 흔들리며 나아간다.

삶에 여백이 많아야 사랑과 행복을 채울 수 있게 된다는 것은 진리이고 지혜임을 생각한다. 고슴도치는 작은 몸통에 3만여 개 가시를 지니고 있지만 이 많은 가시를 피해 암수가 서로 보듬고 사랑하며 살아간다고 한다. 여백의 묘를 살리는 지혜를 지니고 사는 것이다. 사람도 수많은 가시를 세우고 살아간다. 관계하며 갈등하고 바늘처럼 가시가 돋친 말들로 생채기를 내며 삶을 이어간다. 우리도 고슴도치처럼 지혜를 앞세워 부드러운 말로 사랑 나누며 살아가면 얼마나 좋겠는가.

10월 9일

무념무상으로 숲길을 걷고 있는데 손전화가 울린다. 지난여름, 벗들과의 저녁자리에서 배 띄우고 낚시를 하고 싶단 말을 하였었다. 이를 기억하였던 벗이 오후에 배를 띄워 선상낚시 하자는 소식 전한다. 새로이 만난 이와의 낚시보다는 오랜 친구들과의 낚시이기에 더 좋을 것이다.

좋은 동행에 나쁜 낚시란 없을 것이기에 즐거움은 배가 되었다. 망망대해에 조각배 띄워놓고 낚싯대 드리우고 태평양을 꿈꾸며 낭만을 즐기리라 생각하니 설렘이 가득 밀려왔다. 남은 삶을 바다 향 곁에 두고 살아가겠다는 벅찬 소망이 있었기에 어느새 기쁨으로 충만해진다. 낚시는 인생을 사는 방법이며 인생 축소판이라 하지 않았던가. 바다 앞에 서면 되살아나는 위대한 숨결은 탯줄로 이어진 것이리라.

배를 띄우고 잔잔한 물결에 손 담그니 너무 좋다. 갯바위가 펼쳐진 바다 한가운데 닻을 내리고 낚싯대 드리우니 이내 첫 수로 친구는 큼지막한 술비를 낚아 올린다. 노래미, 볼락, 모래무지, 흑돔, 우럭, 쥐치 등 다양한 어종이 낚여 올라온다. 거제도 청정해역은 물고기 천국이었다. 금세 어항을 채운다. 낚시의 즐거움은 고기를 낚는 데에만 있는 게 아니라 고기가 잡히는 곳에도 있음을 느낀다. 낚시는 사랑을 나누는 것과 비슷하다. 그래서 직접 해보아야 그 만족감을 알 수가 있음을 새삼 느끼게 된다.

어부의 꿈을 사랑하였던 아버지를 기억한다. 평생 농군이었던 아버지는 바다 위 어부를 부러워하셨다 그립다. 잠시 눈을 감고 바다의 언어를 듣는다. 속삭이는 밀어처럼 부드럽게 마음을 적시는 바닷소리, 멀리서부터 이어진 은빛 윤슬은 거친 심신 다독여준다. 불어오는 바람은 알고 있다. 자연을 벗 삼아 살아가리라는 내 바람을. 인생의 의미는 짜릿한 입질을 느낄 때 이해가 더 잘 되는 법이리라. 바다에 기대어 살아가는 물빛 닮은 고향 사람이 풍경으로 지나간다.

10월 10일

모든 존재 안에 내가 들어 있다. 내 안에도 모든 게 들어 있다. 나는 타자를 통해 발현되므로 나는 나를 위해 타자에게로 향한다. 기왕 이번 세상에 왔으니 잘 살아보자 생각한다. 행보다는 불행에 기쁨보다는 슬픔에 빛보다는 어둠에 있음보다 없음에 더 잘 움직이는, 나의 가난한 정신을 보았을까. 타인의 불행과 슬픔의 원인이 내게도 있다는 깜냥을 읽었는지 모르겠다.

이슬이면서 안개이면서 빗방울이면서 구름인 것. 어둠 속에서 울어대는 풀벌레이면서 물고기인 것. 부재가 존재로 채워질 때 그것은 사라지고 만다. 사라지는 것이 아쉬워서 마블 속의 무늬처럼 새겨지고 있는 것. 홀로 있는 것들에 대한 연민으로 나도 어딘가에 무늬가 되어 나올지도 모른다는 것이다. 욕조에서 산길에서 해변에서 거리에서 멈춰 있을 때나 걷고 있을 때에도 나는 보이는 것들이 감춘 것을 보고 싶어 한다.

각 사물만의 유일함, 완전함, 존재의 고유함에 대한 직관을 꿈꾼다. 서로 다른 사물에서 나를 발견하고 존재자로서의 공통점을 파악하고 싶어 한다. 내가 나 아닌 다른 존재가 되고, 버려지고 잊히는 것에 대한 두려움을 말하고 있는 중일 것이다. 아마도 나의 가장 근원적인 두려움을 다루려 하는지 모른다. 내 글은 언어 너머의 세계, 세상에 없는 것을 표현하고 경계를 무너뜨리는 것, 대립적인 것들 사이의 화해를 추구하는 배려여야 하리라.

우리 생이 잠시 머물다 떠나는 존재라 할지라도 나도 영원한 전체의 일부로 참여하고 있다는 것, 어떤 존재이든 존재하는 이유가 헛된 것은 아니라는 것을 말하고 싶다. 삶은 어떠한 연유로도 해체되거나 격리될 수는 없다. 코로나 팬데믹 상황일지라도 말이다. 인간이란 더불어 살아야 하기에 그러하다.

10월 11일

가을은 국화의 계절이다. 아직도 길섶에 피어난 쑥부쟁이와 구절초, 개망초와 벌개미취를 구분 못해 갸웃거린다. 다시 북병산 오르는 길 위에 섰다. 고라니가 뛰어 달아난다. 그의 발자국 따르며 사라져 간 저 고라니가 어제 만난 그 안타까움인지 숲 속으로 마음 향하며 아쉬움 지운다.

어쩌면 쓰러지지 않으려 오늘도 산길을 걷는다. 이제 습관처럼 걸어야만 된다. 하산 길에 만난 가족 등산객이 비틀거리며 걷는 내 모양새를 보곤 짐짓 놀라며 말을 걸어온다. 대단하다는 격려의 말에 조금만 오르면 정상이라는 말로 힘을 보태어 주었다. 아이의 어진 미소가 보인다.

산제비나비 날개 아래로 시월이 흐른다. 이제 초록은 지고 시린 하늘을 연다. 기꺼이 만난 세월, 왜 이리도 가벼이 떨어지나. 익숙한 통증이 시작되고 내 다른 곳 만난다. 존재의 가벼움, 무거운 것은 모두 아래로 내려앉는 불가역. 이유 없는 이별을 허락해야 하는 때가 분명 온다. 서러움 노래한다.

가여운 나무의 꿈
온 빛으로 멍든 슬픔
몸통 끄트머리에 죽음이 달렸다.
매달린 것과 떨어진 것 사이
가을 햇살이 단맛으로 스며들 때
열매는 탐스럽게 익는다.

흑갈색으로 농익은 알밤이 아래로 굴러 생을 접고
밤 조림이 그윽하니 그립다.
길들여지는 가을밤

식욕이 살아난다.

땅으로 떨어진 별의 울음소리 가득하다.
색 바랜 잎사귀들이 매달려 울고
하얀 손이 이제 그만 내리라 한다.
바람이 나무 아래 쌓이고
완전 연소의 재 한 줌
발목이 자꾸 땅으로 꺼진다.
잃어버린 발을 중얼거리며
신발을 벗는다.
나의 고뇌는 이제 늙어가고

한때는 행복으로 빛나던 우리였었지.
세상에 나쁜 인간은 없다.
주어지는 상황에 대처하는 것일 뿐
옹이로 깎은 솟대의 그리움
새털구름 타고 허공을 훨훨 난다.

멀리 산 그림자 속에 묻힌 심원사는
북병산 품에 깃들고 그제야 깊은 잠을 죽음처럼 든다.

10월 15일

범나비가 꽃무릇에 앉아 천 번의 입맞춤을 한다. 풍경이 나를 지운다. 멀리 설악산부터 단풍이 내리기 시작했단 뉴스를 들은 지 여러 날이 지났다. 사람은 추억을 먹고 사는가.

섣불리 집을 나서 여행을 떠나지 못하고, 언젠가 훌쩍 떠났다 많은 감흥받고 왔던 그 가을날을 회상하며 행복한 미소 짓는다. 살아가면서 가끔 떠올리는 기억이다. 삶에 지쳐 두 해 전 훌쩍 떠났던 여행을 되새긴다.

늦은 가을여행
마주한 저녁 상차림이 곱다
올려놓은 밤 조림 맛이 깊다
가을이 깊었다는 것
치열하게 펼쳐진 가을
파주 헤이리
여행 중 마주한 첫 풍경
그를 향한 걸음
구름 속으로 사라지고
북녘 먼 마을 바라보며 내리는 석양 따라 길을 걷는다
지나가던 바람이 길을 흔들며 나를 따르고
추락하는 단풍은 흐느낀다

가을 끝자락 바람
너는 어디서부터 불어오는가
온종일 바람과 뒹굴었다
지칠 줄 모른다
너는 참 고맙기도 하다
숲으로 노랑지빠귀 날아들고
어찌 사는가 가만히 묻는다
키요롯~ 키요롯~
그를 닮아 한 번 울어주고 깊숙한 풍경 속으로 떠난다.
조금도 줄지 않는 슬픔 지닌 채
너는 아래 아래로 흘러내리고
여리디 여린 하늘
치켜든 한숨 푸르다
농익는 계절
아래로 내릴수록 더욱 붉어지는 단풍
더 짙어지는 바다
모두는 내 안에서 홍시처럼 점점이 익어가고
지나는 풍경에게 묻고 또 묻는다
잘 살았는가
잘 살고 있는가
고개 숙인 나무들 숨소리
가로등 켜든 시간 그제야 나그네 반기는 쉼터

여관이라는 이제 흔하지 않은 집에 몸을 눕힌다

치열하게 살았는가

속살 모두 도려내고 비운 가슴

나를 찾아 떠난 길

무엇으로 채울까

어디서 메울까

박속낙지가 서산과 태안에서 꿈틀댄다

기억이 오래 익어야 풍경이 되지

가을 풍경 속에 기어이 사람을 담는다

반기는 어린 날 벗

몇 겹의 생을 빌려 입는 걸까

몇 겹의 꿈을 건너서 온 건가

안면도 꽃지 해변 노을에 물들며

빈 나를 채운다

또 쉬이 지치겠지

아픔 견디려면 얼마나 더 내 가슴 시릴까

이제 어디로 돌아가 동면에 들까

신도 아메바도 아닌 나는

이제 어디로 돌아갈까

어떻게 살아갈까.

시리도록 아름다운 가을 풍경 속을 함께 하며 그리움 나누웠던 파주 헤이리 형과 서산의 고향 친구 내외 그리고 신두리 해안사구 함께 거닐며 아프리카 사막을 떠올렸던 태안에 사는 고향 동무, 계룡산 산장에서 정담 나누었던 친구가 많이도 그립다. 하고 싶은 일 최선 다해 살아갈 때 승리자가 될 터이다. 다시 그들과 함께 한 그 가을날을 기억하는 이 시간이 따뜻하고 애틋하기만 하다.

10월 16일

오늘은 숲을 벗어나 문화나들이에 나섰다. 거제 시민의 휴식 공간인 옥포수변공원에 펼쳐진 문학의 향기를 정성껏 향유하고 돌아왔다. 고향에 내려와 거제 문인협회에 들고 첫 행사인데, 개막식에 사정이 여의치 않아 참여하지 못한 아쉬움이 크다. 청명한 가을 하늘 아래 꾸며 놓은 문학 공간이 너무 좋다. '거제, 시로 물들이다', '청마! 깃발로 나부끼다'는 테마로 기획되었다는 전언이다.

문학이란 바다처럼 항상 새로 시작하는 것이다. 그리하여 자유를 선물한다. 청마 선생 시심과 더불어 여러 거제 문협 회원의 아름다운 시를 만날 수 있는 공간을 거제 전역에 펼쳐 놓았다. 이곳과 더불어 여러 항구 수변공원에 거제문협 회원 시 200편과 청마 선생 시 500편을 배너 시화로 제작해 10월 말까지 전시한다고 한다.

문학이 사람들에게 어떤 역할로 다가설 것인가를 생각하게 된다. 코로나로 지친 시민 정서를 위로하고 공감할 수 있는 생활예술의 장을 마련한 것이다. 산책길 시민이 발걸음 잠시 멈추고 시편 읽으며 시심을 공유하고 풍성한 가을이 되길 기대하며 많은 시민이 문향을 느끼는 시간 가지시길 바라게 된다.

10월 20일

아름다움의 순간을 다하고서 하나둘 낙엽 되어 떨어지는 계절이다. 이제 초록은 지쳐 단풍으로 물들어 내린다. 초록에 아쉬운 마음이 가는 건 어쩌면 인간의 숙명이다. 사람이 자연을 모방하려는 것은 어쩌면 본성이다. 자연의 이치를 따르며 희열을 느끼는 것이다. 푸르렀던 나뭇잎은 첫눈 뜬 서리에 녹아내리고 오색찬란했던 색동옷은 이제 땅으로 내리고 하늘빛 받아 세상을 조율한다. 억새꽃 서걱대는 바람소리는 노을을 물들이며 흔들리니 눈빛은 흐려지고 맥박은 거세진다. 간이 의자에 앉아 삶을 다시 세운다. 저녁이 되자 자귀나무는 눅눅한 잎을 끊어내고 소나무에 몸을 기댄다. 두 손을 모으며 봄을 기도하는 사내가 묵묵히 바라보며 선다.

가을이 골짜기 깊숙이 내려앉아 익어간다. 이제 생을

다한 잎은 낙엽 되어 자신의 몸과 마음을 나무 둥지 아래 던져 서서히 흙이 될 것이다. 나뭇잎의 귀환은 그래서 숭고하다. 인생의 가을을 맞으며 이 숙연한 낙엽처럼 몸을 던져 누군가의 자양분이 된다면 무에 그리 두려울까. 부끄럽게는 살지 말아야지. 슬픔이 그래도 힘이 된다며 바람이 지난다. 초승달이 눈썹의 길이로 내려앉아 처연한 가을밤이 열리고 물은 꿈을 꾼다. 광대한 시공간을 넘어 반짝이는 별이 다가오지만 더는 하늘을 볼 수 없어 눈을 감는다.

10 23일

숲 길 따라 걷다 산에 오른다. 하늘이 맑고 시리다. 멀리서 들려오는 바닷소리가 깊기만 하다. 혼자서 견뎌온 그 가을이 가을을 밀어낸다. 나무는 초록을 떨어뜨리고 지나가는데 외로이 천년을 걸어온 그 가을이 추억을 이야기한다. 시린 바람 품은 가을 하늘 올려다본다. 너의 겨울은 뜨거움 품기를 기도해본다.

10월 26일

북병산이 파스텔 톤으로 물들기 시작한다. 연한 홍조 띤 그의 몸속으로 들어가니 계곡 물소리가 청량감을 보탠다. 수채화 유화는 지고 모자이크로 그려낸 가을 가지마다 팔 색 단풍 달리고 화들짝 불을 지른다. 흙은 더 단단한 뿌리로 내린다. 갈바람에 창살은 기어이 울음소리를 낸다. 바람과 나뭇잎의 조우. 산책길 위 그 사내는 기꺼이 세상과 하나가 되고 주체할 수 없었던 뜨거운 마음 식어 내린다.

걸으며 명상에 젖어든다. 새로운 것을 발견하고 느린 걸음으로 자연을 바라보며 내 생각을 한다. 때로는 느리게 걸음으로서 특별한 풍경을 응시한다. 허상도 기만도 없이 내 숨소리와 쿵쾅거리는 심장 소리를 듣는다. 가벼운 먼지와 동류의식을 느낄 정도로 작아진 나를 그제야 만난다. 인간은 고독의 경지에 다다랐을 때 비로소 자신의 실존에 탐닉하게 되고 살아 있음을 체득하게 된다.

잎 떨어지기 시작한 나무들이 일렬로 서있는 산등성이의 산새가 낙엽의 운명을 걱정한다. 가을빛 가득 내려 오동나무 늙어가고 흰 구름 서산에 걸어둔 채 스산한 갈바람 앞세우고 걷는다. 툭툭 떨어지는 허공에 곤두박질치는 세월의 아픔이 서럽다. 아래로 내리던 슬픔은 낙엽 되어 땅에 내린다. 떨어짐은 기다림이다. 한 개 점 되어 오롯이 고독을 채집하고 있다. 자잘한 슬픔이 북받쳐 올라 마음이 자꾸만 안쪽으로 밀린다. 본향을 찾아가는 목적의식

분명하다. 기어이 한 점 섬이 되고 만다.

아라, 너에게 간다. 새 살 돋울 힘 얻을까. 가을 깊어가자 냄새나는 눈물이 돌돌돌 흐른다. 빛 고운 숨결은 기어이 눈부신 하루를 내려놓는다. 모두 외롭진 말기를 기도하는 마음이다. 하늘 담은 고추잠자리 어깨 위 가만히 내리니 우리를 더욱 사무치게 한다. 저 파란 공간은 무엇이 있기에 저리도 그리울까.

"어머니, 당신이 계셔서 마냥 행복합니다. 차가운 바람 내치시고 황홀한 노을만 품으소서."

10월 28일

TV에서 벤허가 재방영된다. 다시 눈길 멈추어 집중해 본다. 명화 중 최고로 꼽는 것이 벤허이다. 벤허의 웅장한 서사 중에서도 주인공 벤허와 메살라가 말 다루는 장면이 나온다. 둘 다 말을 잘 다루지만 방법은 다르다. 메사라가 말을 채찍으로 후려치는 반면 벤허는 안짱다리 힘만으로 잘 달리게 한다. 벤허는 시합 전날 말과 눈 맞추고 어루만지며 정서적으로 교감하여 이미 하나가 된다. 그의 용인술이 한 수 위였던 것이다. 마음을 어루만지는 것이 최고의 용인술이다. 누군가와 진실하게 마음을 나누며 살아갈 수 있다면….

에밀리 디킨슨의 시를 찾았다.

만약 내가
만약 내가 한 사람의 가슴앓이를
멈추게 할 수 있다면,
나 헛되이 사는 것 아니리.
만약 내가 누군가의 아픔을
쓰다듬을 수 있다면,
혹은 고통 하나를 가라앉힐 수 있다면,
혹은 기진맥진 지친 한 마리 울새를
둥지로 돌아가게 할 수 있다면,
나 헛되이 사는 것 아니리.

10월 30일

오후가 되어서야 소동고개를 돌고 돌아 반송재에 들어섰다. 위로와 치유를 건네는 숲은 언제나 좋다. 숲에 들어서면 내 존재가 작고 미약하지만 소중함을 생각하게 해준다. 그래서 숲은 따뜻하게 사람을 품어주기에 몸과 마음을 맡기면 된다. 위로받고 치유 받으면 될 것이다. 숲에 오면 난 손님이 된다. 숲에서는 아무 생각 없이 그저 바람 소리 물소리에 귀 기울이며 걸으면 될 터이다. 내가 나무가 되고 나무가 내가 되고 내가 나비가 되고 나비는 내가 되어 나른다. 숲은 우리에게 늘 열려 있다. 내가 반송재 숲길을 걷는다는 것은 아마도 이 글을 읽을 누군가에게 보내는 편지일 터이다.

 초입부터 얼굴에 닿는 바람의 느낌이 다르다. 살아가며 얼마나 듣게 될까, 이 바람의 속삭임을. 참으로 아름다운 가을색이 펼쳐져 있다. 보랏빛 꽃향유가 길가에 지천으로 피어 꿀벌과 범나비를 불러 함께 하고 있다. 옆으로 노란 쇠서나물도 흐드러지게 피어 이 가을을 안타까이 노래한다.

 없는 길을 걷는 사람은 길을 잃지 않는다. 찾을 수 없는 것을 찾으려면 길을 잃을 수밖에 없다. 모든 길은 나에게서 시작되었다. 지금껏 걸어왔고 지금도 걷고 있고 앞으로도 걸어가야 할 길, 그 길 위에 서 있는 나를 바라보는 시간, 홀로 걷고 있고 때론 누군가와 걷고 있는 나를 응시하며 메모를 한다. 나는 종이 위에서만 그것도 아주 조금 존재할 뿐이다. 이 혼잣말이 누군가에게 바랄 때가 있다. 무심히 걷다 친구 얼굴 떠올리고 동행이나 할까 하여 손전화 누르니 바람 따라 떠돌며 풍류를 즐기는 이 친구는 일주일간 강원도에서 단풍을 만나고 왔다는 소식을 전한다. 부러운 마음을 내보였다. 난 그저 이끼 낀 너럭바위를 타고 오르는 생명 바라보며 나의 숲에서 단풍을 기다린다. 시월의 멋진 오늘을 걸으며 말이다.

초록은 갈바람에 녹아내리고 나뭇잎은 이제 땅으로 내려 하늘빛 받아 세상을 조율한다. 억새꽃 피어내는 바람 소리는 노을을 물들이며 흔들리니 눈빛은 흐려지고 맥박은 거세진다. 빈 의자에 앉아 삶을 다시 세우는데 저녁은 기어이 기울고 먼바다부터 노을을 피워낸다.

11월 1일

바다의 아름다움을 남겨두고라도 고향의 산과 들녘은 아름답기 그지없다. 해풍을 머금은 산 그림자는 세월을 머금고 시리게 다가온다. 유년시절 아버지와 형제들의 땀으로 가꾸어졌던 과수원을 바라볼 수 있는 곳에 서 있다. 아름다운 들녘이 앞쪽으로 펼쳐져 있고 그 앞으로 어린 시절 가재 잡고 물장구치며 놀던 냇가가 흐르고 있어 한 폭의 그림이다. 불어오는 후끈한 바람에도 개의치 않고 먼 옛날을 떠올리며 추억한다. 아버지를 그리며 썼던 글을 꺼내 읽고 생각에 잠겼다가 나선 길이다. 이젠 주인이 바뀌고 오래도록 버려진 과수원, 그곳을 바라만 보다 30여 년만에 그 산에 들어서며 세월의 무상함을 느낀다. 시간이 길을 묵혀 땀 흘리며 과일을 나르던 길은 흔적만 어렴풋이 남아 있다. 천천히 길을 더듬어 오르며 쉼터였던 원두막을 혹시나 하여 다시 찾았으나 이도 역시 사라지고 없다.

 밤나무와 감나무, 귤나무 등 온갖 과일나무는 거의 사라지고 도토리 형제들인 떡갈, 갈참, 굴참, 신갈, 상수리나무와 소나무 그리고 온갖 잡목이 점령하고 있다. 산 그림자 내린 바닥은 솔잎과 낙엽들이 뒤섞여 발이 푹 빠진다. 가까이에서 까마귀가 울음 운다. 과실수는 관리하지 않으면 뿌리째 사라지는가 보다. 훌쩍 자라 숲을 이루는 저 나무들이 나이 든 밤나무는 아닌 듯하다. 뿌리째 하얗게 쓰러져 흙이 되고 있는 이 나무들이 정녕 달콤했던 그 밤나무란 말인가. 밤나무가 늙고 병들어 죽으면 이리되는 것일까. 밤나무는 모두 생을 다해 흙이 되어가고 자연의 순리에 따라 경쟁에 이겨 살아남은 나무들만이 훌쩍 키를 키워 숲의 일부가 되어 있다. 언뜻 세월을 이겨낸 이 풍경이 문득 아름답다는 생각을 하게 된다. 어느 숲 전문가의 오래된 나무를 예찬하는 글이 떠오른다.

 "옴짝달싹하지 못할 때에는 고목을 보아야 합니다. 나는 '오래된 나무는 있어도 늙은 나무는 없다'라고 생각합니다. 나무가 오래돼서도 아름다운 이유는 아무리 어려운 여건에서도 햇살 한 가닥만 있으면 새잎을 내고 이슬 한 방울만 있어도 뿌리를 뻗기 때문입니다. 그래서 물과 햇살을 연결하여 살아갈 에너지를 만들고 초록 잎을 피우며 희망을 노래합니다.

나무가 고목으로 자라는 것은 죽어가는 것이 아닙니다. 더 연륜이 쌓이고, 더 깊은 고목으로 자라는 것이지요. 나무는 오래될수록 스스로 더 아름다워지고 더 많은 아름다움을 불러 모은다고 할 수 있습니다. 새들을 불러 모으고, 수많은 동물들의 안식처가 되어줍니다. 사람도 물론 불러들입니다. 그래서 오래된 나무는 있어도 늙은 나무는 없는 것입니다. 나무는 늘 다른 나무의 배경이 되어 주기 때문에 숲을 이룹니다. 우리도 이제 젊은 사람들이 주인공으로 살아갈 수 있도록 그들의 배경이 되어주면서 꼰대 짓을 하지 않는 아름다운 사람이 됩니다."

손님이 되어 다시 찾은 우리의 과수원, 숲에 들어서니 내 존재가 작고 미약하지만 소중하다는 것을 깨우치게 해준다. 오래된 우리의 산은 따뜻하게 이방인을 품어준다. 오롯이 몸과 마음을 맡기며 위로받고 치유 받는다. 아무 생각 없이 그저 바람소리 물소리에 귀 기울이며 걸으면 될 터이다. 그렇게 숲은 우리에게 열려 있었다. 다시 숲 전문가의 지식을 빌린다.

"나무는 나이가 들면서 서서히 위로 올라가는 키 성장을 멈춘다. 뿌리와 혈관 시스템이 너무 노쇠하여 더 위로는 물과 영양소를 올리고 내려 보낼 수가 없어 대신 이제는 옆으로 찌기 시작한다. 사람도 나이가 들면 옆으로 부피 생장만 하지 않는가. 그러나 이런 정지 상태마저 오래 유지될 수 없다. 세월의 힘을 거스르지 못해 점점 기력이 쇠약해지기 때문이다. 이제 나무는 제일 꼭대기의 가지들을 보살필 수 없게 되고, 결국 그 가지들은 말라죽고 만다. 노인들이 키가 자꾸 줄어들듯 나무도 한 해 한 해 키가 줄어든다. 그러다 바람이라도 세차게 부는 날이면 말라죽은 가지가 수관에서 떨어져 나가고, 그렇게 한 번 청소를 마치면 잠깐 동안은 다시 나무가 생생해 보인다. 이런 과정이 해마다 반복되고, 수관은 우리가 볼 때는 거의 못 알아챌 정도로 부피를 줄여 나간다. 꼭대기의 잔가지들이 모조리 떨어져 나가도 굵은 가지들은 나무에 붙어 있다. 물론 이것들 역시 이미 죽었지만 이런 가지는 쉽게 떨어지지 않는다. 이제 나무는 고령은 물론 노환도 더 이상 숨길 수가 없게 된다."

살아남은 밤나무가 태어나기는 나보다 늦었지만, 앞으로 남은 삶은 나보다 길까….

내가 미루어 짐작해 본 나무와 내 삶의 생이 어쩌면 같을지도 모르겠단 생각하며 자주 찾아와서 만나볼 요량을 한다. 매우 의미 있는 만남이 되지 않을까 생각하니 행복하다. 흐르는 세월은 그 누구도 비껴가지 않는다. 나도 그처럼 멋있는 노인이 되고 싶다. 그래서 어떻게 하면 나이를 품격 있게 먹을 수 있는지 생각해보며 산을 빠져나와 바다로 향한다.

11월 5일

꿈속으로 날아든 저 새는 새가 아니었다. 밤새 생시처럼 나를 쪼아대는 부리. 몸부림에 놀란 새가 큰 날개 짓으로 푸드덕 젖은 날개를 펴고 날아가 버린다. 분명 길조는 아니다. 기어이 내 몸은 물에 흠뻑 젖어 무겁다. 몸을 일으키지 못하고 아득히 바다에 빠진다.

같은 무게와 색깔과 크기를 가진 절망과 행복은 미세하게 떨리는 마른 나뭇잎이 전하고 내 흐린 시력은 이를 소중하게 기억한다. 길은 멀리 돌수록 그만큼 값어치가 없을까. 새로운 숲길에 들어선다. 샛길로 들어서며 우연히 발견하여 오늘이 세 번째 같이 호흡을 한다. 꼬부랑 고갯길을 쉬게 하고 올곧은 새 길을 내면서 휴면에 들어가 숲이 된 길이다. 나무와 새들이 길을 침범해 숲의 일부로 변해가는 길. 만인의 길이었다가 이젠 순례자가 되어 정처 없이 걸어도 좋은 길. 다른 이와 자주 부딪히기 어려운 길. 영혼이 자유로운 길. 보살필 필요 없는 나무뿌리와 그루터기 나무가 키재기 하는 길. 내가 그저 몸 가는 대로 마음을 맡길 수 있는 길. 아침이든 저녁이든 별다른 차이가 없는 길. 숨이 차면 천천히 내비치는 변덕마저 소중해지는 길. 사람들과 맺는 거짓 관계를 잊게 하는 좋은 길….

길이 너무 넓어 이 길 위에 서면 내 생각은 기어이 크고 넓어진다. 길은 넓다. 이 숲길에 들어서면 머리가 맑아지며 생각이 커진다. 청량한 바람은 새소리를 담고 그 소리에 내 인생이 담겨 나에게 온다. 나무 사이로 불어오는 이 바람소리는 내 삶을 내 것으로 받아들이게 한다. 맑아진 내 영혼의 감응에 호응하며 다가오는 모든 것을 온전히 품으니 생각은 무한해지고 선하다. 멧종다리가 가까이에 있다. 그의 노래는 아이올로스 하프를 울리게 하는 바람처럼 감미롭다. 조팝나무가 가벼이 전율하며 멜로디를 음미한다. 순하게 호흡하며 그 소리에 맞추어 천천히 사유하며 걷는다.

11월 8일

하늘이 깊은 오늘 같은 가을날에는 억새꽃 휘청이는 언덕에서 가슴에 베인 미소 짓고 싶다는 생각을 한다. 문득 가을이 서걱대는 영남 알프스 가운데 서서 그리움 가득한 글을 쓰고 싶다는 마음이 들었다. 그곳도 지금쯤 단풍이 내리기 시작하였겠지….

눈을 뜨니 먼 하늘에서 돌아온 새 한 마리가 운다. 불현듯 곱게 물든 가을 산이 떠올랐다. 가슴에 깊이 내려앉아 잊히지 않는 풍경이 있다. 다시 길 위에 오르며 추억한다.

몇 해 전 가을, 벗 소개로 오른 드라이브 길. 석남사-파래소폭포-배내골-에덴밸리까지 콧노래 앞세우고 달렸었다. 산등성이 돌고 돌며 곱게 물든 영남 알프스를 황홀경으로 만끽했다. 온 산은 환한 미소로 발그레 춤추고 있었다. 호젓한 석남사 오르는 길 위에서 우연히 벗을 만났다. 딸아이 혼사 치른 친구였다. 큰일 치르고 아내와 정답게 담소 나누며 걷는 모습이 어찌나 아름답던지 가을 편지 속에 오래오래 간직하고픈 정겨운 모습이었다. 사랑하는 그들을 이 길에서 다시 조우하면 얼마나 좋을까….

가을 노래 들으며 한참을 달려 다시 배내골에 들어섰다. 말갛게 홍조 띤 얼굴로 반갑게 인사하는 모습에 가슴 열어 그와 하나가 되었다. 산이, 자연이 건네는 아름다움의 으뜸은 사계 중 가을이란 생각을 하게 만든다. 영남 알프스는 오롯이 그 풍취를 선물한다. 영남 알프스는 울주에서 밀양까지 7개의 산이 이어져 펼치는 풍경을 담아 일컫는다. 오르고 내리며 벅차게 차올랐던 환희를 다시 느낀다. 차경으로 삼고 사계를 담아내는 정자 하나 세우고 살고 싶다는 생각을 한 그곳을 향해서 달린다. 석남사를 지나고 가지산을 끼고돌아 배내터널을 지나니 영남 알프스의 가을 진풍경이 다시 반긴다. 황홀하다. 신불산 파래소 폭포까지 깊숙하게 들어갔다. 자연 속에서 숨 쉬니 이내 거칠었던 호흡이 정화된다. 행복하다. 단장 천을 따라 천천히 달리니 사유도 덩달아 유하게 흘러내린다. 스치는 단풍객은 느릿느릿 지나온 삶과 다가올 미래를 한 올 한 올 예쁘게 엮어서 기워내고 시냇물 따라 세월이 된다. 차가운 갈바람이 찻장으로 들어와 얼굴에 앉는다. 어깨에 내려앉는 듯하더니 이내 폐부 깊숙이 파고든다. 한 움큼 두 움큼, 그러더니 단풍의 재촉에 조금씩 빠져나가고 긴 호흡으로 기다린 정념의 가을 향기만 두어 겹 싸인다.

느리게 호흡하는 돌 같은 가지산이 좋고 솜이불처럼 포근한 신불산도 좋다. 자는 듯하지만, 다람쥐 노래에 벌떡 일어날 천황산은 더 좋고 해마다 머루 다래 선물하는 운문산은 더할 나위 없다. 영남 알프스 이루는 또 다른 영축산도 고헌산, 간월산도 빼어나기는 한 수 위다. 실루엣의 가슴을 읽는다는 것은 허와 실을 탐하는 어리석음이다. 가만히 세월을 만져본다. 묵은 옷을 훌훌 벗어던질 수 있어야만 비로소 새 옷으로 갈아입을 수 있는 것이 자연의 이치임을 단풍 들어 낙엽 지는 산에서 호흡하며 느낀다.

거칠고 강렬하게 포효하는 바다가 보고 싶어 진다. 때론 산에서 바다 향기가 날 때가 있다. 쉴 새 없이 흔들리는 삶일지라도 산처럼, 바다처럼. 아니 그 바다, 저 산을 휘감아 도는 바람이고 싶은 것이리라. 떠나간 것도 잃어버린 고뇌도 깊이를 알 수 없다. 눈이 시리도록 햇살 고운 가을날 바람에 떨어져 나뒹구는 빨간 단풍잎을 들고서 가는 가을을 아쉬워한다. 늦은 만남이기에 더욱 소중하고 애틋하게 오롯이 즐기다 돌아섰다. 길 위에 살짝 내려앉은 은행잎이 그리움을 수놓고 있다. 덩달아 그리움도 나도 내려놓고 자연의 품에 오롯이 안긴다. 밀려오는 모든 사유를 글로 남기고 싶어졌다. 감동은 머리에만 남겨지는 게 아니다. 마음에도 알알이 새겨진다. 가슴 깊이 물든 언어는 쉬이 잊히지 않는다. 언제든 다시 꺼내 보며 위안을 얻기 위해 기록한다, 감동의 이 순간을.

오래전 우리
영남 알프스가 발그레 반긴다
시월의 모든 색은 나그네의 것
석남사 석탑 위로 거미줄 은사슬로 걸리고
내 몸의 낡은 색 갈바람에 날아간다
내 여린 영혼마저 사위고
이제 내 몸은 무채색
오래전 내가 아니듯
아름답게 물든 너도
이제 네가 아니지

파래소에 이르자
무너져 내린 단풍이 길을 막고
뾰족해진 마음이 멈춘다
온갖 색이 말라가는 계절

너와 나눈 밀어 지고 있다

내 모두를 주어도 아깝지 않았던 시간들
두 갈래 흰 머리칼 폭포는 무슨 생각으로 아래로 내릴까
몸통을 다 태우고 태워 고운 흙이 되는 낙엽처럼
우리, 밤하늘 꿈꾸는 별이 되자

견우와 직녀는
케이블카 타고 기어이 하늘로 오르고.

11월 10일

햇살이 서걱대는 한낮에는 잔뿌리들이 땅 속에서 은밀하게 자란다. 또 하나의 계절이 숲을 지나간다. 언제까지가 가을이고 어디부터가 겨울일까. 태양이 저리 사나워도 이제 찬 기운을 어찌지 못한다. 입동이란 절기가 지나고 있으니 한기를 어쩌겠는가. 가을은 정작 떠나가는데 아직 가슴에 영근 것 없어 자꾸 뒤돌아본다. 다행히 나에게는 아직은 가을이다. 그래서 침엽수처럼 생기롭다. 마지막 나뭇잎 가지를 흔들고 그 자리엔 되새 두 마리 날아와 앉으니 서러운 이파리 무리 지어 남은 온기 나누며 흙과 입맞춘다.

별다른 이유 없이 걷고 싶은 계절, 신발 갈아 신고 가을 단풍 즐기려 찾아든 국사봉 자락의 은혜사. 고운 색 바랜 터라 잿빛 풍경에 마음마저 내려앉았다. 차디찬 계곡에 내린 풍경소리는 보현교 지나며 시냇물 따라 흐르고 나무들도 낮게 겨울로 향하며 다리쉼을 한다.

뿌리 깊은 고요, 허물이 부르튼 기도, 진물이 굳은 딱지는 장도리처럼 곳곳에 박힌 상처를 도려냈다. 덧나는 상처에는 스스로 풀리지 않는 갈증 머금은 채 깡마른 나무들이 눈꽃을 기다리며 슬픈 눈을 감는다. 묵직한 침묵과 어둠이 등에 걸리며 이제 가을 노래를 멈추고 겨울 풍경을 기다린다. 여인 볼에 바르는 곤지처럼 예쁜 곤줄박이와도 이제 이별을 준비한다. 아픈 사랑이 기어이 머문다. 가능한 모든 변명을 대면서 어디선가 또 봄이라는 계절이 찾아들겠지, 언젠가는 말이지.

11월 11일

같은 무게의 색깔과 크기를 가진 절망과 행복을 미세하게 떨리는 잎새가 전하고 내 흐린 시력은 이를 소중하게 기억한다.

가족이나 친구를 비롯해 다른 관계에서도 소통이나 긴밀한 유대 위해 노력하는 것보다 혼자이기를 선호하는 경향이 짙다. 이는 선택적 만남과도 이어지고 더불어 코로나19 팬데믹 현상과도 맞물려 간다. 관계에서 선택 받는다면 즐거울까를 생각한다. 타자와의 정서적 관계에서 희열과 만족을 느끼지 못하기에 정서적 유대가 희박해지는 것이다. 인간관계 통해 별다른 의미부여 없이 건조한 삶을 살아간다면 과연 우리는 무엇을 위해 어디를 향해 가야 할 것인가. 이제 가을도 스러져가고 머잖아 차가운 기운이 가득해지겠지만 아직은 우리에게 흐르는 한 가닥 온기를 크게 되살려 나와 관계하는 모든 이에게 나누며 살아야 할 것이다. 많은 이와 사랑 나누며 살아가고 싶다.

11월 13일

물이 낙엽의 냄새를 맡으며 뱅글 돈다. 가을이 가고 겨울 오는 길이 서늘하다. 말라붙은 당신의 눈물 같던 그 서러움 다시 흐르고 계절이 시간을 지우며 흐르는 동안에도 시간의 톱니바퀴는 돌고 돌아 바다 앞에 날 데려다 놓는다. 이 진부한 관념의 뿌리는 도대체 어디부터 지울까. 도무지 아무것도 구별할 수 없었던 그날, 어김없이 시간의 먼지가 하얗게 내렸다. 말은 얼마나 많은 가시를 품고 있는 것일까. 울지 않으려는 깨문 이빨 더 단단해지고 내 상처가 꽈리처럼 부풀었다.

겨울 내리는 길 위에서 몇 날을 앓고 있다. 겨울은 또 그렇게 얼어갈 터이다. 누군가 그 안에 들어와 녹는 동안, 내가 녹은 뒤에도 쌓여갈 그 날짜들. 바다의 침묵은 파도가 잃어버린 감정이런가. 모든 순간에는 끝이 있다는 걸 저 기도는 알까. 다가서지 못한 간절함이 찬비가 되어 노을에 내리고 바람은 물렁하게 저녁을 속삭인다. 혼자라서 아프고 아쉬운 날이다. 낙엽이 다 지길 기다려 둥지를 트는 까치처럼 어둠과 빛이 교차하는 지금은 눈물 지우기에 좋은 시간이다.

11월 15일

이렇게 조용한 숲속에서 한숨 쉬는 저 새는 누구인가. 부리가 누른 갈색 새 한 마리가 가을을 건너려 한다. 한 발 옮기고 두발자국 돌아본다. 다시 한 발자국 디디고 두 걸음만큼 다시 돌아보는데 어느새 날이 저문다. 어떤 새는 제 울음과 부딪힌 후 떨어져 생을 마감한다.

입을 틀어막으며 우는 사람은 잠시 망설이다 다시 우는 사람이었다. 그는 죽은 나무보다 더 검은색으로 한 바퀴 비튼 자세로 외롭고 쓸쓸한 모습이 된다. 상처를 가장 쉽게 알리는 일은 흉터를 보여주는 것이다. 어떤 꽃은 필 때부터 질 때까지 노란 꽃이었다. 귀 어두운 새가 운다. 해가 떠오르면 지난밤에 기력 다한 초승달은 서산으로 기울고 여린 단풍 지고만 산과 비린내 나는 설익은 바다는 세찬 바람 품으며 하루 삶을 살아낸다.

  몽땅 떨어져 나간 나뭇가지를 바라보며 긴 한숨짓는다. 너무나 아름다워 눈부셨던 그의 자리 아래서 침묵을 배운다. 삶도 화려한 날이 왔다 떠난다는 것을 나무는 일러준다. 그래도 바람은 햇살의 온기를 건네며 털신을 벗긴다. 서서히 기운을 회복한다. 숲을 벗어나려는 나를 잡고 북병산 그림자를 끌어내리는 이 가을은 깊어만 가고 그리움은 더욱 가물거린다. 마른하늘이 내려앉는 초겨울 기억이 가슴에 새겨진다. 가을 새와도 이제 이별한다. 나는 기어이 아문다.

11월 16일

숲에도 물이 흐른다. 이를 바라보며 멍해져 있는데, 암투병 중이던 동무의 부고장이 날아든다. 깊은 슬픔에 빠지며 인생무상을 생각한다. 쉰 살의 나이에는 쉰 개의 상처가 생기더니 예순이 되니 예순 개의 상처가 아물고 부종이 떨어진다. 서로의 슬픔을 확인하는 일처럼 더 슬픈 것이 있을까? 안경 너머 다른 곳을 향한 각도의 의미를 나는 안다. 나와 눈이 마주쳤더라면 그도 눈물이 났을 것이다.

왁자지껄 만났다 흩어지는 바람소리 들으며 이 길을 떠나 영영 돌아오지 않을 벗을 생각 한다.

"바다는 왜 자꾸 나를 살고 싶게 하는가…."

벗의 독백 들려온다. 너는, 어딘가 깊은 곳을 건너갔다는 것인가? 삶도 죽음도 매미 울음 같은 것. 떨어지는 낙엽처럼 가벼워져서 내 남은 삶의 계단을 내려서며 중얼거린다. 생은 짧고 이 하루는 길기만 하다고.

11월 17일

누구나 겨울을 지나간다. 모든 생물은 추위를 견뎌내며 살아내느라 애쓴다. 겨울은 세상으로부터 단절되어 거부당하거나 대열에서 벗어나거나 발전하는데 벗어나거나, 발전하는데 실패하거나 아웃사이더가 된 듯한 감정을 느끼게 되는 인생의 휴한기이다. 윈터링은 불가피한 것이기도 하다. 언제나 여름만 계속되는 인생도 있는데 우리만 그런 인생을 성취하지 못했다고 생각하기 쉽지만, 살아가다 보면 우리는 어디쯤에선가 넘어지게 되고, 겨울은 그렇게 조용히 삶 속으로 들어온다. 멈추어 서서 긴 호흡으로 자신의 한계를 받아들이고 내 앞에 놓인 미래를 받아들여야 하리라. 인생의 지금 이 순간 강하지 못하지만, 이러한 상태가 영원히 계속되는 것은 아님을….

11월 18일

오래전 우리가 그랬듯이 구천계곡이 발그레 반긴다. 가을, 모든 색은 나그네의 것이다. 심원사 석탑 위로 거미줄은 은사슬로 걸리고 내 몸 낡은 색들 바람에 날아간다. 내 여린 영혼마저 사위고 이제 몸은 무채색이 되었다. 오래전 내가 아니듯 아름답게 물든 너도 이제 네가 아니지. 사랑을 잃으면 하늘까지 잃고 만다. 구천댐에 이르자 무너져 내린 단풍이 길을 막고 뾰족해진 마음이 멈추는데 문득, 새 울음 찍힌 사두리 해안사구 그린다. 몸통을 다 태우고서야 흙이 되는 낙엽처럼 우리 인연 더는 허락되어지지 않아도 우리 밤하늘 꿈꾸는 별이 되자. 풍경은 나를 지우고 나무는 기어이 하늘로 오른다.

삶 속에는 다행히도 길들이 실핏줄처럼 얽혀 있어 산다는 건 어쩌면 길 위에서 만나는 모든 것을 말하는 것인지 모른다. 보이는 길과 보이지 않는 길 모두 내 소중한 삶이기에 오늘도 길 위에 들어섰다. 걷는다는 것은 언제나 새로움을 선물하기에….

구천천 지류 구천계곡, 구천댐 초입의 구천물돌이에 이르러 시름 내려놓는다. 늦가을 풍경이 시리도록 아름답다. 짙고도 검은 날개 지닌 까마귀처럼 슬픔을 위로해줄 새를 기다리게 되는 날이다. 시린 풍경을 저장한다. 다행히 세상은, 여전히 가을이다.

11월 19일

걷기는 몸과 정신의 상태를 알아보는 첫 행동이다. 걸으면 의미 없는 하루가 의미 있는 일상으로 변하게 된다. 아무 의미가 없던 대상이 걸으면 또 다른 의미로 다가오게 마련이다. 언젠가부터 나는 걸으며 호흡에 집중하고 명상에 잠긴다. 걸음을 멈추면 생각도 따라 멈추기에 마음은 언제나 나의 다리와 함께 작동한다. 그리고 산책할 때는 절대 아무것도 하지 않고 깊은 생각에 젖어 걷는다. 나와 같은 사람에게 한 인간을 완전히 자연 그대로의 모습을 보여주려 하는데 그런 인간은 바로 나다.

가을 고독, 이 기운은 오롯이 몸을 타고 머리까지 올라온다. 차가운 바람이 다가와 낙엽을 굴리고 그들은 서로 손잡고 땅에 더 다가선다. 하늘이 이를 내려다보며 파랗게 미소 짓고 나도 따라 웃어준다. 어느새 무심해진다. 내 흐린 시력은 이를 소중하게 기억한다.

11월 21일

반짝이는 이 가을날 풍경을 오랫동안 서서 꼬부랑 숲길이 꺾여 보이지 않는 곳까지 응시하며 나를 바라본다. 그리곤 아름다운 풍경을 한 장의 사진에 담아둔다. 낙엽이 내려앉은 다른 길에 들어서며 돌아갈 길을 생각하며 겸손해지고 계절은 소리 없이 흘러 시냇물 소리는 작아졌다. 어둑해진 겨울날에 꺼내보리라는 다짐을 하는데 산비둘기 푸드덕 날아오른다.

누구나 길 위를 걷는 자는 여러 갈래에서 선택을 해야만 한다. 걷기의 목적은 종착점이 아니라 길 위를 걷는 과정이어야 한다. 삶의 매순간마다 펼쳐지는 고난과 기쁨도 삶의 과정이고 마땅히 받아들여야 하는 숙명일 뿐이다. 드넓은 자연 속에서 우리의 삶은 떨어지는 낙엽 같은 존재보다도 못할 수 있으며 하찮을 수 있지만, 그리 길지 않은 삶의 여정을 의미 있게 살아내야 한다.

다시 겨울의 초입 소설小雪이다. 차가운 바람맞으며 길 위에 섰다. 인적 드문 산길일수록 낙엽은 내딛는 발을 푹신하게 대한다. 수많은 종류의 나뭇잎이 깔린 고샅길은 쓸쓸한 늦가을 고독이 가득하고 보이지 않는 마음에 눈 맞춘다. 어둑해진 겨울날에 꺼내보리라는 다짐을 하며 이 늦가을 온기를 오롯이 저장한다.

11월 22일

가을 끝자락 수채화가 황홀하다. 산에서 내려와 샤워기를 열어 마른 땀을 씻으며 가려움을 걷어낸다. 걸으며 느낀 지난 상념들을 기어이 털어내니 행복한 마음이 이어진다.

우리는 이미 지나간 일을 기억하여 과거에 집착하는 우를 범하며 살아간다. 과거에 사로잡혀 짓눌리고 있기 때문에 괴롭고 삶이 무거운 것이다. 또한, 앞으로 다가올 일을 미리 상상하며 괴로움 속에서 살아간다. 더불어 그 어떤 것마저도 잡을 수 없음에도 지금 일어나고 있는 일마저 왜곡해서 바라본다. 문득문득 생각나는 과거를 불러내어 후회와 원망으로 허상에 집착하며 괴로워하는 것이다. 과거를 잊고 새로움 채워야 보람찬 삶을 살아낼 수 있음에도 말이다. 지나간 과거와 오지 않은 미래를 생각하지 않고 지금 나에게 다가온 행복을 두려움 없이 누리면 될 것이다.

지금보다 더 행복하려는 욕심 어린 마음을 버리고 만족할 줄 알아야 할 것이다. 미리 근심 걱정하지 말고 지금을 즐기면 될 터이다. 이처럼 삶에서의 깨우침은 멀리 있는 것이 아니고 단순함에 있다. 자연의 순리를 깨치는 순간 깨달음이 온다. 순간순간 자신에게 다가오는 생각을 가지고 현재를 바라보면 되는 것이다. 과거도 미래도 생각하지 말고 눈을 감고 가만히 나를 느끼면 될 터이다. 호흡에 집중하니 마음이 열린다. 머리로 헤아리다 보면 병이 찾아든다. 무엇이든 만들어 내지 않으면 아름다운 삶을 살아갈 수 있을 것이다. 매사에 최선을 다하되 집착하지 않으면 물아일체에 도달하게 될 것이라는 생각에 머문다.

모르고 살아내는 삶을 사유한다. 걱정의 절반가량은 절대 현실로 일어나지 않으며 30%는 이미 일어난 일에 대한 것이고 나머지 걱정은 사소한 고민이라 하였다. 또한, 걱정의 4%는 우리 힘으로는 어쩔 도리가 없는 일에 대한 것이다. 한마디로 걱정이라는 것은 그 100%가 쓸데없는 것이라는 의미다. 그러니, 부질없는 걱정일랑 하지 말고 낙관적이 아닌 낙천적으로 살아가야 할 것이다. 쉽진 않겠지만, 행하여야 하리라.

11월 24일

어떤 불빛으로도 어둠을 입은 저들을 모두 밝힐 수는 없다. 짙은 고독을 품은 내 심상을 유지하려고 감각적으로 장치하는 아포리아도 내면에 깊숙이 깔려 있는 특별한 통증을 가릴 수는 없다는 것을 알게 될 때 고독은 더 깊어간다.

혼자가 되어가는 시간만큼은 입을 틀어막아도 잠시 망설이다 이내 허공으로 사라진다. 뼛속 깊이 스며든 소리는 이미 내 것이 아니다. 창살 너머 펼쳐진 시린 하늘은 길고 검은 구멍이다. 상처는 언제나 흉터 속에 살아 움직인다. 문득 돌아서 만나는 바람은 우연이 아니라 운명 같은 것 아니겠는가.

  머리가 무거워진다. 불안한 무게감이다. 밤하늘이 점점 텅텅 비어진다. 인연들을 생각하다 서로를 붙들고 있는 관계를 생각하게 된다. 내 몸에 큰 구멍이 난다. 호흡에 집중하니 온순해진다. 그리움이 죄인가….

11월 25일

  새벽에 비가 지났는지 길이 젖어 있다. 찌푸린 하늘아래 앙상한 마른 나뭇가지 위로 물방울이 메어있다. 불어오는 작은 바람이 몇 방울 땅 위 나뭇잎을 적시더니 새가 날아오르며 남은 물방울을 아래로 떨어뜨려 야생화 뿌리에 입김을 불어넣어 준다. 기린초는 노랗게 미소 지으며 시든다. 발이 흠뻑 젖어드니 맘도 촉촉해진다. 자연이 전하는 이 선한 감정을 느끼기 위해 나는 오늘도 걷고 있다.

11월 27일

죽림 해변에서 첫 차박을 행하다

고교 후배와 실로 오랜만에 연락이 닿았다. 그가 선뜻 차박을 청한다. 경험해 보고팠던 왕초보 캠핑객은 망설임 없이 받아들였다. 저녁 무렵 알려준 곳으로 향하니 잔잔한 바다가 펼쳐진 죽림 해변으로 내비게이션이 이끈다. 산 사이로 달이 떠오른다는 산달도가 눈앞에 아름답게 펼쳐져 있다.

시린 가을 하늘 담은 바다, 외로이 떠 있는 낮달 아래 유영하는 물오리 가족 그리고 빛 고운 노을. 시린 늦가을 풍광이 감동을 선물한다. 파란 하늘과 맑은 햇살, 그리고 하늘에 떠 있는 낮달이 모두 내 것이 되어준다. 몸이 차가워져 모닥불을 피운다. 불멍, 하나의 불꽃 속에 삶 전체가 들어설 수 있다. 자연에는 모든 것이 착하고 선하게 산다는 것을 깨닫는 시간이 시나브로 흐른다. 이들과 더불어 하는 삶이란 게 이리도 행복할까.

귀향한 이곳 거제는 은둔처가 아니라 나의 안식처다. 누군가와 어디서든 자유와 평화를 얻을 수 있다. 자연이 선하게 펼쳐진 이곳의 거대한 정원은 순한 숨결이 가득한 쉼터이다. 삶을 조율한다. 겸손해야 하리라. 모든 인연에게 감사해야 할 것이다. 이 자유와 평화를 가슴 깊이 기억해둔다. 아! 위대한 자연이여~

11월 29일

침묵을 연습한 겨울 산. 그의 고독이 날이 선 내 그것과 닮았다. 빈 나뭇가지 바람소리 자욱한 가을 끝자락에서 묵상한다. 침묵 뒤에 찾아드는 고독이 서럽다. 물이 깊으면 소리가 나지 않는 법, 심연처럼 깊은 곳에서 사랑을 기워낸다. 사는 동안 아물기 어려운 상처도 있다. 지워야 하는 정이 울음보다 진한 것이다. 호흡에 집중하니 숨소리가 순해졌다.

바람은 늘 흔들린다. 어디선가 풍경 소리가 들려온다. 모진 삶은 세상을 다녀가는 바람의 울음이다. 풍경소리를 닮아본다. 시린 하늘빛이 진한 그리움에 어지럽다. 끝물 고추 같은 고추잠자리 한 마리 허공에서 버둥거리지만 속수무책으로 배고픈 거미 밥이 된다. 풀잎에 내려앉은 이슬 한 방울 눈 밝은 산새가 물고 하늘로 차오른다. 그가 무척 그립다.

우리는 거제도에서 나고 자랐다. 우리 몸과 마음의 8할 이상은 어린 날 시골에서 얻어 가졌다. 그래서 유순하며 강하였다. 시대와 역사 흐름 앞에 마주한 인간은 나약하기 그지없다. 어느 누구도 자신에게 부가된 슬픔으로부터 벗어나기 어렵다. 자신 의지와 상관없이 그 시대에 태어났다는 이유만으로 당대의 고난을 고스란히 짊어지고 가야 할 운명을 얻는다. 고난의 근, 현대사를 꿰뚫고 살아야만 했던 아버지 세대 삶의 고단함을 어느 정도 이어가야 하는 시절이었기에 감당해야만 하는 슬픔이 남아 있었다. 지금은 상상 못할 가난이 소년, 소녀들 가슴을 작게 만들었다. 끼니를 이어가기 힘든 집이 많았고 중등 교육을 포기하는 동무들이 허다하였다. 일찍이 동생들 뒷바라지 위해 도회지 공장으로 떠난 누이, 동생들 굶기지 않으려고 이르게 철이 든 코흘리개 맏이. 이들은 가난 자체보다 가난에서 멀어지려는 욕망이 삶을 언제나 낯설게 한다는 것을 알아채야만 하였다.

　오랜만에 함께한 벗이 어린 날을 기억하곤 살며시 눈이 흔들린다. 긴 고생 끝에 자수성가한 친구다. 이제 옛 이야기하며 성공한 중년의 삶을 보내고 있다. 넘어지고 깨어져도 다시 일어나 길을 걸었던 그다. 자신의 과거를 후회로 채운 사람과 어느 한 시절 쉼 없이 살아냈던 사람의 모습은 다를 수밖에 없다. 어린 날 시대가 건넸던 가난은 많은 것을 선물하였음을 우리는 안다. 언젠가 술잔 나누며 건네던 그의 말이 촘촘하게 되살아난다.

　"친구야, 부모의 자수성가 덕분에 먹고사는 데 별 문제 없었던 너는 모른다. 그 서글펐던 어린 날 그 소년의 아픔을 말이다. 먹을 게 없어 우리 눈을 마주치지 못하던 어머니 슬픈 눈을 바라보던 그 아이를 말이지. 쉽게 먹었던 그 빵을 다른 사람은 얼마나 힘들게 얻었는지, 스스로 겪어

봐야 당시의 그 소년을 조금은 알 수 있으려나….

　나는 무언가를 향해 기어가야만 하는 달팽이였어. 어디로 가는지 나도 몰랐지. 가녀린 삶에서 벗어나리라는 나와의 약속에 대한 책임감이었겠지. 나는 살며 눈물 같은 건 흘리지 않았다. 뱃속 그 깊은 데서 위로 뿌듯하게 치밀어 오르는 어떤 힘 같은 걸 느낄 수 있었을 뿐이다. 아마도 속으로 뜨겁게 흘러내린 눈물이었겠지. 날개 꺾인 그 어린 새의 어깻죽지에 새살이 돋을 때까지 포기해선 안 된다는 그런 다짐이 어금니에 걸린 때문이었지."

　거친 그의 손을 잡았다.

"친구야. 살아낸다고 애썼다. 우리가 살아가야만 하는 이유는 사랑하는 사람과 함께하기 위함이고 가치 있는 목표가 있기 때문이며 꿈을 이루기 위한 의지가 있기 때문이었겠지. 고난과 역경이 삶의 걸림돌이 아니라 디딤돌임을 넌 증명하였다. 지금 네가 굳건히 살아있는 것이 가장 큰 승리이다. 지금을 사랑해야 희망의 미래가 있다. 인생에서 중요한 것은 현실을 사랑하는 것이다. 과거를 다시 가져와 걱정하면 무엇하겠는가. 점멸등에 걸렸던 바람이 내게로 와 흔들리기도 하겠지. 살아남기 위해 더 깊은 뿌리를 내릴 것이다. 많이 흔들려본 경험 덕분이다. 삶도 사람도 다를 바 있겠는가. 시련과 실패에 흔들려본 이가 단단하게 걸어갈 수 있다. 살다 보면 또 시련이 닥치겠지만,

촌놈 정신으로 이겨내야지. 우리 그러자."

떨어지는 별이 예쁘다는 사람보다는 별이 떨어지는 순간에 함께 할 수 있어서 감사하다는 사람, 그런 사람이 좋다. 오래도록 훈정 나누며 함께 하리라. 나의 존재 자체만으로 사랑해주고 함께하는 가치를 아는 동무와 사랑 나누며 살아가야 할 것이다. 훈정 나누며 그렇게….

이런 다짐을 나누었던 이 동무가 죽음을 앞두고 있다. 나는 안다. 그 누구보다 주어진 삶에 충실하며 열심히 살아낸 것을. 오호통제라. 그런데 왜 너에게 이리도 빨리 마른 형벌을 내린다 말인가. 담도암 선고. 그리고 투병. 생과 사의 갈림길….

지나간 것은 애틋함이다. 너와 함께 하였던 모든 날을 기억해둔다. 마른 잎 밟으며 걷는다. 많은 사유를 하고 사랑을 건네준 숲길에 찍힌 발자취를 시린 풍경이 서서히 지운다. 인생은, 작은 여울이 많은 물굽이를 이루며 흐르다 바다에 이르듯 파란만장하게 수놓는 여정이리라. 너의 삶은, 이 가을을 힘겹게 보내며 사랑하는 이들과 이별을 준비한다. 얼마나 아플까, 얼마나 살고 싶을까. 삶이 아쉽기만 하다며 온갖 기억과 추억 떠올리면서 불어오는 북풍에 남은 생을 맡기는 친구가 너무 가엾다.

너와 함께 하였던 긴 시간들을 기억에서 꺼내 반추한

다. 동무야, 이 숲길 위에서 너를 만난다. 힘내자는 말이 서럽기만 하다. 세월은 새처럼 날아가 버리고 마음은 아직 청춘인데 우리네 몸은 지치고 병들고.

하늘을 떠가는 새와 그 아래 잠든 침묵이여. 시공을 초월한 어디쯤 세상 자유롭고 순백한 영혼이 깃들어 평안과 고요가 가득할까. 바람이 허공 같다. 너를 떠올리는 이 시간이 왜 이리 서러울까.

그래도 힘내라는 말을 해본다. 힘!

11월 30일

늦게야 아침이 밝아온다. 뽀얗게 새날이 태동하고 어둠 속에서 뽀얀 눈이 빛난다. 11월 마지막 날이다. 바람이 내게 다가왔다가 멀찍이 물러나고 바람을 만나는 심정으로 오늘을 대한다.

좋았던 사람이 싫어지면 감당키 어려울 만큼 부정적인 말을 내뱉는다. 이러한 사사로운 감정은 지양해야 함에도 쉽지가 않다. 선택적 관계의 시대이다. 관계하고픈 이들을 선택하는 것이다. 가까운 관계일수록 친밀감을 유지하도록 애써야겠다는 생각하게 된다. 누군가의 뒷모습이 보이기 시작한다. 그와의 관계가 시작되는 것 아니겠는가.

바다 앞에 섰다. 온다, 흐느끼며 온다. 늦가을 시린 비가 내린다. 단비다. 바다는 따뜻이 맞는다. 동트는 새벽 바다, 울며 오는 그를 거부하지 않는다. 황진이가 벽계수를 맞는 듯 바다는 비를 반긴다. 자기를 희생하며 사랑을 줄 수 있는 고귀함 지니기를 바다는 기도한다. 그저 물로만 머물지 말고 피가 되는 물이 되어 달라고. 나무가 되는 물이기를, 마른 몸 촉촉이 적시기를 바다는 서둘러 파도 앞세워 그 비를 맞는다. 빗물에 젖을까 두 눈을 감는다.

12월 1일

마음은 보자기와 같다. 마음은 본래 깨끗하나 선함을 담으면 향내가 나고 악함을 담으면 악취가 나고 만다. 과거에 무엇을 잘못 담았다 하더라도 훌훌 털어내면 회복의 여지는 남는다. 마음이 맑아진다면 다시 행복하게 살아갈 수 있을 것이다. 맑은 하늘과 바람이 그들 것이기에 그러하다. 마음은 백지장과 다름 아니다.

올해 마지막 달 첫날이다 내 마음에 서른 세 겹 촘촘하게 둘러싸인 장막이 쳐져 있음을 느낀다. 인간의 우매하고 어리석음으로 인해, 올해 첫날 떠오르는 해 바라보며 걸어 낸 막들이 이제 꽉 채워져 한해를 다 보내고 있다. 또 이쯤이 되어 후회하고 반성하는 마음이 든다. 그리하여 새해 새날에 또다시 서른세 번의 종소리 들으며 백지처럼 맑은 마음을 만들 터이다. 인간의 나약함이다. 매년 도돌이표를 찍으며 되뇌는 '다사다난多事多難'이라는 말이 정겹기도 하고 안타깝기도 하다. 지난해를 돌이켜보면 정녕 이 말이 깊이 다가온다. 시린 하늘 올려다보며 길게 한숨짓게 된다.

12월 2일

일찍 잠이 들었다가 이르게 눈을 떴다. 동쪽 창이 희미한 하늘빛으로 바뀌며 다시 새로운 세상을 연다. 또다시 경이롭다. 햇살과 바람이 운무를 걷어내고 아침을 여는 하늘은 아름답게 피어나겠지.

집에 있는 아내를 생각한다. 여러 생각이 교차한다. 참고 왔었는데… 무던히도 고생을 시켰지… 아직도 날 사랑할까…. 한때는 힘들어하는 모습에 훌훌 자유롭게 놓아주고도 싶었는데….

우리 부부가 결혼한 지 어느덧 서른 두 해가 되었다. 고왔던 아내가 황토벽과 질그릇처럼 투박하다. 참으로 마음고생이 깊었을 것이다. 회사 업무 중 젊은 나이에 갑자기 쓰러져 의식을 잃었으니… 장애 3급, 지금도 그때 뇌졸중 후유증으로 왼편은 엄동설한이고 그나마 절반은 늦가을인 남편이다. 첫아이 돌 지날 무렵, 건강을 잃고 중도장애를 지니게 되었으니 그이 삶을 말해 무엇하랴. 그래서인지 그녀는 이제 투명함보다 속 깊은 사람으로 변해있다. 우리 부부를 아는 사람은 모두 아내를 칭찬한다. 고충의 시간을 알기에 그러하다. 저 사람은 아내로서 필요한 세 가지 덕목을 갖추고 있다. 그것은 인내와 두뇌 그리고 아름다움이다. 그중에도 으뜸은 인내일 것이라 여긴다.

  결혼이란 나를 버리고 타인을 받아들이는 길고 긴 여정인 것 같다. 부부의 만남은 인연 중에서도 가장 깊은 인연이라고들 말한다. 그래도 일생 함께 하려면 서로 배려하고 사랑하고 주고받으며 꽃과 나비처럼 상처 흔적 없이 공생해야 하는데 우리 부부는 너무 일방적이다. 부부는 꽃과 나비 관계라 하였으니 정신이든 물질이든 주고받음이 없다면 안 될 것이라는 생각에 머문다. 꽃향기이거나 꽃가루이거나 그 무엇이든 아내에게 주기 위해 노력하리라 다짐하며 살아왔다. 어느 날 친구와 마주한 자리에서 아내를 위로하는 마음을 내비치던 말이 생각난다. 아내에게 정말 잘해야 한다고… 나도 나름 열심히 살았는데, 섭섭하면서도 친구가 고마웠다. 아마도 두터운 미운 정 때문에 함께 하였겠지.

  어느 누구도 자신에게 부가된 슬픔으로부터 도망칠 수는 없다. 아내 슬픔은 내 그것보다 더 크고 무거웠으리라. 하물며 자괴감에 시달리며 가시처럼 뾰족하고 거친 말로 아내에게 상처를 주는 시간이 길었으니 말해 무엇할까. 힘겨움에 가끔 짜증도 부리고, 짧은 일상탈출을 요구하기도 하는 아내가 가여웠다. 아내 안에는 무엇이 있으며 그이는 무엇으로 살고 있을까. 사랑은 사람들에 대한 따뜻한 느낌이고 배려이며 관심이니까 내 아내 안에는 분명히 사랑이 있을 것이다. 그리고 나를 걱정하는 마음이 아닌 사랑으로 살고 있을 것이다. 우리가 살아가며 가장 원하는 것은 사랑이다. 물질이나 명성보다도 사랑을 더욱 원한다. 행복을 찾아 나서는 모든 여정은 결국 사랑을 찾는 길이다. 아마도 그녀는 자신에게 진정으로 필요한 것이 무엇인지 모르기에 나와 더불어 살아가는 것이리라. 신은 사람들이 부대끼며 살아가는 지혜를 얻으라고 자신에게 진정 필요한 것을 알게 하는 능력은 뺏고 사랑을 주지 않았는가. 삶은 끝까지 살아봐야 알 수 있다. 추억이라 이름 짓는 모든 것도 그 끝에 이르러봐야 소중함을 절감할 수 있기에. 비록 유리그릇 같은 삶이지만 남은 시간 정성으로 함께 하리라.

  냉수를 찾느라 냉장고 문을 여니 어제 사다 놓은 콩나물과 두부가 눈에 들어왔다. 콩나물은 정성이 담긴 물만으로도 튼튼하게 자란다. 탈레스의 주장대로 물이 만물의 근원이라 그런가. 안방 가장자리에 시루를 걸치고 물만으로 콩나물을 키워 식구들 반찬으로 활용하던 어머니가 스쳤다. 한참을 냉장고 앞에서 머뭇거리다 아침 상차림에 올릴 시원한 국물을 떠올렸다. 하나를 집어 콩나물 모자를 벗기니 머리가 둘로 벌어진다. 가만히 바라보고 있자니 그이 사랑이 이것이 아닐까 하는 생각이 들었다. 그 사람 한결같은 사랑은 아마도 두 개 방에서 나올 듯한데, 하나는 배려와 관심이 가득한 사랑방이고 조금 더 큰 방에는 더불어 살아가야 할 운명이란 생각에서 나오는 체념 섞인 미운 정이 가득한 방이리라 여겨진다. 아마도 후자가 그이 삶을 이끌 것이다. 이 고운 정, 미운 정이 하나로 합치는 데는 신이 건네준 두 아들이 단단한 노릇을 하고 있을 것이다. 두 아이가 조화롭게 커서 갖가지 정으로 우릴 묶고 있으니까.

행복한 가정의 행복한 모습은 모두 비슷하지만, 불행한 가정의 불행한 모습은 모두 제각각이라 하였던 글이 생각난다. 한 가정이라는 동그라미가 아무 일 없이 목적지까지 가면 좋겠지만 어디 삶이란 것이 그런가. 이가 빠지고 모가 생기고 웅덩이에 빠지기도 하면서 굴러간다. 이 생채기가 인생사며 사는 맛 아니겠는가. 온전한 동그라미는 주위와 이웃을 보고 느낄 겨를이 없지만 이 빠지고 모난 동그라미는 느리게 굴러가기에 주위 모든 것과 관계하며 더불어 살아갈 수 있다.

내 가정 버팀목이면서 지지대인 억척스러운 이 여인과

온갖 정 나누며 정성으로 살아가리라. 삶의 무게를 견디지 못해 먼저 간 아버지들과 다른 게 있다면 힘겨워도 아직 아내와 아이를 지킬 수 있는 기회가 남아 있다는 것이다. 오늘의 새로운 태양을 맞이하여 느림으로 더불어 걸어가야 할 것이다. 내 삶의 의미이기에.

이제 그녀에게 당분간 더 자유를 선물할 요량을 해본다. 함께 할 그날까지 자유롭기를 바라게 된다. 떨어져 있어도 서로의 행복을 존중하며 살아가는 부부가 되어야 하리라. 아침이 환하게 열린다.

12월 4일

세월은 무정하게 흘러 어느새 끝자락이 되었다. 생각이 깊어진다. 나를 둘러싼 만남들을 가만히 생각해 본다. 지금 내 곁에는 누가 있으며 내 맘 깊은 곳에는 무엇이 머무는지. 그리고 어떤 이들과 동행하였는지 돌아보게 된다. 생각만 해도 가슴이 따뜻해지는 이들로 인해 나의 삶이 복되고 내 인생은 깊이를 더해 갔다. 돌아와 자연과 더불어 한 삶은 더한 축복이었다. 또한 나는 누군가에게 어떤 의미 있는 이름이며 어떤 사람의 마음 깊은 곳에 자리 잡고 있을까를 가끔 생각하였다. 이 또한 감사하다. 누군가에게 좋은 기억으로 남기 위해 애쓰고 싶은 오늘이다.

매년 연말이면 만나 친구들과 온갖 정 나누던 초, 중 동기모임이 코로나19로 인해 미루어 오다, '위드 코로나 시대'가 되면서 중학교 동기회부터 '아름다운 동행'이라는 이름을 내걸고 고향 자락에 모여들었다. 행사장에 내걸린 시인 친구의 글로 인해 따뜻한 마음이 된다.
　"우찌 지냈노?"

　옥녀봉을 도르르 말아 올리자
　지난날 하교 길이 보이고
　그 길을 따라 저만치 눈시울 붉히며
　타오르던 노을
　참으로 따뜻한
　바람이 코끝을 감쌌을 때
　밀이 타는 냄새가
　오래오래 파도처럼 출렁였다
　우리 집 도장에는 누룩으로 빚은 술이
　부글부글 소리를 지르고
　친구들은 그냥 좋아서
　와글와글 떠들었다
　그 많은 시간을 돌고 돌아
　교정에서 다시 만난 친구야
　우찌 지냈노, 에나로 반갑다.

벗의 시심이 고스란히 내 마음이다. 낙엽 지는 늦가을은 흩어진 추억을 모으기에 좋은 계절 같다. 친구를 갖는다는 것은 또 하나의 인생을 갖는 것이라고도 하였으며 사랑이나 지성보다도 더 귀하고 나를 행복하게 해 주는 것이 우정이라고도 하였다. 촘촘해지려는 나이테를 느슨히 풀어놓고 서로 나눈다. 벗들은 꼬박 밤을 지새우고 새벽을 연다. 고향 언덕에 마련된 나눔 자리에 동이 튼다. 바다가 그린 풍경이 너무 아름답다. 유토피아다. 우리가 추구해야 할 미래의 모습이다. 참으로 아름다운 지세포구 풍광이다. 지금 곁에 있는 벗이 끝까지 갈 수 있는 친구라고 덕담 나누며 내년 회갑을 맞아 제주도 여행을 기약하였다. 함께 할 그날을 기다린다. 얼마나 행복할까….

 따스한 마음이 무척이나 오래 남을듯하다. 산다는 것은 만남의 연속이지 않은가. 누군가를 만나기 위해서는 이미 그전에 대단한 인연이 준비되어 있어야만 한다. 우리의 인연은 참으로 어질다. 만남에는 우연도 있지만, 이 늦가을 날의 만남은 필연이다. 이 만남은 축복이었으며 진정 환희의 날, 우리들 날이었다. 휘파람으로 고향 하늘에 울려 퍼진 가을 연가는 온통 고소함이었다. 멋진 자리를 마련하느라 애쓴 동기 회장에게 고마움 전하는 메모를 전송하고 애틋한 미소 짓는다. 늘 소통하는 그가 고맙기 그지없다. 또 보고 싶다, 벗들이.

12월 7일

이제 숲은 텅 빈 풍경이 된 듯하다. 머리 위로 바람이 분다. 하지만 남쪽 내 고향 거제도는 아직도 따스한 온기가 많이 남아 있다. 축복의 섬나라다. 아마도 연말까지는 이러하리라. 그래서 나는 이는 바람 가르며 오늘도 숲길을 사색하며 걷는다.

늘 반복되는 일상이지만 마음과 생각이 통하여 작은 것에도 웃음 나눌 수 있는 자연을 만날 수 있으니 오늘 하루가 선물이다. 믿음과 애정이 가득하여 어떤 일에도 변함없이 나를 지켜봐 주는 가족이 있으니 오늘이 기쁨이다. 많은 시간 고독 속에 보내지만 언제라도 고민을 들어줄 수 있는 좋은 친구가 곁에 있으니 미소 지을 수 있다. 늘 욕심으로 흔들리는 삶이지만 자연과 벗하는 열린 마음이 있으니 견딜 수 있다. 이 모든 선물을 챙기기엔 부족함이 많지만 그래도 내가 살아갈 수 있음은 소중한 그들이 늘 곁에 있기 때문이다.

삶은 선물이다. 그러나 그것을 인식하는 사람은 많지 않다. 왜냐하면 신은 아무 말도 하지 않고 계속해서 삶을 퍼주고 있기 때문이다. 전혀 아무 말도 없기 때문에 우리는 결코 우리가 받은 것이 굉장한 보물임을 깨닫지 못한다. 그는 진정으로 주는 법을 알고 있으며 바로 그것이 주는 기술인 것이다. 선물을 받는 사람이 그것을 알아채지 못하도록 주는 것이 삶의 선물인 것이다. 그런데 우리가 그것에 감사하게 되면, 더 많이 선물을 받을 자격을 갖추게 된다. 자신에게 일어나는 모든 것에 대하여 감사하는 사람은 계속해서 점점 더 많은 것을 받는다. 왜냐하면 감사하는 마음은 점점 더 열리게 되고, 점점 더 수용성이 커지기 때문이다. 모든 것이 선물임을 잊지 않으려 한다. 우리에게 일어나는 모든 것은 위대한 선물이다. 모든 괴로움과 모든 즐거움, 모든 고통과 모든 행운. 이 모든 것은 우리의 성장을 위하여 존재하기 때문이다.

하루의 얼마쯤은 조용히 고독의 의자에 앉아 침묵하는 시간을 갖자고 권한다. 자신의 저 깊은 곳에서 들려오는 자신의 목소리를 들을 수 있기에 내면은 성숙하고 아름다운 목소리로 가득 찰 것이다. 현명한 이의 이야기를 듣는 것도 필요하다. 하지만 우리는 먼저 자신의 목소리를 들어야 한다. 자신의 깊은 곳에서 조용히 속삭이는 내면의 소리를 들어야 할 터이다. 침묵 속에서 들려오는 소리는 예사롭지 않다. 내 영혼을 살게 하고 정화된 삶을 선물한다.

내 안의 시동을 잠시 끄자. 일주일에 한두 시간 정도는 내 안의 시동을 다 꺼놓는다. 모든 '해야 한다'를 없애고 달리던 자리에 그대로 멈춰 선다. 다른 사람들보다 지나치게 많은 일을 하려고 하지도 않고, 인정받으려는 노력도 없애고, 누군가를 감동시키고 싶다는 욕심도 줄이고,

눈치 빠른 사람이라는 소리를 듣기 위해 지레짐작해서 필요할 것 같은 일을 미리 해놓지도 않고 아무도 이야기하지 않은 일을 혼자 긴장하고 동동거리지 않는다. 다른 사람이 시키는 만큼만 꼭두각시처럼 움직이는 시간이다. 휴休 하고 내쉬며 쉼표를 새긴다.

이제 이순을 넘기며, 인생은 육십부터라는 말을 소중히 받아들이려 한다. 지나온 삶들이 이 시작을 어떻게 도울 것인가를 생각한다. 원하던 원하지 않던 삶은 주어지는 것이고 시련과 고통 또한 함께 하는 것 아니겠는가? 다만 그 주어짐에 최선을 다 하였는지를 나에게 묻고 싶다. 조용히 침묵하며 삶을 돌이키니 스쳐 가는 상념들이 있다. 아마도 올해에 이룬 것들로 인해 내년의 새로운 시작은 물론이고 오랜 시간 내 삶을 지탱해 줄 충전의 시간들이었음을 생각한다. 하여, 어느 해 보다 행복하였음을 따뜻한 가슴으로 느낀다.

'꽃피기는 쉬워도 아름답기는 어려워라'는 말이 생각난다. 좋은 글은 부단히 마음을 갈고닦지 않으면 어렵다는 결론을 내리며 소명의식을 다진다, 또 한 해를 맞이하는 희망으로 새해의 약속은 이렇게 시작될 것이다,

"웃고 사랑하고 감사하자."

내가 먼저 웃을 수 있도록 웃는 연습부터 해야겠다. 차 한 잔으로, 좋은 책으로, 정겨운 대화로 내가 먼저 마음

문을 연다면 나를 피했던 이들조차 인연이 될 것이기에. 다시 새해를 기다리며 새롭게 다짐하여 둔다.

"먼저 웃고 먼저 사랑하고 먼저 감사하자."

그리하면 나의 삶은 평범하지만 진주처럼 영롱한 한 편의 시詩가 될 것이기에.

12월 10일

드리워진 커튼 틈 사이로 밝은 기운이 들어온다. 근래 들어 숙면을 취하기가 쉽지 않다. 생각이 많아서 일까. 바람이 거칠게 이는 듯하다. 멀리 걸어가는 이의 뒷모습이 영상처럼 스쳐 지난다. 꾸부정한 내 모습인 듯하다. 얼굴이 차가워지더니 머리 위로 바람이 닿는다. 한참을 멍하니 창밖을 바라보다 슬며시 자리에서 벗어났다. 왠지 모를 한줄기 서러움이 밀려온다. 이제 어두웠던 거리는 점점 밝아오겠지. 세상은 어제처럼 또다시 바삐 돌아갈 터이고. 나만 혼자 이렇게 달라져 가고 있을 터이지…. 침묵을 깨뜨리고 고독의 시간에서 벗어나 책상에 앉는다.

불을 켜니 어둠을 밀어내고 오롯이 따스함을 지닌 채 나를 반긴다. 금세 아늑함이 찾아든다. 모든 것이 멈춘 듯했고 까맣게 타버린 듯한 가슴에 일순 새순이 돋는다. 얼마 전 지인이 손에 쥐어준 책을 펼쳤다. 잠언집이다. 책

중에는 곁에 두고 언제 꺼내 읽어도 좋은 책이 있다. 조화로운 삶을 화두로 잡은 법정스님 책이 그러하다. '살아 있는 것은 다 행복하라'의 내용이 마음에 와 닿으며 생각이 깊어졌다. 다소 복잡했던 머릿속이 평안해지고 나를 돌아보게 만든다. 평소 같으면 별다른 큰 감응 없이 고개 끄덕임만으로 넘겼을지 모를 일이다. 하지만, 최근 내 삶에 투영해 봄직한 말이기에 마음이 이끌렸다. 세상 모든 것을 자기 관점에서 바라보고 해결하려는 독선으로 삶을 이끌다 원하는 대로 되지 않으면 좌절하고 분노하는 현대인에게 던지는 메시지가 엄중하다.

"내 마음이 불안하고 늘 갈등상태에서 만족할 줄 모른다면 그것은 내가 살고 있는 이 세상과 조화를 이루지 못하기 때문이다."

여러 갈등에 매몰되어 살아가는 이에게 묵직하게 다가온다.

"현재의 당신, 무슨 소리를 듣고, 무엇을 먹었는가. 그리고 무슨 말을 하고 어떤 생각을 했으며 한 일이 무엇인가. 그것이 현재의 당신이다. 그리고 당신이 쌓은 업이다. 이와 같이 순간순간 당신 자신이 당신을 만들어 간다. 명심하라."

책이 만든 사람은 많다. 한참을 더 책과 벗하다 창이 환하게 밝아졌을 때 머리를 드니 책상 가장자리에 말린 안개꽃이 놓여 있다. 살아서나 죽어서나 한결같은 안개꽃. 얼마나 선하고 착하게 살았으면 생을 다하고서도 하얗게 피어 있는가. 고난이 없다면 인생은 얼마나 삭막하고 살벌한 사막이었을까. 안개꽃처럼 깨끗한 마음으로 살았는지 되돌아본다. 보이지 않는 것들에서 지혜를 찾는다. 여러 생각을 품고 새벽의 조각들이 떨어져 나간다, 조금조금씩.

12월 15일

매미성에 서서 섬을 바라보다 시방리 선착장으로 이끌리듯 걸어가 달뜬 마음을 섬 향해 더 열어 배에 올라 이수도로 향한다. 사람들 사이에 있는 섬은 바라보게 되고 그리워하다 가고 싶다는 욕망이 마음 지배하면 심장이 뛰고 바람이 불고 파도가 날리며 풀꽃이 피어난다. 그땐 기어이 섬으로 가고 만다.

이수도는 물이 좋아 황금어장인 섬으로 알려져 있다. 시방 선착장에 기분 좋은 바람이 불어온다. 그리도 마음에 그리다 그 섬에 왔다. 섬에는 사그라진 허무와 공존하는 시간이 고요히 흐르고 있었다. 섬에 찍힌 어지러운 내 발자취를 거둔다. 섬은 섬 밖에서 바라보아야 아름답다는 걸 그제야 알아챈다. 섬은 고통스럽게 기다리고 사람들에게 늘 그리운 대상이어야 좋다는 것을. 내가 경험하는 이 모든 것이 어느 글에서 문장으로 표현되겠지.

12월 17일

누구에게나 평생 세 번 정도의 위기가 닥친다고 한다. 하지만 위기가 크면 클수록 더 큰 기회가 온다. 삶에서 위기가 없다면 밋밋한 인생이라 할 수 있다. 인생에서 시련 극복 스토리가 있어야 세상 향해 할 이야기가 있게 된다. 그래야 다른 시련이 다가와도 신에 의지 않고 자신 힘으로 묵묵히 걸어갈 수 있게 될 것이다. 내 호흡에 집중하며 마음공부를 한다.

인간은 태곳적부터 신화적 세계관에 길들여져 기복 심리가 깔려있다. 종교는 이를 활용한다. 내 종교가 내세우는 신을 추앙하면 모든 일이 성사되리란 암시를 준다. 하지만 복은 누가 주거나 어디에서 오는 것이 아니라 스스로 짓고 행하는 것이란 생각이다. 집착에서 벗어나야 하리라. 자신을 위해 무엇을 할 수 있을지 스스로 묻고 진짜 자기 삶을 찾아야 할 터이다. 자연과 함께 하며 무기력감을 극복하고 성취감을 이루어야 하리라.

김광석의 '혼자 남은 밤'의 기타 선율이 고독을 더욱 짙게 한다. 노랫말이 나를 만나고 다시 돌아보는 시간을 갖게 해준다. 산과 바다가 어우러지는 멋진 풍경이 머문 곳에 마주하며 섰다. 내가 나에게 물었다.

"지금껏 살면서 가장 힘들었던 게 무언가…."
"어떤 것에 충실해야 하는가…."

12월 18일
겨울은 바람 냄새로부터 오는가. 겨울 숲을 노래한다.

산그늘 만든 해 따라 낮달은 더욱 빛나고
하늘 별들 부르르 몸을 떤다
새들은 시간이 죽는 버드나무 위에는 놀지 않는다

수평선 너머의 시간이 흐르니
미로를 찾아든 개미들
풀 섶 갈피에서 흔들리고
다시 희망 다독일 때 고요는 적색등 품는다

나무가 추운 발가락을 움츠린다
생 다한 나뭇잎은 내려앉아 누워도
여전히 따뜻하다
사라지는 것은 저리도 아름답다

뿌리 속 깊이 숨죽여 내려간다
더 낮아져야 고운 흙이 될 터이다
계절 잃은 투구꽃 쫑긋 피어있다

이해할 수 없는 감정이 낮에는 그늘로 다녀가고
숲에는 다시 어둠 내린다
갈길 막혀버린 바람의 발자국
깊은 상처는 모두 허공에 머물고
개똥벌레 초롱하게 무리 지어 날아오른다.

12월 19일

이곳 지세포구는 안개가 그렇게 자주 내리지 않는데 오늘은 한 치 앞의 사물도 분간하기 어렵다. 까마득한 안개 속으로 들어서는데, 문득 가족과 떠났던 동유럽여행 때가 떠올랐다. 2주간의 일정 중, 마지막 여행지인 체코 프라하로 향하는 야간열차에 올라 기차에서 밤을 보내고 역사에 도착하니 동이 트고 있었고 열차는 프라하의 새벽에 우릴 떨구어 주었다. 동화의 도시인 프라하는 로맨틱하며 매력적이었다. 안개의 도시인 프라하에 들어서니 차가운 겨울 안개가 여행객을 반겼다. 유럽의 가장 유서 깊은 도시임을 안개가 설명해주었다.

안개는 가까운 사물을 아련하고 멀리 보이게 한다. 몽환적이다. 다가서면 또 멀어진다. 나무 사이가 멀어 보여 다가가면 가까이 마주하고 있다. 숨 가쁜 세상 속에서 안개는 그렇게 신비한 도시 프라하를 가까이에서 느끼게 해주었는데, 여기 반송재 언덕길에서 그때와 닮은 안개를 다시 경험하며 추억에 잠겨본다. 아스라이 안개 속에서 나를 느끼게 해주는 이 시간을 소중하게 받아들인다. 시린 안개는 쉬이 걷힐 생각을 않는다. 안개에 깊이 묻힌 길을 사진에 담아본다. 내 걸음 안으로 촉촉이 들어와 조금 더 함께 해주기를 바라며.

12월 20일
젖은 달 바라보며 상념에 잠긴다

바람은 어디서 불어올까
낯선 포구
드문드문 불 밝히는 하양 빨강 등대는
젖은 달 걸고
잔물결에 떨어진 별들 아우성
그제야 지세포구는 속을 내어주고
불빛 따라 아래로 잠겨 든다

희망이란 좀체 입 밖에 내질 않는데도
기회와 후회는 결코 혼자 오질 않는다
낯선 파도 따라 일렁이던 빈 배
모두 어디로 갔을까
넉넉한 밤
햇살 숨소리 선명해질 내일은 만선을 꿈꾼다

바람에 일렁이는 쑥부쟁이에 앉았다가
꽃향기 묻힌 채 날개 흔드는 처연한 장수잠자리
어깨 위로 날아와 따사롭게 내려앉는다
잔잔한 주름이 곱다
잠자리가 날개를 말리는 시간
몸에서 하얀 백합이 핀다

등대는 아픈 세상 담는다
흐려진 시야
우리 사랑 익어가는 줄 알았는데
홀로인 그리움은
낙엽에 묻어 내려앉고
바람이 다시 쓰는 달빛 소리 듣는다
돌아서니 겨울의 중심
끝내 낯선 계절을 거부한다

그리움이 스러지면 무엇으로 살아갈까.

12월 21일
오호 통제라!

사랑하는 친구가 죽음을 맞이했다. 부고장을 들고 고개 떨군다. 슬프고도 슬프다. 소리 없는 눈물이 흐르더니 기어이 속울음이 터진다. 사흘 밤낮을 그를 지키며, 숲의 천 길 푸른 속내를 풀어놓고 내 한 길 속내를 들여다보았다. 어떤 위로처럼, 도시 비둘기들 눈발처럼 날아오른다. 삶은, 새들의 아득한 꿈이었을지도 모르겠다. 죽음을 서러워 말자. 따뜻한 흙이었다가 하늘의 점이 되면 그뿐. 닭도 암 그리고 모르모트의 삶, 너희는 예정된 주검이 될 것들 그 슬픔 아는가. 장례식장 옆 재래시장 한쪽 모퉁이에서 달금한 국밥 냄새가 난다.

숲이 그리웠지만 몸을 돌려 눕는다. 넌 별로부터 고독과 아픔을 이겨내는 법을 습득한 것이 틀림없어. 죽고 싶다고 말하는 삶들아, 거짓말일 거야. 죽음을 선택하는 그 자유를 증오한다. 너의 연약함은 차라리 위로의 대상. 나는 얼마나 멀리 흘러온 건가. 저기 내리는 노을처럼 나도 한 번 누군가를 물들이고 싶다. 마이 리틀 텔레비전, 트루먼 쇼, 우리도 세트장의 삶 산다. 아직 따뜻한 피가 흐르는 나는 침묵만 남아 무거워진 낙엽을 쓸어 모은다. 거짓된 관계에서 기어이 탈출을 시도한다.

12월 23일
멀리 떠나간 사랑하는 동무에게

어떤 소리가 그리도 고드름처럼 남아 저희들끼리 주절거리는가. 살아가다 보면 서글퍼질 때가 있다. 왠지 그럴 때가 있다. 지금이 그렇다.

활시위를 당기듯 겨울 숲을 당기는 팽팽한 바람에 능선 하나 걸려 있다. 허허로움이 너무 가득해 삶의 의미를 곱씹어 볼 때가 있다. 비틀거리며 걷다 문뜩 멈추어 내 그림자를 주시하는 날이 있다. 왜인지 모르겠다.

호주머니 속에 감추어 두었던 고백을 만지작거린다. 온종일 길어 올린 잎들이 쉬는 시간이면 그런 마음이 앞선다. 허무가 나를 지배하는 날이면 한숨이 나온다. 몸이 무너지더니 연이어 마음도 무너지고 만다. 헛웃음을 웃어 본다.

이것이 삶이겠지. 느리게 흐르는 초겨울처럼 너에게 간다. 나를 맞으며 뒤척인다. 저 멀리 등대는 더 크게 운다. 그들을 응시한다. 통증이 사위어간다. 미래는 쉼 없이 다가오고 현재는 쏜살같이 지나가는데 백지상태로 보내는 듯한 이 감정은 어디에서 비롯되었을까. 전화 한 통이면 빠져나올 수 있는 꿈이면 좋겠다. 낙엽 가득 내린 길을 혼자 걸어도 이젠 쓸쓸하지 않다. 벗님네야, 천 개의 바람이 되어 밤하늘 별로 곱게 빛나라.

12월 25일

성탄절이다. 산타 할아버지의 행복은 아이들 행복이다. 나눌수록 커지는 행복을 아는 나는 누구에게 무엇을 나눌 수 있겠는가….

북병산에 올랐다. 바스락하며 고향 산야가 내려다보인다. 산등성이는 그리 험하지도 연약하지도 않았고 황금어장과 기름진 들을 가슴에 안고 그 안에서 복을 지으며 평범한 살림살이를 이어갔을 것이다. 먼 옛날 할아버지, 할머니부터 부드러운 흙이 되어가면서 순박하게 살아가는 사람들의 세월이 승리한 자의 온화한 미소 같다.

이 세상에서 가장 부유한 사람은 자기가 가진 것으로 만족하는 사람일 것이라는 생각을 산 정상에 올라서 하게 된다. 우리가 살아가는 자본주의 사회에서 견물생심은 어쩌면 본능이다. 소유욕은 인간의 기본적 욕구이지 않은가. 가장 강한 욕망인 것이다. 이는 발전하고 전진하고 번영하는 원동력이 된다는 순기능을 지니고 있다. 이러한 욕망이 없으면 발전과 진보는 요원하기에 침체되고 퇴보하게 된다. 이처럼 소유욕은 발전의 원동력인 것이다. 하지만, 지나친 욕망 추구는 실패하고 좌절할 확률이 높다. 과욕과 허욕은 불행을 낳을 것이 자명하다. 비극을 초래하는 행위인 것이다. 자제가 미덕이다. 자기가 가진 것에 만족할 줄 아는 마음자세가 필요하리라. 꼭 필요한 것 이외에는 취하지 말라는 무소유 사상을 설파하신 법정스님을 하늘에서 다시 떠올린다. 지난 가을, 서울 나들이 길에 들렀던 길상사 빈 의자에 불현듯 마음이 향한다.

  이 세상에서 가장 현명한 이는 모든 사람에게서 배우고 또한 배우려는 사람이다. 또한 가장 강한 사람은 남이 아닌 자기 자신을 이기는 사람일 터이다. 남과 싸워 이기는 것보다 내가 나를 이기는 것이 더 어렵다 하였다. 산속 적은 물리칠 수 있지만, 내 마음속 적은 물리치기 어렵다. 우리는 이 적과 싸워 이겨야 한다. 플라톤은 '내가 나를 이겼다.'고 외쳤다 한다. 인간 최대 승리자가 된 것이다. 힘찬 말이다. 승리 중의 승리이다. 용기 중 용기이며 자랑 중 으뜸이다. 그는 진정한 강자였던 것이다. 양심이 욕심을 이겨낸 것이다. 인간의 마음자리는 선과 악의 싸움터다. 신과 악마의 전쟁터인 것이다. 내 안에는 두 개 자아가 있다. 양가감정이 자주 공존한다. 선과 악, 부지런함과 게으름, 용감한 자기와 비겁한 자아, 지킬과 하이드가 함께 한다. 사랑하는 아벨을 질투 끝에 죽인 카인의 무섭고 잔인한 피도 우리에겐 흐르고 있다. 현명함과 어리석음이 함께 하며 부단히 싸운다. 어느 것이 이기느냐에 따라 인간 가치가 결정되고 품위가 좌우되고 선악이 갈라지는 것이다.

  겸허한 사람은 무서운 힘을 갖고 있음을 안다. 인간이란 늘 남에게 속기보다 스스로 자신에게 거짓말을 하고 싶어 하는 존재이다. 그리고 물론 남의 거짓말보다는 자신 거짓말에 더욱 잘 넘어간다. 거짓말, 누군가 거짓말을 하면 세상이라는 호수에 검은 잉크가 떨어져 내린 것처럼 그 주변이 물들어버린다. 그것이 다시 본래의 맑음을 찾을 때까지 그 거짓말은 만 배쯤 순결한 에너지가 필요하다 하였다. 자신에게 한 약속을 거짓으로 만든다면 순결을 잃고 자신 몸은 까맣게 타버릴 것이다. 나를 이기기 위해서는 모르는 것을 모른다고 하는 솔직함과 아는 것을 애써 아는 척하지 않고도 자신의 지식을 나눌 줄 아는 겸손함과 지혜가 있어야 할 것이다. 돋보이려 애쓰지 않아도 있는 모습 그대로 아름답게 비치는 거울처럼 말이다. 니체는 왜 살아야 하는지를 아는 사람은 그 어떤 상황도 견뎌낼 수 있다 하였다. 인간에게 마지막 보류로 남는 것은 주어진 환경에서 자신 태도를 결정하고 자신의 길 선택할 수 있는 자유이다. 이것이 인간 존엄이며 비극 속 낙관이다. 영원히 살 것처럼 꿈꾸고 내일 죽을 것처럼 오늘을 살아야 하리라.

12월 28일

  지나간 기억들이 새삼스레 떠오르니 한해의 막바지인 듯하다.
  우린 살아가고 아직은 못다 한 이야기는 남아있기에 고독해도 살아야 할 이유이다. 다시 꺼내 든 시인의 농익은 고독이 그리움 드리운다.

  고독에 대하여 / 아네모네 김영은

  바다를 만나
  그 사람
  그곳에
  빠뜨리고 왔는데
  어느새
  집에서
  나를
  기다리고
  있었네

시인의 농익은 고독을 안고 지세포구로 향한다. 윤슬이 아롱진 바다가 나를 반긴다. 삶은 고독의 연속이라고 중얼거려본다. 오롯이 나를 만나는 시간이다. 내 고독이 농익는다. 바다 깊이 빠뜨린다. 그리움이 버릇이 된 나는 오늘도 고독과 벗하였다. 집으로 향하는 발걸음이 가벼워진다.

12월 30일

시간 속에 쌓인 그리움, 그리움이 온몸을 감싼다. 자작나무 숲길 따라 차가운 물이 흘러간다. 겨울 지나는 바람이 거친 오후를 지나니 짧아지는 해가 드리우는 석양이 아름답게 피어오른다. 바람을 흔들지 않는 고요 중의 깊은 고요가 마음을 가라앉힌다. 요즘 들어 자꾸 걸어온 길을 돌아보거나 괜히 옷깃을 여미기도 한다. 원하였던 것을 얻지 못한 이는 지금이라도 남은 열정을 모아보려 마음 다진다. 고즈넉한 산길에 오른다. 허공에 가득 춤추는 연무, 빠르게 달려오는 운무, 산허리를 채운 안개가 섬을 만들고 고운 감정은 점점이 섬이 된다.

차가운 계절의 느낌. 그 긴 추운 날의 소비를 생각하며 조금의 온기나마 모아 두려는 산책길… 그 길 바위 위에 졸고 있는 고양이, 허기진 배 움켜쥐고 제 엄마를 기억한다. 호주머니 뒤적여 나온 과자 부스러기를 그녀 곁에 슬그머니 놓았다. 웃어준다. 점점 사라지는 파란 기억, 한줄기 바람처럼 맴돌다 서산의 석양을 서성인다. 마지막 남은 온기를 채집하며 그렇게 천천히 걸으며 자연과 함께한다. 손전화가 울린다.

"친구, 잘 지내는가? 건강하지."

나무와 꽃들이 있어 우리가 살아가는 진리를 깨우칠 수 있듯이 아무런 목적 없이 안부 물어오는 벗이 있음에 인생의 의미를 부여할 수 있다 할 것이다. 이런 소중한 인연으로 인해 가는 해가 그렇게 아쉽지만은 않다. 인생이 유한함으로 인하여 살아가며 만나는 작은 인연들이 아름다우며 소중하다는 것임을 헤아려 본다. 사랑은 점점 자라야 한다. 사랑의 자양분은 다름 아닌 '사랑'이다. 모든 사랑은 사랑을 먹고 성장한다. 아름답게 익어가는 것이다. 금아 선생님의 표현에 의하면, 새색시가 김장 서른 번만 담그면 늙고 마는 인생이라 하지 않았던가? 삶이 무한하지 않음을 아쉬워하신 것이리라. 그리하여 세모의 정은 나이 들수록 깊다고 한다. 남은 횟수가 적어질수록 상대적 속도를 느낀다는 것이다. 이순이 되니 새삼 몸으로 느껴진다.

우리는 매일 많은 이야기를 하며 관계를 이어간다. 인간에게는, 특별하게도 '기억'이라는 뒷마당이 있다. 추억이 샘물처럼 흐른다. 내가 살아온 삶의 기억이 반짝이는 이야기를 만들고 그 이야기가 휴먼 드라마가 되기도 한다. 이야기의 가장 본질적인 속성은, 그것이 인간과 인간 사이에 다리가 되어준다는 것이다. 그 이야기를 찾을 수 있는 곳은 바로 인생의 기억 뒷마당이다. 내 과거에서 금광을 발견하는 것이다. 동물의 가장 큰 미덕은 정직하다는 것이다. 호의 베푼 시간만큼 정확하게 가까워지고 그 사이에 쌓인 믿음을 놓지 않는다. 이해타산을 생각하지 않고 정직하게 사랑하고 믿을 수 있어야 진실된 인간관계가 형성될 것이다.

  표류하던 하루가 숲 가장자리에 몸을 내린다. 바람이 차갑다. 까만 어둠은 설익은 어둠을 이긴다. 막다른 하루가 노곤한 숲을 감싸 안는다. 살며, 가시처럼 뾰족하고 거친 말로 인해 상처를 받는다. 조용히 침묵하며 한 해를 돌이키니 스쳐 가는 상념들이 있다. 내 삶의 배경이 되어준 모든 인연들을 생각하며 사람이 꽃보다 아름다움을 생각한다. 이 시간, 한 해 동안 기억한 모든 일을 그리고 인연을 맺은 모든 이를 떠올리며 내 인생의 든든한 동반자들임을 깊이 인식한다. 아마도 오랜 시간 내 삶을 지탱해 줄 충전의 시간들이었음을 생각한다. 하여, 어느 해보다 행복하였음을 따뜻한 가슴으로 느낀다. 행복의 비밀을 알기 위해서는 우리에게 보이지 않는 세상이 있다는 것을 먼저 알아야 하리라.

늙어가는 내 손가락에 보석 반지보다는 펜대를 잡을 수 있기를 바라게 된다. 낙엽은 구르는 동안 파리한 생명을 즐긴다. 차디찬 땅 끌어안고 흙 온기 느낄 때 비로소 동그란 몽돌이 되어 새롭게 태어나 날개를 세우더니 그제야 비로소 생을 마감한다. 두터울 때는 세밀한 것을 생각하고, 좁을 때는 넓힐 것을 생각하며 자랑할 때는 겸손할 것을 생각하고, 잘못을 말할 때는 캐 내지 말 것을 생각하며 남 좋은 일을 드러낼 때는 살펴 삼갈 것을 생각하고, 속일 마음이 생길 때는 참될 것을 생각하라는 옛 어른의 말씀을 깊이 받아들이며 저물어 가는 한 해를 보내려 한다. 새해 첫날 동트는 새벽은 그리던 섬에 들러 일출을 맞으며 시작하리라. 잔뜩 찌푸린 하늘을 올려다보며 시린 눈꽃을 떠올려 본다.

회상
-내 삶에 의미를 건넨 날 떠올리며

페르미 추정

울던 철새 날아간 뒤 그제야 쑥부쟁이 하얀 상처 도진다. 갈대도 아쉬움에 따라 서걱거린다. 흰 구름 맞는 하늘은 가슴 열어 갈대꽃 피우고 강물은 천천히 달을 띄운다. 가던 길 멈추고 달과 함께 젖는다. 손 내밀어 가을과 이별한다. 쓸쓸한 오늘이 지난다.

블로그 이웃 글을 아침에 열었다. 수학 이야기를 재미나게 들려주는 블로그 이웃이다. 오늘은 페르미 추정 문제를 소개한다. 짧은 댓글을 달고 산책길에 나섰다. 토끼가 아침 산책 중이다. 오늘을 맑게 연다. 불끈 따뜻함이 올라온다. 가던 길 멈추고 그늘이 곱게 드리워진 의자에 앉았다. 화두로 잡고 사유한다.

페르미 추정은 어떠한 문제에 대해 기초적인 지식과 논리적 추론만으로 짧은 시간 안에 대략적인 근사치를 추정하는 방법이다. 이탈리아의 물리학자 엔리코 페르미는 1945년 실험에서, 당시 폭발 지점으로부터 10마일 정도

떨어진 베이스캠프에서의 관찰을 바탕으로 그 위력을 추정한 것에서 비롯된 학설이다. 이처럼 페르미 추정은 과학 분야에서 물리적인 양을 추정하는 데서 출발하여 지금은 대입 면접은 물론이고 기업체 신입사원 면접, 직원 교육 도구로 널리 활용되고 있다.

'부산시의 피아노 조율사 수는?', '서울 시내 영화관 수는 모두 몇 개?', '우리나라에서 1년 간 팔리는 치킨은 모두 얼마치일까?' 등의 질문을 예로 들 수 있다.

근래 기업 채용 시 이처럼 단번에 대답하기 어려운 문제를 제시하는데, 이것은 급변하는 경영환경과 불확실한 미래에 제대로 대응할 수 있는 인재를 확보하기 위함이다. 즉, 어떠한 상황에서도 창의적이고 유연한 사고를 할 수 있는 인재를 구하는 것이다. 페르미 추정은 정확한 값을 구하는 것보다 스스로 가설을 세우고 문제를 해결해나가는 과정을 중시한다. 그래서 창의적인 인재를 선발하기에 적합해 사회적으로 널리 활용하고 점차 확대되고 있다.

미래 사회에서 우리 아이들은 정답 없는 문제를 해결할 수 있어야 한다. 정답이 있는 문제는 고도로 발달한 인공지능이 인간보다 더 정확하고 빠르게 해결할 수 있기 때문이다. 따라서 인공지능이 해결할 수 없는 정답 없는 문제를 해결할 수 있어야 하고, 이를 위한 것이 페르미 추정이다. 어떠한 문제에 대해 기초적인 지식과 추론만으로 짧은 시간 안에 근사치를 찾는 방법인 것이다.

세계적인 다국적 기업이 최종면접에 참석한 두 명의 지원자에게 물었다.

"이 면접장이 있는 건물의 높이가 얼마인지 아시는가?"

예상 질문이었다. 면접자 A는 쾌재를 부르며 곧바로 정확하게 건물의 높이를 답했다. 건축학을 전공해서 사전에 해당 건물의 높이를 외우고 있었기 때문에 가능했다. 하지만 면접자 B는 면접장 건물에 대해 아무것도 아는 것이 없는 상태였다. 그는 잠깐의 시간을 달라고 요청한 뒤, 건물 옥상으로 올라갔다. 그곳에서 보이는 건물 그림자와 자신 그림자 비율을 측정한 뒤, 대략적인 높이를 측정하는데 성공했다. 면접자 B의 답은 실제 높이와 비슷하긴 했지만, A 면접자 정답에 비해 오차가 컸다. 하지만 최종 합격자는 면접자 B였다.

기업이 원한 인재는 배경지식이 없는 상황에서도 주변을 활용해 문제를 해결할 수 있는 사람이었기 때문이다. 면접자 B가 활용한 문제 해결 방식이 '페르미 추정'이다. 문제해결력은 주어진 문제를 분석해 해결할 수 있는 능력이다.

미래 사회의 특징 중 하나는 변화이다. 모든 정보와 상황이 수시로 바뀌며 시도 때도 없이 새로운 문제가 발생한다. 현대사회는 이러한 문제들의 해결 능력을 지닌 인재를 요구한다.

학생들에게 구술, 면접을 지도할 때, 활용하였던 이야기가 생각났다.

면접관이 짤막하게 묻는다.

"낙동강 물이 몇 바가지라 생각하나요?"

대부분은 긴장해 당황하게 된다.

하지만, 한 사람은 그의 눈을 응시하며 면접관에게 대답한다.

"저는 세 가지 관점으로 접근해 보겠습니다. 수학적, 과학적 그리고 철학적 방법으로 답하겠습니다."

벌써 대답하는 수준이 다르다. 면접관 기선을 제압한다. 면접은 대화이고 그 대화를 주도해가는 능력을 요구하는 것이다. 이는 아이들 훈육 때도 요긴하다.

"오늘은 너에게 두 가지만 말할게, 잘 들어."라고 이야기를 시작하면 아이는 머릿속에 미리 두 개의 홀더를 만들게 된다. 무작정 길게 잔소리하면 아이들은 수용에 한계를 느낀다. 변화를 바라는 부모에 부응 못하고 아이는 아무 기억도 하지 못한다.

"먼저 과학적으로 접근하면, 한 바가지라 답할 수 있습니다. 지금은 과학이 지배하는 시대입니다. 과학이 못하는 게 없지요. 전 과학의 힘을 빌려 낙동강 물을 모두 담을 바가지를 하나 만들겠습니다."

단호하게 이야기한다. 답이 될 수 있다. 창의적이다.

그는 이어 말한다.

"다음으로 수학적인 접근입니다. 가로 세로 10센티미터 정사각형 나무상자를 만들고 1 평방미터의 낙동강 물을 퍼 담으며 셈합니다. 그리고 곱셈하면 몇 바가지인지 알 수 있지요. 낙동강 전체 길이와 폭은 지도에 표시되어 있기에 계산이 가능하리라 여겨집니다."

페르미 추정이다. 몇 바가지인지가 중요한 게 아니고 답을 찾아가는 과정을 요구한 것이니까 답이 될 수 있다.

"마지막으로 철학적으로 사유하였습니다. 인간의 삶은 유한합니다. 인간의 일반적인 관점으로 보면 낙동강 물은 무한히 많습니다. 따라서 유한한 생명을 지닌 인간의 능력으로는 셈이 불가능하다 생각합니다. 이상입니다."

이러한 답변을 들은 면접관의 표정은 어떨까? 사회는 창의적 인간을 요구하고 있다.

가정에서도 아이들에게 정답 없는 문제를 자주 생각해 보는 기회를 제공하는 것이 필요하다. 수년간 정답 없는 문제를 생각해보는 훈련을 한 아이들은 이후 상급학교 또는 성인이 돼 맞닥뜨릴 정답 없는 문제들에 열린 마음으로 도전할 수 있을 것이다. 얼굴 마주하며 둘러앉은 식탁에서 아이들과 시작해 보길 바라게 된다.

점유이탈물 횡령죄로 고발하다

 이른 퇴근이라 전철이 붐비지 않고 쾌적했다. 스마트 폰 화면을 통해 뉴스 기사를 보다 옆자리에 무심히 폰을 놓고 무선 이어폰으로 뉴스를 듣고 있었다. 동해남부선으로 환승해야 하기에 교대역에서 내렸다. 무선 이어폰에서는 코로나 관련 뉴스가 흐른다. 전철이 멀어지자 곧 이어폰이 꺼지며 정적이 흘렀다. 휴대폰이 길을 잃었다. 바야흐로 지금은 스마트폰 시대이다. 아무것도 할 수 없었다. 삶의 암전이 시작되었다. 사그라진 허무와 공존하는 시간이 흘렀다. 푸른 잉크색 낯빛으로 억울한 고발장을 쓰려한다.

 며칠 전 퇴근길에 지하철에 폰을 두고 내렸는데, 아직 돌아오지 않고 있다. 폰이 사라졌음을 인지하고 지나는 행인에게 부탁해 전화해보니 이내 폰은 꺼져 있었다. 역무원실 찾았다. 상황을 들은 역무원이 전화기를 껐다는 것은 불안하지만 기다려 보자 한다. 전화는 여전히 켜지지 않고 있다. 역무원실 나서며, 폰을 돌려받기 어렵겠다는 생각이 나를 지배하기 시작하였다.
 구입한 지 4개월밖에 되지 않은 신형 휴대폰과 케이스에 들어 있던 카드 세 개와 내장된 카드 한 개 그리고 연락처와 일상을 메모한 온갖 자료들은 모두 나를 떠났다. 스마트 폰이 그동안 나를 지배하고 있었음을 깨닫기에는 그리 오래 걸리지 않았다. 지금은 스마트한 시대다. 손 전화 없이 단 한 발짝도 나아갈 수 없었다.

삶이 일순간 멈추어 버렸다. 사흘 동안 전화기는 켜지지 않았다. 의도적인 것 같았다. 남의 물건을 습득하면 주인에게 돌려주는 것이 인지상정일 터인데도 안하무인이다. 이런 사회 구성원들과 이 도시에서 함께 살아간다는 것이 회의적인 생각이 들었다.

인간을 조종하는 두 개 마음, 선과 악. 과연 무엇이 인간을 지배하는가. 더 이상 기다릴 수 없어 경제적 부담을 감수하며 폰을 다시 마련했다. 백지상태 폰은 아무런 정보가 없다. 카카오톡을 살려 지인들에게 전화해주길 요청하는 메모를 남겼다. 새로운 전화를 개통하니 잃었던 폰이 움직이지 시작한다. 녀석은 전문가 수준이다. 구글 통해 자기 것으로 만들기 위해 노력 중이라는 게 느껴진다. 너무 괘심(掛心)하고 분해서 꼭 되찾고 싶어졌다.

폰을 잃어버린 건 내 부주의에 의한 것이지만, 이를 주워 돌려주지 않고 소유한다면 분명 '점유이탈물횡령'이란 생각에 이르렀다. 112에 신고를 하니 분실한 폰에 대해서는 수사하지 않는 게 원칙이란다. 길에서 잃은 현금은 수사하면서 폰은 유무형의 개인의 큰 재산인데 수사대상이 아니라니 이것은 매우 불합리하다는 판단을 하였다. 얼마 전 탐정 활동이 법적으로 허용된다는 뉴스가 떠올랐다.

탐정을 구해야겠다는 생각도 해보았다.

 나부터 변해야 세상이 바뀐다 하였다. 이러한 사회적 불합리한 상황을 참고 그냥 넘긴다면 세상은 점점 이기와 모순에 점령당할 것이다. 민주주의 최후의 보루는 깨어있는 시민의 힘이다. 나부터 나서서 변화시켜야 한다는 생각을 굳게 한다. 부산 어느 동네에서 잘못된 사회인식을 개선하기 위해 노력하는 사람이 있다는 것을 알리고 싶었다. 살맛나는 세상을 꿈꾸어본다.

 여기저기 정보를 받아 녀석의 움직임 추적하니 금정구에 거주한다는 것을 알 수 있었고 IP 주소를 알 수 있을 것 같았다. 이러한 정보를 들고 경찰서를 찾아 점유물 이탈횡령죄로 고소했다. 피해자 조서를 꾸미며 담당 경찰관에게 간절히 말했다.

 "힘들겠지만, 꼭 찾아내어 분실한 핸드폰을 돌려주지 않으면 범죄 행위임을 꼭 밝혀야 합니다. 분실한 폰은 서로 돌려주는 사회가 되도록 저도 나름대로 널리 알리겠습니다."

 사회정의 구현 위해서라도 꼭 찾아내 죄를 묻고 돌려받고 싶다. 그래야 이 도시에서 함께 호흡하며 살아갈 수 있을 것 같다.

 바다가 보고 싶어 집을 나선다.

추억의 책장 넘기며

　서재 서랍장에 간직하고 있던 가족 앨범을 펼친다. 아이들과의 추억이 와르르 쏟아진다. 강보에 싸여 울음 울던 모습부터 아장아장 걸음마하는 아이와 더불어 유치원과 초, 중, 고 졸업하는 모습 그리고 퍽이나 잘 어울리는 대학 캠퍼스에서 자기 엄마와 찍은 건사한 졸업사진까지 순서대로 펼쳐지며 아버지를 미소 짓게 한다. 우주의 깊은 숨소리를 듣는다. 그제야 오래오래 초록으로 차오르는 세상을 느낀다.

　언젠가 아버지에게 존경한다는 말을 해 못난 아버지를 행복하게 해 준 기특한 아들이다. 힘겹게 살아온 내 젊음에 의미를 더해줄 아이가 생기고 그날에 찍었던 가족사진 속 설레는 웃음은 그대로지만, 외로운 중년 어느 날 펼쳤던 가족사진이 나를 낯설게도 하였었다.

　이제 아들은 자라 어른이 되어 자기 짝 만나 결혼을 한다. 바쁘다는 핑계로 소홀함은 없었는지 따뜻함을 놓치지는 않았는지 뒤돌아보게 된다. 동안의 아들과 나눈 시간들이 행복한 날들이었음을 추억한다. 결혼식장으로 가는 차 안에서 동안의 시간을 회상하여 본다.

　아이의 혼담이 오가던 중, 아직은 차가운 기운을 담은 바람을 안고 아내와 동행하여 울산으로 향하였다. 약속 장소인 식당 정원에는 목련이 조그맣게 꽃망울을 키우고 있었다. 새로운 가정을 이루려는 아들 녀석의 부풀어 가는 마음 같아 미소가 물렸다. 누군가에게 새로이 존재를 알린다는 것은 어려운 일임을 느낀다.

사랑하는 여인과 결혼한 이듬해에 우리 부부에게 찾아와 행복을 안겨 주었던 아이. 철들고부터는 장애인 아빠를 보며 상처를 가슴에 품고 살았을 아이. 교묘하게 파고드는 통증이 녹슨 과거를 닦아 낸다.

부모에게 자식은 늘 철부지로 남아 있다. 아직은 어리다고 여겼던 아들이 새해 첫날 힘차게 떠올랐던 해가 그림자를 만들 때쯤

"아버지, 올해 저 결혼하겠습니다."

라기에 선뜻 허락은 해놓고서 과연 아들이 가장이라는 무거운 짐을 견딜 수 있을까 걱정은 되었지만, 그동안 익힌 지식과 지혜로 가정을 잘 이끌어 가리라 기대하였다. 평생을 함께하기로 했다며 선한 인상을 지닌 여자 친구를 소개하던 날이 생각나 미소 짓는다. 결혼은 중한 계약이기에 그 무게를 잘 견뎌야 하리라 생각하며, 이제 손을 맞잡고 미지의 세계로 나아갈 이들에게 행복이 가득하길 소망하였다.

수국이 꽃망울 맺기 시작하던 여름 초입, 부산을 깜짝 방문한 예비사돈 내외와 태종대에서 함께 즐기며 추억 쌓으며 좋은 인연을 이어갔다. 결혼 준비가 순조롭게 이어

지던 중에 본가에 들러 딸아이를 어머니께 인사드리는 것이 예의인 듯하다며 예비사돈이 거제 여행을 제안해 왔다. 따뜻한 배려의 마음이 너무 고마웠다. 사돈 내외와 아이들이 함께 구순의 어머니께 인사드리니,

"오래 사니 막내아들의 며느리까지 맞는다."

하시며 너무도 행복하다고 하셨다. 현지인만 안다는 거제도 명소만 이끈 이틀간 여행은 그리하여 즐겁고 행복하였다.

아무리 특별한 인연도 이를 소중히 여기지 않으면 좋은 관계를 이어가긴 쉽지 않다. 어리석은 사람은 인연을 만나도 몰라보고, 보통 사람은 인연인 줄 알면서도 놓치고, 현명한 사람은 옷깃만 스쳐도 인연을 살려낸다 하였다. 이처럼 인연은 억지가 아니라 저절로 찾아든다. 인연의 싹은 하늘이 준비하지만 튼튼하게 뿌리내리게 하는 것은 온전히 사람 몫이다. 공과 시간을 들여야 향기로운 꽃 피우는 난초처럼 말이다. 늙는 것도 운명이고, 또 늙어가는 채로 내 아이의 삶을 지켜보는 것도 운명이라면 따뜻한 이들과 좋은 인연 가꾸며 늙고 싶다. 내 안에 있는 빛 마냥, 한 권의 좋은 책처럼 참 좋은 인연이 되어 우리 안에서 빛을 밝힐 것이 자명하다.

예식장을 향하며 동안의 함께한 시간을 추억하니 얼굴에 미소가 가득 머문다. 결혼식에서 아이들 향해 들려줄

덕담을 적은 메모지 꺼내 다시 읽어 두며 긴장하기 시작한다. 이르게 도착한 예식장에는 준비가 한창이다. 순백의 웨딩드레스 갖춘 신부는 황홀하게 아름답다. 한껏 꾸민 신랑은 듬직하다. 내 아들임이 자랑스럽다. 이제껏 경험하지 못했던 코로나가 창궐한 현실이 안타깝기만 하다. 1단계로 다소 주춤하였다 하지만, 식장을 가득 채운 일가친척과 하객이 너무도 고마울 따름이다. 축복의 자리에 불편한 모습 보여드려 송구하지만, 마음 다잡고 아이들에게 덕담을 전하였다.

"여러분 반갑습니다. 저는 신랑 민준이 아버지입니다.

먼저, 코로나 19로 일상이 평탄치 않은 시기에, 이 자리를 빛내주시기 위해 한걸음에 달려와 주신 일가친지 그리고 하객 여러분에게 머리 숙여 고마움 전합니다. 감사합니다.

아들 둘 두고 있는 저는 오늘 새롭게 딸을 얻는 기쁨에 즐겁습니다. 자식을 나누어 가지는 일에 흔쾌히 허락해 주신 사돈 내외분께도 이 자릴 빌려 감사의 인사를 드립니다. 고맙습니다.

아들이 주례 없는 결혼식을 올린다고 해서 마음에 부담은 되었지만, 이렇게 이 자리에 서 보니 무척 감회가 새롭습니다. 결혼하는 이 아이들이 행복하게 살아가는 모습을 상상하면서 몇 마디 전하겠습니다.

  사랑하는 내 아들 민준아, 그리고 지혜롭고 아름다운 영은아. 순백의 드레스가 너무 잘 어울리는구나. 오늘의 주인공은 너희들이다. 아버지는 진심으로 축하한다. 아버지로서 바라는 게 있다면, 지혜롭고 슬기로운 부부가 되는 것이다. 아내에게 존경받는 남편이 되고 아내를 늘 사랑해 주는 남편이 되어라. 상대에 대한 온전한 이해와 진정한 배려를 바탕으로 서로 소통하는 부부가 되었으면 좋겠다. 이제 가정을 이루어 삶의 보람을 함께 나누며 가족과 더불어 행복을 추구하려는 가치관 지니게 되길 바라게 된다.

  이제 너희는 어른이다. 어른답게 책임감 다하며 살기를 바란다. 살다 보면, 어려운 일이 생길 것이다. 서로 배려하고 상의해서 잘 헤쳐 나가길 바란다. 서로 다른 나무가 얽혀 더불어 살아가는 연리지처럼 너희 부부도 서로 위하며 살아가길 바란다. 너희 부부에게 들려줄 말을 생각하다 글 하나를 골랐다. 앞으로 살아가며 곁에 두었으면 하는 바람으로 전한다.

  무엇이 진정한 성공인가
  자주 그리고 많이 웃는 것
  현명한 이에게 존경을 받고

아이들에게서 사랑을 받으며

친구의 배반을 참아내는 것

아름다움을 식별할 줄 알며 다른 사람에게서 최선의 것을 발견하는 것

건강한 아이를 낳든 한 뙈기의 정원을 가꾸든

자기가 태어나기 전보다

세상을 조금이라도 살기 좋은 곳으로 만들어 놓고 떠나는 것

자신이 한때 이곳에 살았으므로 해서

단 한 사람의 인생이라도 행복해지는 것

이것이 진정한 성공이다.

늘 서로 사랑하며 행복하게 살아가리라 아버지는 믿는다. 그리될 것이야. 마치겠습니다. 감사합니다."

나를 둘러싼 차가운 공기가 데워진다. 좋은 기분이 되었다. 코로나 시대에 결혼식 치르는 모든 이에게 격려를 드리며 조금의 위로가 되기를 바라게 된다. 아이들은 강릉으로 신혼여행을 떠났다. 겨울이 왔으니 봄이 멀겠는가?

12월 31일

숲 속 새들은 차가운 겨울바람 아랑곳 않고 즐거이 날아오른다. 문득 내 삶에 정직해져야 사회가 비로소 밝아질 것이라는 생각하게 된다. 더욱 겸손해야 하리라.

자연과 더불어 살았던 2021년이 역사 속으로 저문다. 삶이란 것이 힘겹고 고달프지만, 늘 그렇지 않고 가끔씩 따뜻한 기운이 몸속으로 들어오기에 오늘을 또 걸어갈 수 있게 한다. 고향, 어머니, 소로우의 일기, 숲길, 야생화, 작두콩, 위로, 인연, 섬, 재회, 노을, 편지, 온기, 손길, 낮달, 호박전, 동무, 열정, 다리쉼, 윤슬, 이순, 불멍, 차박, 산달도….

한해를 다 보내며 올 한 해 내게 다가와 따뜻함 전해준 낱말들 떠올리며 미소 짓는다. 숲속 생활 통한 만족한 삶이었다는 생각하게 된다. 새해 새날 새벽에 떠오르는 태양 맞이하기 위해 잠을 청한다.

풍경 1
햇살 퍼지고 낮달 흐를 때
겨울 한가운데를 걷는다
뭉게구름 시나브로 하늘 가리고
바람마저 희미한 시린 오후
파란 카페에 앉아 사색에 든다

햇살 내린 지세포구에는 물여울 아롱지는데
물닭들 무리 지어 유영하고
갈매기는 자유를 노래한다
한해의 마지막이 기웃거리는 쓸쓸한 포구
그 안에 움츠린 사내의 흐릿한 미소

회귀본능에 몸 맡긴 지난 사계가 스치니
아름다웠어…
라고 뇌까린다
기어이 가슴에 꽃멍울 진다
나에게 다가와 따스함 전해준 낱말들
잔물결에 흐른다
고향, 야생화,
어머니, 위로, 손편지, 윤슬, 불멍, 손길,
다시 이어진 인연들
그리고
내게 다가와 따스한 미소 짓는 사람

이윽고 꽉 찬 풍경이 되더니
머리 위로
따스한 바람이 다가와
온전히 내 것이 되어

몸속으로 스민다
모두가 사랑이다
모든 것이 위로다
내일은 어디로 가는가

카페 창가에서
오늘을
한해를 지운다.
너를 닫을 때 나는 삶을 연다.

2022년 1월 1일

하얗게 피어난 얼음 꽃 하나가 차가운 바람에 얼굴을 쏘옥 내민다. 나는 이 세상에 무슨 일을 하려고 왔을까를 묻곤, 지난해 나에게 주어졌던 모든 시간이 선물이었음을 자각하는 시간 가지며 벗과 가는 해 아쉬워하다 잠이 들었다. 이르게 일어나 아들 내외와 만나기로 한 곳으로 나섰다. 어제 아들로부터 일출 함께 맞자며 거제로 온다는 통보에 사전답사도 하여 두었다. 가보진 않았지만, 일출 명소라 혹여 입장이 되지 않을까 걱정되어서였다. 코로나 상황이 엄중한 시기라 조바심이 일었기에.

길을 독촉하는데, 출발이 늦었는지 길이 열리지 않는다.

예상치 못하게 모여든 인파에 당황스러웠다. 유호전망대는 어렵게 되었다. 다행히 아들 내외는 좋은 자리를 잡았다는 연락이 왔다. 하지만, 나는 길이 막혀 더는 나아가지 못하고 농소해수욕장에 이르자 바다와 하늘의 연결점에서 붉은 기운이 감돌더니 붉은 점 하나로 시작되어 온 바다를 붉은빛으로 물들이며 서서히 해가 떠오른다. 해오름, 새로움이 피어오른다. 모두 길가에 차를 세우고 동으로 향하니, 기러기 가족이 태양을 가르며 붉게 물들며 지나간다. 내 마음도 붉게 물든다. 가슴을 열어 기운을 받아들이니 절로 뛰는 가슴이 된다. 아무것도 거칠 것이 없다. 지금의 느낌을 오롯이 간직하여 일 년 내내 서른세 개 장막의 막힘없이 살아보아야겠다는 굳센 다짐을 한다. 분노도 좌절도 모두 극복할 수 있겠다는 모진 마음과 각오를 하게 된다. 이 공평하게 주어진 자연의 위대한 선물 앞에서 남은 생을 위해 소망을 빌었다.

나지막한 산을 등에 업고 포근한 어머니 등 같은 바다 위에서 피어나는 희망을 만났다. 아무것 없는 곳에서도 생겨나는 것이 희망이라 하였으니 새 해 첫날에 갖는 이 희망을 낮은 자세로 받는다. 희망은 희망을 갖는 사람에게만 존재한다 하였다. 희망이 있다고 믿는 사람에게는 희망이 있고, 희망 같은 것은 없다고 생각하는 사람에게는 실제로도 희망은 없다는 의미일 것이다. 날마다 떠오르는 아침 해가 오늘 하루 더욱 밝고 크게 보이는 것은 희망 하나로 붉게 물들일 의지가 있기 때문이리라. 조금의 시간이 흘러 바다가 푸른빛을 되찾을 즈음 해를 등에 지고 돌아섰다. 내 그림자가 길게 드리워진다. 태양을 바라보고 있으면 절대 볼 수 없는 것이 그림자라고 하던 말이 생각났다. 이 그림자까지도 보듬고 가야 하는 것이 인생임을 문득 느끼며 이렇게 새날을 맞이하였다.

 길이 엇갈려 일출은 함께 하지 못하였지만 어렵사리 외포 항에서 조우해 시원한 대구탕을 먹고 새해 첫날 같이하며 활기찬 꿈 나누었다. 짧은 시간 같이 보내고 고독한 작가의 삶 응원해주며 아들 내외는 바람처럼 떠나갔다. 문득 외로움이 엄습한다. 그들과 헤어지고 돌아서니 바다는 속을 내어주고 윤슬 아래로 잠겨 든다.

 다른 바다로 갔다. 솔가지에 걸린 태양이 생각을 이끈다. 부모는 자식에게서 업그레이드된 분신을 소망하고 자식은 부모에게서 해방하고자 애쓴다. 아들이 차가운 바람 안고 며느리와 손잡고 찾아온 것은 해맞이보다 떨어져 혼자 생활하는 아버지 생각에 왔을지도 모르겠다는 생각하게 된다. 좋은 친구였던 아들과의 추억 되새기는 시간이 길어진다. 늘 건강하고 행복하기를 기도하며 집으로 오는 길 위에 섰다.

1월 8일

영국의 한 신문사에서 '영국 끝에서 런던까지 가장 빨리 가는 방법은 무엇인가?'라는 현상 공모를 낸 적이 있다고 한다. 이동의 방법으로 비행기, 기차, 자동차 등이 가능했다. 여러 가지 답이 나왔지만, 일등 한 답은 바로 이것이었다. '좋은 친구와 함께 가는 것.'

여행은 목적지보다 누구와 함께 하는지가 더욱 중요한 법이다. 더불어 출발할 때 자연 일부가 되어 숨 쉬겠다는 그 첫 마음이 소중하고 산과 강, 나무와 풀들이 자신과 튼튼한 인연의 끈으로 이어져 있다는 사실을 확인한 뒤 집으로 돌아오는 귀갓길이 더 값진 것이다. 돌아갈 곳이 있는 우리기에 여행이 더욱 행복해진 것임을 안다. 고단한 삶을 살아가는 우리에게 기쁨과 슬픔을 함께 나눌 수 있는 진정한 삶의 동반자가 있다면 모든 순간이 더할 나위 없이 행복하게 느껴질 것이다.

전국의 산과 바다를 자유로운 영혼이 되어 정처 없이 다니는 벗이 함께 길 떠나기를 청한다. 얼마 전 영남 알프스 9등을 완등 하였다는 말을 전하며 겸연쩍어한다. 함께 하지 못한 미안함일 터이다. 속으로 쾌재를 부르며 그의 차에 올랐다. 주말을 맞아 고향 찾았다는 벗도 함께 한다. 목적지는 하동의 대도大島라는 섬마을.

한참을 포근한 겨울바람 가르며 달리고 달려 금남면 노

량항에 도착하니 앞으로 남해와 이어지는 남해대교, 그와 나란히 남쪽으로 흐르는 노량대교가 하얗게 펼쳐져 있고 다도해에 걸맞게 무인도가 점점이 떠 있는 풍경이 평화롭기만 하였다.

바다에 섬이 있고 또 그 섬에 바다가 있다. 바다와 바다 사이를 헤치고 그 섬으로 간다. 종이 우리를 위해 울리고 하루에 몇 차례만 오가는 도선에 몸을 싣고 신비로운 생태해양 섬인 대도로 향하였다. 노량대교가 멀어지는가 하였더니 이내 목적지에 다다랐다. 배가 섬에 가까울수록 유달리 바다 위에 크게 치솟아 보인다. 물살 일으키며 달리는 동안 선미에 흐느끼는 깃발은 잔물결에 떨어지고 기어이 사라져 간다. 꿈결인 듯 카페리는 이내 종이 울리고 대도 선착장에 우리를 떨군다.

'대도파라다이스', '장수 이씨 집성촌', '온 마을 사람이 가족인 정겨운 섬 대도', '신비로운 생태 휴양섬 대도'

초입의 즐비하게 늘어선 마을 소개 글이 우리를 정겹게 반겨준다. 노량항에서 뱃길로 20분, 이순신 장군의 마지막 해전지 노량해전의 한 복판에 위치한 유인도로 본섬과 부속 섬 여섯 개로 이루어진 소담스러운 풍경 담은 섬이다. 낙지, 바지락, 숭어, 굴을 잡고 캐는 전형적 섬마을, 세상에서 가장 낮은 소리 들으며 걷기를 즐기게 조성된 섬 둘레길 5.6km.

따스한 바람 안고 천천히 걷는다. 벗들과 나누는 고소한 담소가 잔물결에 잠기니 이내 너그러움이 깃든다. 낯선 섬사람들과 조우하며 인사도 건네고 돌고 도는 둘레길에 잇대어 펼쳐진 풍광에 연신 탄성을 내지르며 여행은 새로움을 선물해 준다는 것을 새삼 느끼게 된다. 시간 조정이 서툴러 아직도 남은 길을 서둘러 걸어가야만 하였다. 호흡이 거칠어진다. 아무리 힘들어도 걸을 수 있는 힘은 자연이 건네는 위로가 있기 때문이리라. 뭍으로 나가는 마지막 배를 타야 하기에 느린 발걸음을 쉼 없이 내디뎌 거친 숨으로 겨우 시간 맞추어 당도했다. 긴 날숨으로 배에 오르니 무릎이 시큰거린다.

갑작스레 떠나온 길이지만, 벗들과 함께 한 섬길 걷기는 행복하였다. 다시 노량항에 도착하니 노량대교가 어둠에 가라앉고 있었다. 차를 돌려 다시 거제로 돌아오는 길 위에 섰다.

길 떠남은 집에서 떠난 몸 그대로 무사히 돌아오되 가슴과 머리에는 많은 추억을 담아 오는 것이 가장 잘하는 여행일 것이다. 또한 여행은 사는 법을 배우게 한다. 뜻밖에 의도하지 않은 길을 가게 될 때 계획하지 않은 길에도 슬거움이 있음을 터득하게 해주기에 그러하다. 낯선 곳에 가면 일상생활에서 닫히고 무뎌진 마음이 열리고, 빈손의 자유로움도 느끼게 된다. 한 걸음 물러나 내 삶을 밖에서 담담하게 들여다볼 수 있는 여유를 갖게 해 주기에 달콤한 휴식이 된다. 더불어 꽉 매어졌던 정신을 풀어놓고, 힘껏 졸여진 마음을 열어 놓는 것이다. 익숙한 세상과 조금 거리를 두는 것이고 거듭되는 일상으로부터 한 걸음 옆으로 떨어져 나오는 것이다. 그렇게 마음속에 자기를 비워 놓고 새로운 것들로 가득 채워 다시 우리가 가꾸어갈 그 세상으로 돌아가 하루하루를 살 준비를 하는 것이 여행의 미학이다.

우리는 돌아오기 위해 매일 떠나는 것이다. 어딘가로 떠난다는 것은 그 자체로도 즐거운 일이다. 겨울의 한가운데를 발밤발밤 걷는 날이었다. 봄꽃 아롱지는 날 즈음에 파란 하늘 아래 벗과 어깨 나란히 하고 사랑과 우정 가득 나누며 떠날 짧은 여행을 다시 꿈꾸게 된다. 그때는 섬마을에 꽃 양귀비와 꽃 잔디가 향기를 뿜내고 있을 터이다.

1월 9일
어제를 떠올리며 시인이 된다.
섬 길 걷기
자유로운 영혼 지닌 벗 섬 길 걷자 청하고 함께 길을 떠난다.

섬, 그 신비로운 생명, 바다에는 섬이 있고 그 섬에 또 하나의 바다가 있다.

바다와 바다 사이 존재하는 크나큰 생명체 그곳으로 간다.

마주한 하동과 남해 잇는 노량대교, 이순신 장군의 승전보가 들려온다.

눈물이 없어도 파도는 흘러내리고 그가 그려내는 풍광이 평화다.

노량항에서 이십 분 달려온 카페리 정겨운 섬 대도에 닻을 내린다.

꿈틀거리는 안개 속에서 내 몸 길어 올린다.

고개 비트는 흐릿함은 잔잔한 눈빛 되어 침잠하고 문득 그 속이 더욱 명료히 다가온다.

걸음은 자신의 몸과 정신의 상태 알아보는 첫 행동

걸으면 의미 없는 하루가 의미 있는 일상으로 변하고

아무 의미가 없던 대상이 걸으면 또 다른 의미로 다가오게 마련

돌고 도는 섬길 거닐며 담소 나누니 섬길 따라 따르던 풍경은

기어이 내 마음 물들이고 나는 잔물결이 되고 만다.

걸음을 멈추면 생각도 따라 멈추기에 걷고 또 걸었다.

느슨했던 공기의 흐름 내 다리와 함께 바삐 작동한다.

한 인간을 완전히 자연 그대로의 모습 보여주려 하는데 그런 이는 바로 나일 것이기에 사색은 깊어진다.

천천히 풍경 따라 거닐다 돌아오는 뱃길 위에 가벼운 몸을 싣는다

다시 꿈을 꾼다.

1월 11일

카프카를 다시 만나러 '변신'을 펼친다. 그의 고독과 비애 대하며 마음이 무거워졌다. 현대인의 참을 수 없는 존재의 가벼움에 전율한다. 소외를 딛고 강하게 살아남아야 하는 사람들 마음먹은 대로 살아갈 순 없는가. 아침이다. 창틈으로 날아드는 강한 햇빛. 그제야 눈뜨는 침대 위 곤충, 돋아나 있는 여러 쌍의 다리, 투명한 거울에 비친 징그러운 벌레, 끔찍한 현실 이야기, 우리의 이야기.

사람다운 것이란 무엇인가? 벌레 같은 슬픔이 꿈틀댄다. 치밀하고 깊게 상실하는 존재감. 거울에 비치는 나를 바라보는 것, 더 오래 바라본다는 것. 나는 아무것도 아닌 것이 되었다. 측은지심, 나를 움켜잡는다. 그에게 남은 것은 아무것도 아무도 없다. 가족 모두 그를 버렸다. 길을 나서는 우리. 지하철에서 철저하게 고립된 왕거미. 나무에서 떨어진 소외된 목어. 사마귀로 변한 기이한 김 부장.

조 이사는 섬뜩한 번데기. 곤충 박물관은 만원사례⋯.

 낯선 사내가 벌레를 줄줄이 묶어 바다로 간다. 절뚝거리며 따르는 벌레들, 가면서 묻는다. 카프카여, 너는 무엇을 말하려는가? 그들 정체성 찾아줄 대안은, 가치관 정립은 불가능한가?

 욕망에 눈이 먼 세상. 오늘도 꽝이 된 복권 앞에 두고 기어이 죽음을 택한다. 가을 낙엽처럼 흙이 되어버렸으면, 갈대로 화한 시링크스가 신화에서 나온다. 갈바람에 너울너울 춤추는 너는 이제 평화의 신. 변신은 자신을 복원하는 과정, 다시 깊은 잠에 빠지는 카프카여.

1월 15일

 반송재 숲길에 서서 명상에 든다. 지금껏 얼마나 많은 비와 바람을 안은 숲인가. 한줄기 빛 따라 흘러간다. 자연과 손길의 공존, 행간의 빈터에 앉아 허공을 내린다. 숲의 고절한 공기, 소나무의 고고함 서려있는 소리와 그늘에 시선 멈추니 단전에 힘이 모인다.

 사철 야생화 피워낸 길섶, 낭떠러지 집 짓는 동박새 그리고 대숲과 어우러진 실개천에 구슬 굴리는 물소리. 모두의 가슴 열어 주던 속마음처럼 이슬 영롱한 빛 맺혔다. 숲과 옹달샘 그리고 바람 한 줄기의 조화, 포개진 순결의 숨결에 나래지는 종달새. 산기슭 흘러내리는 자유로움 담아 솔향기 따라 다가가니 잔가지에 몰래 움트는 숨은 봄이 수줍은 듯 살짝 미소 짓는다. 정자에 앉아 읊조리던 시 한 수의 풍요로움으로 깊은 속살까지 스며드는 맛이 오후의 햇살처럼 따사롭다. 곧은 마음 듬뿍 담아 지조 지키려는 속마음은 천 년 지난 약속 꺼내 든 사색 속으로 살포시 안긴다. 시간 가는 줄 모르고 다시 숲 속을 걷는다. 속 비워내며 그리고픈 사랑이 손잡고 같이 걷는다.

1월 18일

아버지 열 번째 기일이다. 만약 우리가 영원히 이별하지 않는다면 그 어떤 만남도 애틋하게 여겨지지는 않을 것이다. 아버지 보내드리던 그 마지막 날이 생각난다. 매서운 찬바람이 몰아쳤던 그날이 떠올라 한기를 다시 느낀다. 2011년 12월 17일 아버진 아무 말씀도 남기시지 못한 채 우리 곁을 떠나셨다. 아버지께서 돌아가신 날을 다시 당하며 생전 모습 떠올려 본다.

착하고 성실하게 평생 농군의 삶을 사신 울 아버지. 삶이 다 하는 그날까지는 당신을 기억할 것이다. 아버지에 대한 기억은 머리가 아닌 가슴에 담아 둔다. 천상에서 내내 평안하시길 염원하는 시간이다.

본가에 내려가기 전, 영화 '신과 함께'를 보고 난 후 죽음에 대해 사유하였다. 선하게 저 세상 가신 아버지와 깊게 팬 등뼈 보이며 삶을 지탱하시는 내 어머니가 스쳐 지남은 어쩌면 당연하다. 지금 이 시각, 더불어 내 죽음마저도 미리 생각해 보는 이유는 부정적인 마음을 가지려는 게 아니다. 현재의 삶을 더 의미 있고 충실하게 이끌기 위함이다. 인간의 유일한 목적지는 죽음이다. 부처는 죽음을 '끝남'이 아니라 '올라감'이라 하였다. 그러기에 죽음은 우리가 더 잘 살아갈 수 있도록 동기를 유발한다. 우리에게 주어진 시간이 영원하지 않음을 알기에 소중한 시간을 낭비하지 않고 잘 활용하게 해 준다. 또한, 삶 이후의 세상은 누구도 모르는 미지의 세계이기에 거기에서 오는 불안감으로 우리는 최선 다해 삶을 사는 것이다.

인간은 유한한 존재이기에 완전함과 영원성을 추구한다. 육체는 완성이 없고 죽음만 있을 뿐이다. 우리는 어떤 연유로던 불현듯 찾아드는 죽음이라는 개념을 마주하며 전율하곤 한다. 인생의 새로운 길, 완성을 향해 가는 우리가 꼭 반추해야 할 중요한 지표가 바로 죽음이다. 죽음의 순간에 갖는 내면의 느낌이 삶을 종합한 결과라 할 수 있다. 우리에게 언젠가 죽음이 찾아온다는 것은 더없는 축복이다. 우리가 언제 죽을지는 아무도 모르며 언제든 죽을 수 있음을 늘 염두에 두어야 한다. 죽음을 염두에 둔 채 사는 것은 비관이 아니라 무한함이라 하였다. 죽음의 순간을 어떻게 느낄 것인가? 충만감 속에서 평화로울 것인가, 아니면 회한 속에서 두려워할 것인가? 살아가며 깊이 사유해 볼 일임이 틀림없다.

어쩌면 죽음은 인간의 삶을 완성하기 위한 창조주의 위대한 설계일지 모른다. 영화에서도 잘 다루고 있었다. 가장 근원적이면서도 인생의 마지막 순간까지 끈질기게 달라붙는 것이 바로 죽음이다. 어떻게 죽음을 맞이하는가는 그 사람이 어떻게 살아왔는지를 판단하는 것과 밀접한 관련이 있다. 삶의 마지막을 고통으로 끝까지 눈을 감지 못하는 이가 있는가 하면 반면 후회 없이 살았다고 긍정적으로 판단한 사람은 만족스러운 미소 머금고 훨씬 더 편안한 죽음을 맞이한다. 이처럼 죽음은 우리의 영혼이 완성될 수 있는 하나의 무대다. 우리는 언젠가 이 무대에 올라야만 한다. 우리가 이 세상에서 할 일을 다 하였다고 느끼면 죽음의 무대에 당당히 오르게 된다. 영혼의 완성을 이루는 것이다. 기쁨이고 영광이며 축복받아야 할 일이다.

월든 호숫가의 소로우가 말한다.

"세상이 이곳에만 국한되지 않는 사실에 말할 수 없는 강한 힘을 느낀다."

눈에 보이는 공간 외에도 광활한 세상이 있음을 다시금 깨우치게 한다. 세상에 알려진 어떤 지혜든 내 옆에 와서 내게 말을 걸기 전까지는 명백한 거짓에 불과하다. 그저 그의 생각이라 뇌까리지만, 공감이 간다. 사후 세계는 지금껏 발견 못 한 수천 개 공간 중 하나일 터이다. 우리 같은 범인은 죽음 후를 보는지도 이해하기도 어렵지만, '신과 함께'라는 영화가 인간의 사후 삶을 깊이 사유케 한다. 누구나 죽고 나면, 무명 삼베옷 한 벌에 향 나는 관 하나와 자식들 곡소리에 마음 짠하지만, 친지의 눈물 몇 방울 챙겨 떠나면 끝이다. 그리고 똑같은 무게의 가루….

죽음은 누구에게나 평등한 것이다. 아직은 누구도 죽음에 저항할 수는 없다. 죽음을 향해 가는 발걸음 가벼워지게 현실에 순응하며 모든 것에 욕심내지 않고 선하게 살면 그 세상도 두려워할 이유가 없다. 그리고 가여운 어머니 사랑이 있으니 두려움 따윈 갖지 말라고 영화는 위로한다.

찾아드신 아버지께 제문을 드렸다.

"만약 우리가 영원히 이별하지 않는다면 그 어떤 만남도 애틋하게 여겨지지는 않을 것입니다. 아버지 보내드리던 그 마지막 날이 생각납니다. 매서운 찬바람이 몰아쳤던 그날이 떠올라 자식들은 한기를 다시 느낍니다.

2011년 12월 17일 아버진 아무 말씀도 남기시지 못한 채 저희 곁을 떠나셨습니다. 저희 6형제는 아버지께서 돌아가신 날을 다시 당하며 감히 고하옵나이다. 세월은 흐르는 물과 같이 끊임없이 흘러 다시 섣달 열여셋날입니다. 어느덧 아버지 열 번째 기일을 맞이하였습니다. 오늘, 기일을 맞이하여 가족이 함께 모여서 당신을 그리워하며 생전모습을 기억하려 합니다. 오늘 정성을 다해 아버지께서 생전에 즐기시던 음식을 마련하여 올리오니 부디 오셔서 흠향하여 주십시오.

착하고 성실하게 평생 농군의 삶을 사신 우리 아버지. 저희들 삶이 다 하는 그날까지는 당신을 기억할 것입니다. 아버지에 대한 기억은 머리가 아닌 가슴에 담아 두겠습니다. 천상에서 내내 평안하시길 자식들은 염원합니다. 사랑합니다.

상향尙饗"

1월 19일

이 공평하게 주어진 자연의 위대한 선물 앞에서 남은 생을 위해 영미는 뜨겁게 소망을 빌었다. 가을 바다는 말초신경처럼 경련하며 태양을 맞이한다. 만물의 근원인 물과 그리고 파도의 몸부림이 심장으로 번진다. 서이말 등대가 함초롬히 서 있다. 승수는 햇살을 받은 흰 등대가 사색 담긴 엽서 같다는 생각을 한다. 글을 쓰는 자에게는 유배가 필요하다는 어느 시인 글이 생각났다. 이 외진 곳에서 정약용 선생이 떠오름은 왜일까. 그가 유배지에서 백성을 향해 등대처럼 따뜻한 마음으로 어려움 달래는 글을 써 보냈듯 그도 그러고 싶다는 생각을 한다.

"등대 같은 사람이면 참 좋겠다. 어지러운 인생행로에서 등대 불빛처럼 한 줄기 환한 빛을 누군가에게 선물하고 싶다. 얼마나 가슴이 저며 올까."

"승수는 그런 사람이고 등대처럼 누군가에게 환한 빛을 담은 글을 쓸 거야. 난 믿어."

"고마워. 영미야, 여기서도 지심도 보인다."

승수가 손가락으로 눈앞에 길게 펼쳐진 섬을 가리켰다.

"어머! 저기가 지심도야."

둘은 어린 날을 회상하곤 서로 마주 보며 추억 어린 미소를 나누었다.

〈소설 거제도 중〉

섬에는 왜 가느냐고 누군가 묻는다. 그에게 고독해서 간다고 하니 그는 더 고독해질 거라 말한다. 그렇다. 하지만, 그 고독이 날 다시 일어나 걸어가게 한다는 말은 속으로만 뇌까린다. 나만 아는 바다를 가슴에 담는다. 바다는 늘 나를 행복하게 한다. 이제 섬 같은 고독한 사람과 만나 벗하고 싶다. 가을 숲길 걸으며 그를 바라본다. 오롯이 그에게 집중하는 시간이다.

아름다운 동백섬, 지심도. 섬 안에 들어서면 그를 볼 수 없기에 들어서지 않고 그저 밖에서 응시한다. 오롯이 바다 위에 떠있는 내 추억 속 그리움의 대상. 시린 쪽빛 바다가 내려다보이는 자연이 빚은 큰 정원, 붉은 꽃송이가 수북하게 깔린 동백 숲 터널은 한줄기 햇살도 허락지 않는 곳, 동백과 상록수림 속으로 끊임없이 들려오는 동박새와 직박구리의 노랫소리에 몸과 마음이 날아갈 듯이 가벼워지는 자연 그대로의 모습을 간직한 섬, 내 마음속에 속속들이 기억되어 있는 전설의 팔색조가 살고 있다는 지심도를 바라보며 섰다. 눈앞에 그리고 마음속에 늘 그리던 동심이다. 먼 풍경 바라보며 추억의 그 섬으로 마음 향한다. 어느새 동백 아래를 걷고 있다. 산마루에서 노을 등에 지고 상념에 든다. 첫사랑은 이루어지지 않음으로써 완성되는 것이다.

언제나 바다를 보는 사내, 기어이 흐린 눈 되고 나를 향해 미소 짓던 그 소녀가 물새 되어 가슴으로 날아든다. 우린 돌과 바람에 이름을 지어주며 놀았다. 여울목에 피어난 따스한 기억. 까만 눈동자의 시선, 벙어리 첫사랑. 파도의 고독을 온몸 깊숙이 받아들이니 미소 띤 얼굴 속에서 빛나던 눈망울. 먼바다 까치놀 등지고 서 있던 그 소녀 아련 거리고 은비늘 찬란한 밤은 그때부터 시작이었다. 밤하늘에 별 하나 별 둘 땅 위에 나하나 나 두울. 너처럼 까만 눈 깜빡이는 아득한 섬. 고향 밤하늘 별 헤아리는 까만 눈의 소년. 너에게로 가는, 그리움이 꽃으로 피어난다. 나로 인해 누군가의 맘이 넉넉해질 수 있다면 빛나지 않는다고 무에 그리 서러울까. 그 소녀 오늘도 행복하겠지….

동백꽃은
세 번 피고 진다

나무에서 붉게
모가지 댕강 떨어뜨려 땅 꽃으로 다시 피고
또 한 번
소년 마음속에서 동그랗게 피어난다.

1월 20일

겨울의 한가운데를 걷는다. 겨울도 마지막 향해 가고 있으니 따사로운 봄이 멀겠는가. 본향으로 돌아와 사계를 걸으며 사유를 즐겼다. 이제 멈추어 돌아보니, 사색의 무게가 한 묶음이 되어 묵직해졌다. 한 권의 책이 될 터이다. 이 책은 수많은 발자국이 찍힌 숲인지도 모른다. 오늘도 어느 숲길을 느리게 걷고 있는 이와 동행하기를 바라는 마음이 된다. 그리고 가능하다면, 자연이 건네는 사유가 조금의 위안이 되기를….

 삶으로 돌아가기 위해서가 아니라면 또한, 한층 더 열정적으로 삶을 받아들이도록 돕기 위해서가 아니라면 책은 과연 무슨 소용이 있겠는가. 과연 종이책이 유용할까….

 바스락거리는 낙엽들이 발자국 받으며 가슴에 스미고 모두 내게 다가온다. 겨울 숲길 걸어본 사람은 안다. 가슴에 쿵쾅거리며 내려앉은 나뭇잎의 숨결을. 봄을 기다리는 동안에도 나는 너의 아름다움 안아주었다. 또 다른 사계를 숲길 따라 걸으며 삶을 노래하리라 다짐한다. 힘겨워도 쉼 없이 그래도 쉼 없이 걸어가야 할 것이다. 그리하면 거칠 것이 없지 않겠는가. 산 너머에 있는 봄을 응시한다. 황제나비도 날아들겠지.

1월 23일

 '도리언 그레이의 초상'에 관한 서평이 라디오에서 흘러나온다. 예전 이 책을 읽고 사유하였던 것들을 떠올린다.

 도리언 그레이는 자신의 정체성으로부터 아름다움을 분리하여 타자화 한다. 악행에 시달려도 변치 않는 비현실적 아름다움에 길들여지는데…. 그는 변치 않는 아름다움을 소유함으로써 젊음과 낭만과 순수와 가능성으로 가득했던 자신 진짜 이야기를 잃게 된다. 초상화는 늙고 추해지고 훼손되더라도 자신의 진짜. 육체만은 완벽하게 보조하고픈 욕망. 이 욕망을 심어준 타인은 아름다운 외모는 발견하였지만, 한 인간의 자체적 삶 자체를 알아보지 못했던 것이다. 그림으로 추상화된 아름다움, 예술이란 이름으로 정리된 아름다움은 광기에 사로잡히기 전에 도리언이라는 한 인간 그 자체보다 훨씬 덜 아름다운 것이다. 우리는 저마다의 가슴속에 웅크리고 있는 하이드나 영원히 변하지 않는 초상화를 가지고 살아간다. 우리는 셀카의 이미지, 동영상 블로거나 미니홈피 등 일인 미디어 통해 스스로의 바람직한 그림자를 만들고 있다. 가끔은 그 그림자에 종속되기도 하면서 말이다. 한때 가장 아름다웠던 나에 대한 집착이 바로 이러함을 의미한다. 원본과 복제가 혼재하는 이 세상에서 이 책이 던지는 메시지는 분명 의미하는 바가 있다. 그래서 고전이다.

아름다움을 스캔들에 집착한 현대인에게 보내는 오스카 와일드의 추문의 위험성을 담은 메시지는 엄중하다. 어떠한 욕망의 잔여물도 남지 않도록 모든 욕망을 실현하라고 부추기는 극단적 쾌락주의를 추구한다. 도리언을 악의 세계로 유혹하는 헨리는 "유혹을 없애는 유일한 방법은 유혹을 인정하는 것이다. 이를 저항하는 것은 당신은 영혼은 스스로 금지한 것에 대한 갈망과 욕구로 병들게 된다. 세상에 가장 큰 사건은 두뇌에서 일어난다. 오직 두뇌 속에서만 세상의 크나큰 죄악이 발생한다."라고 강변한다.

세상에서 가장 아름다운 눈과 코, 입술 그리고 얼굴형만을 조합하면 정말 완벽하게 아름다운 얼굴이 될까? 또한, 온갖 악행 저지른 범죄자들 눈, 코, 입을 합성하면 전형적인 범죄자의 인류학적 특징을 찾아낼 수 있는가?

우리는 누군가의 결핍을 바라볼 때 그의 재능과 성격을 합치면 이상적인 조합이 되리라 여긴다. 하지만, 인간의 특성들 중 일부를 편집해서 이상적인 인간형 조합하는 연구는 일찍이 고전 '지킬박사와 하이드' 그리고 '도리언 그레이의 초상' 통해 인간 본성을 화두로 파고들었다. 인간 전체를 퍼즐 조각처럼 분리하여 또 다른 존재에 기입하는 상상, 이러한 끔찍한 우생학적 상상력으로 인간을 전율하게 한다. 이 두 작가는 공통적으로 근거하고 있는 환상도 우생학과 관상학이다. 하이드의 끔찍한 외모 속에 악의 정수를 느끼고, 삶의 의욕마저 잃는다. 그레이의 우월한 외모를 바라보는 독자의 시선은 겉모습이 모든 삶을 대변한다는 결론에 이르게 한다. 인생을 대변하는 바로미터가 되는 것이다. 눈에 보이는 것에 극단적으로 대함으로써 비극이 시작된다. 마음의 뒷문으로만 드나드는 어두운 욕망의 그림자. 인류는 극복의 역사이다. 사랑은 새로운 사랑으로 잊는 것처럼.

1월 26일

며칠 만에 숲이 아닌 바다로 갔다. 눈이 아닌 겨울비가 한차례 지나간 바다는 시시각각 변화하더니 이내 본래 색을 회복하고 잔잔해졌다. 순한 물결이 이따금씩 바위까지 와닿을 때도 있었지만, 대부분 그전에 모래 속으로 스며들고 조그만 거품들이 보글거리다 사라졌다. 본장게가 자유로이 유영한다. 바다는 이제 강한 햇빛을 받아 윤슬을 가득 피우고 있었다. 마치 황금빛 새들이 파도 위에 앉아 춤을 추는 듯 보였다. 납작한 돌을 주워 여러 번 물수제비를 뜬다. 조그만 동그라미를 연이어 그렸다가 이내 복원한다. 바다에 돌을 던져도 바다는 변하지 않는다. 그 가운데 하나는 물새로 변해 날아가기를 바라게 된다.

우연히 오게 된 이 세상에서 뚜벅이가 되어 걸었다. 밀려드는 상념에 눈을 깜박인다. 새 울음 찍힌 지세포구에서 자기 그림자 가지고 노는 검은 고양이처럼 행간과 낱말 틈새에 알맹이 숨겨두고 살았다. 밝고 맑게 살고 싶었지만, 불현듯 시련이 밀려와 중도 장애인 삶을 살면서 무엇이 자신을 부정하고 미워하며 때론 비참하다 생각하였을까….

육체가 정신을 지배한다는 모자란 생각을 지니고 살아왔다. 이제 자연에 귀의하여 천천히 걸으며 생각은 바뀌어간다. 느리게 걸을 수밖에 없는 몸으로 뜀박질을 하고 다니는 것이 오히려 비정상임을. 실재가 아닌 것을 실체로 착각하였던 무지에서 비롯되었음을 깨우쳤다. 위선을 벗어던지니 비로소 세상 이치를 조금은 알게 되었다. 깨달음이란 우선 자기 자신에 대한 무한한 신뢰와 긍정에서 시작된다는 것을 알게 된다. 이런 자기 긍정의 기쁨이 오래도록 지속되기를 바라게 된다.

그동안 어찌 살아왔는가? 남은 생은 어찌 살아갈 것인가? 나에게 묻고 또 물었다. 세상이 안개에 뒤덮이는 시간, 이로 인해 바다가 깊어간다. 아무리 작은 물고기라도 몸속에 가시를 숨기고 있다. 묵직한 침묵과 어둠을 등에 걸고 장도리처럼 곳곳에 박힌 상처를 도려내어야겠다. 미처 내뱉지 못한 혀 밑의 까끌까끌한 말도 있다. 파도 속에 숨어 있다 들킨 바람이 웃는다. 지척이 바다라 바람이 주는 노래를 자주 즐거이 새긴다. 눈물도 이제 노래라는 걸 알 나이가 되었다. 계절이 빠르게 날아가고 있다.

숨 고르기가 시작되며 그리움이 밀려온다. 보이지 않는 것에서 보는 것, 보이지 않는 건 잊히기 쉽지만, 보이지 않는 것을 그리워하는 것이 진정 그리움이다.

1월 28일

정현종 시인 말처럼 사람들 사이의 섬, 그 섬에 가고 싶다는 생각이 든 것은 고개도를 소개하는 내용이 라디오에서 흘러나와서이다. 곧바로 고개도 향해 길을 나섰다. 계획하였던 마지막 섬 탐방이다. 새해 첫날 가려고 계획하였지만, 사정이 여의치 않아 미루어졌다. 여름은 저녁이 좋고 가을은 아침이 좋으며 겨울은 햇살 맑은 포근한 한낮이 좋다. 거제도는 며칠째 봄날같이 따뜻하다. 가벼이 불어오는 겨울바람이 달콤하다.

오량리 신계마을 방파제에 섰다. 눈앞에 조그마한 섬이 물 위에 떠 있다. 임야가 대부분인 조용한 해변 마을 고개도다. 거제도 본도를 앞에 두고 바라다 보이는 견내량의 신거제대교가 한눈에 들어오고, 어선과 화물선들이 물살을 가르며 고개도를 지나치고 있다.

섬은 늘 닿고 싶은 대상이다. 고개도는 도선이 없어서 탐사선 등대호를 타고 섬에 들어갈 수 있다는데 방법을 몰라 그저 섬 사이에 서서 이방인이 된다. 물때에 따라서 한 달에 두 번 물이 많이 빠지는 사리 때가 돌아오면 4-6번 정도 바닷길이 열려 모세의 기적이 일어난다고 전해 들었는데 물때가 맞지 않은지 바다가 길을 막고 있다. 섬은 좌우로 낮은 산봉우리가 있고 그 사이에 마을이 있다. 마을이라고 해봐야 겨우 몇 채의 집만 보인다. 선착장은 섬의 남쪽에 길게 위치해 있었다. 선창에는 분홍색의 잔교가 있고 이어 부잔교가 방파제와 연결되어 있다. 이곳에는 네 가구가 살고 있으나 상주 가구는 한 가구뿐이라고 길가에서 마주친 신계마을 주민이라는 노인이 일러준다. 집 주변에는 수령이 꽤 오래된 커다란 나무들이 집과 섬을 지키고 있는데 마을과 섬의 수호신처럼 버티고 있다는 느낌이 들었다. 태풍의 길목인 바다에 떠 있는 이곳 고개도 주민들이 질곡의 삶을 잘 견디어온 것처럼, 이 우람한 나무들도 앞으로 계속 고개도를 잘 지켜줄 것이라는 믿음을 준다. 커다란 두 그루의 아름드리 후박나무도 방풍 역할을 든든히 하고 있었다.

바로 앞에도 무인도가 있는데 커다란 철탑과 함께 등대가 있어 소위 등대섬으로 불린다고 한다. 여기서 등대섬까지 물이 빠지면 걸어갈 수도 있을 것 같다. 지난 2003년 매미 태풍으로 쓰러진 아픔을 간직한 송전철탑이 있다. 섬 앞으로 두 개의 유료낚시터가 보인다. 선착장 앞에 위치한 잔교 위에 만들어진 펜션형 낚시터 시설이다. 고개도는 감성돔, 볼락 등 물고기들이 많은 천혜의 낚시터로 알려져 강태공들이 많이 찾아드는 곳이다. 특히 늦가을에 감성돔 낚시가 잘 되는 곳이라 찾는 이가 적지 않다고 말하곤 노인은 마른 헛기침을 하더니 멀어져 간다.

고개도는 거제도 사람도 잘 모르는 아주 조그마한 섬이

다. 면적이 2만 평 정도의 꼬마 섬인 셈이다. 이렇게 마음에 그리다 와 보고 다다르지 못하고 섬 밖에서 바라다보는 섬이 되었다가 서둘러 마음 남긴 채 섬 밖으로 나선다. 바라보는 섬이 더 좋을 것이라 위로하여 본다.

거제도 안의 유인도를 다니면서 같은 형태의 섬은 없다는 것을 느꼈다. 섬은 물밑에 거대한 뿌리를 지닌다. 섬들의 은밀한 취향은 모양도 향기도 규칙마저도 달리 키운다. 섬이 섬을 만들어 낸다는 것을 알게 된다. 섬들 바라보며 사뭇 좋은 사색의 시간들이었다고 중얼거린다.

1월 30일
북병산을 오르며

하늘이 맑다
며칠 만에 보는 푸름이다
시리게 하얀 겨울 햇살이
빈 나뭇가지에 걸터앉아
그림자놀이를 한다
바스락거리는 낙엽들이
발자국 받으며
가슴에 스미고
모두 내게 다가온다

겨울 숲길 걸어본 사람은 안다
가슴에 쿵쾅거리며 다가오는
낙엽의 온도를
봄을 기다리는 지금도
너의 그리움 안아본다

정수리 머리칼이 듬성듬성한
노인이
비탈진 산길을 오른다
구부러진 허리를 뒷짐으로 버티고
삐걱대는 무릎도 아랑곳없다는 듯이
한 발 한 발
앞을 향해 나아간다
그의 구부정한 그림자도
딱히 갈 곳 없는 나도
그를 따라 느릿느릿 걸어간다
그가 가고자 하는 곳이
어딘지 나는 모른다
하지만 한 가지 분명한 것은
그가 지금 가는 그곳이
언젠가는
나도 가야 할 곳이라는 것을 안다

나도 지금부터
뒷짐 지는 연습을 해야겠다
언젠가 홀로 오르게 될지 모르는
이 길을
제 힘으로
온전히 오르기 위해서다
너무 외롭다거나
슬퍼하지는 않으면서 말이다
숲을 지키는
산새가 동무해줄 것이고
떨어진 갈잎이
바스락 반겨 줄 수도 있겠고

그날에도
오늘처럼
맑은 하늘이
펼쳐져 있었으면
참말 좋겠다.

2월 1일

실패하는 산책은 없다. 방에서 벗어나 자연을 대하면 내가 왜 사는지 알게 된다. 자연과 교감하며 산다는 것은 크나큰 행복이다. 나날이 축적되는 이 힘은 삶의 큰 위로가 된다. 자연이 건네는 위안이다.

솔방울, 나뭇잎, 노란 단풍, 낙엽 그리고 고독…. 길 위에서 만난 자연의 부산물을 주워 탁자에 펼쳐놓으면 이상하리만치 만족이 밀려온다. 항 우울제 더미다. 그들이 나의 봄이기에 그러하리라.

물닭이 떼 지어 노니는 지세포구가 한눈에 들어오는 카페 창가에서 따스한 햇살 받으며 다시금 상념에 든다. 숲은 길 건너 바다를 그 바다는 숲을 그리며 살아간다. 그 사이에 사람이 연결점이 된다. 이제 봄날이 열리고 연둣빛 새순이 오르면 뱃고동 소리 끊긴 포구에 내려서 해안선을 이어 줄 터이다. 차 한 잔 권하며 그대의 평온을 기원하는데, 먼 하늘에서 갈매기는 자유를 노래하고 내 마음은 그를 따른다.

2월 3일

모진 세상 등진 사랑하는 친구의 49제 마지막 제를 올리는 날.

벗 그리며 부산으로 향하였다. 설 연휴 다음이라 바쁜 마음으로 동무의 마지막 가는 길 함께 하였다.

"동무야, 이제 하늘나라에서 평안히 쉬시게나. 만약 내세가 있다면, 그곳에서도 여기에서처럼 많은 이를 어루만지는 선한 바람이 되시게."

돌아오는 길에 거가대교 지나 두모 해변에 잠시 들러 시름 내려놓았다.

두모실의 저녁 노래
숨소리마저 잦아든 바다
침묵으로 응대한다
절절한 고독이 밀려든다
어떠한 메타포도 떠오르지 않는다
메마른 감성 피워낼 궁리를 하는데
저 멀리 이수도가 방파제 위로 떠오른다

삶에도 여백의 공간이 있어야 좋지
틈이 있어야
사랑, 행복 채울 수 있게 될 터
하늘과 바다 사이
노을이 먼 여백을 채워온다
그를 닮는다
어찌 살아가는가
누가 내 곁을 떠났는가

너는 이길 수 없는 슬픔 안고 살아가는가
묻고 또 묻는다
사색 깊어지더니
기어이
그를 떠나보내고

그제야
몸을 돌려
두모실의 저녁을
눈물처럼 빠져나온다.

2월 04일 입춘
입춘대길, 건양다경 立春大吉, 建陽多慶

   서도를 즐기시는 장인어른이 피어나는 봄처럼 힘찬 필치로 써 건네주신 입춘축을 문간에 걸며 새 기운을 맞이한다. 이 봄에는 코로나가 저만치 물러나고 나라와 사회에 그리고 나에게도 경사스러운 일이 많이 생겨나길 기원하게 된다.

   억새는 겨울날에도 푸르른 소나무 곁에서 하늘 향해 바람 따라 비질을 하더니, 다시 봄을 연다. 추억은 늘 눈물을 부른다. 일 년간의 숲 속 여정을 담아, 이제 글을 맺으며 가슴이 뜨거워지는 것을 느꼈다. 나에게 가장 친숙한 것이 자연이기를 바라게 된다. 연꽃이 진흙을 떠나 살 수 없듯이 우리 인간은 자연을 떠나 존재할 수 없음은 진리이다. 산다는 것은 사랑하는 것이다. 사랑하는 것이 사는 것이다. 사랑이야말로 인간의 가장 큰 힘이고 가장 밝은 빛이기에 자연을 지키고 사랑해야 함은 우리의 숙명이다. 소명의식을 가져야 할 것이다. 인간의 비극은 사랑이 결핍하면 잉태한다. 태양이 온 세상을 밝히듯 찬란하게 사랑은 밝다. 그리고 해가 뜨면 온 천지가 데워지듯이 인생을 뜨겁게 한다. 또한 사랑은 힘차다. 힘차게 자전하는 태양처럼 호기롭게 살아가야 할 것이다. 이것을 인생의 근본 원리로 삼고 인생의 중심이 될 때, 비로소 보람찬 인생을 살아가게 될 것이다. 우리는 정말 소중한 것을 잊고 살아가는 것은 아닐지를 생각하는 날이다. 노자산에 올라 다도해를 보며 섰다.

노자산에 올라
여리디 여린 하늘
치켜든 한숨 파릇하더니
봄뜻 담은 학동 파노라마 케이블카
두둥실 반긴다
춘삼월 모든 색은 나그네의 것

팔색조 날아오르니
내 몸 낡은 색들 바람에 날아가고
이제 내 몸은 연한 파스텔 톤으로 물든다
자연의 색에는 경계는 없다

지나는 풍경에게 묻고 또 묻는다
오래전 내가 아니듯
아름답게 물든 너도
이제 네가 아니지
내 여린 영혼마저 사위고

노자산 정상에 이르자
펼쳐진 다도해 풍경이 길을 막고
뾰족해진 마음 멈추게 한다
위에서만 볼 수 있는 게 있다
오롯이 고독을 채집한다
자잘한 슬픔이 북받쳐 올라
마음이 자꾸만 안쪽으로 밀린다
나도 한 점 섬이 된다
문득, 진달래 꽃물 찍힌 북병산 떠올리는데
사랑을 잃으면 하늘까지 잃고 만다
우리를 힘들게 하는 것은

어깨를 짓누르는 무거운 삶의 무게가 아니라
참을 수 없는 존재의 가벼움인지 모른다

온갖 색이 돋아나는 계절
그대와 나눈 밀어 들려오고
내 모두를 주어도 아깝지 않았던 시간들

우리 인연 더는 허락되어지지 않아도
우리
밤하늘 꿈꾸는 별이 되자
견우와 직녀로

케이블카는 기어이 하늘로 오르고.

3부 숲속 삶, 그 이후

고향을 추억하다 기어이 들어선 나의 길

 투명한 물에 손가락으로 안녕이라 흘려 쓰면 눈 맑은 송사리가 황소 눈으로 읽어 내리기도 하였다. 새는 날아가면서 세월을 많이도 태웠다. 어느 듯 귀밑머리 백발이 성성하다. 삶은 지나가는 풍경이다. 어머니 자리는 이제 쓸쓸함인가. 고향집 시냇가 작아졌고 빨래터 사라졌다. 보이지 않는 건 잊혀 짐이던가. 탁수가 천천히 흐른다. 맑디맑은 피라미 버들치는 어디 갔을까. 깊은 웅덩이에서 바다 꿈 그리던 은어도 간 곳 없고 마른 이끼 한가로이 흔들리니 어깨동무 낙엽만 흐릿한 물 위에 이리저리 뒹군다. 검정고무신 양손으로 펼쳐 잡던 송사리는 늙은 다슬기와 숨바꼭질한다. 목마른 솔 다람쥐 잽싸게 바위 타며 달아나고 나무 사이로 길이 생겨 바람이 앞선다. 허기를 두레박처럼 내린다.
 풍경이 풍경을 덧칠한다. 흔들리며 걷는데, 하늘을 가르며 나는 외기러기 부엉이 보다 낮은 신음으로 따른다. 감쪽같은 추억은 흐드러진 포도처럼 알알이 살아나고 못난 것 잘난 것 모두 내린다. 야윈 몸이 무거워지더니 좁아진 어깨 더 움츠린다. 철들지 않은 오만했던 눈빛 희미해지고 젊은 날 흘린 눈물 모두 마르니 밤새 뒤척였을 수평선도 곧추선다. 우리네 삶은 순간의 선택에 의해 걸어온 길, 걸어갈 길이 만들어지는 것인가. 허공은 상처 없는 통증을 밀어 올린다. 숨 가쁜 가슴이 하얀 냇가에 내려앉고 등 굽은 소나무가 그제야 내 몸 떠민다. 그제야 동그라미에 담으며 빈 거울에서 먼바다의 섬을 본다. 쉼 없이 자란 물고기들이 산꼭대기를 헤엄치고 있다. 그들 조상은 앙상한 나무들이 줄 서 있는 저 산등성이다. 눅눅해지는 소리들이 나뭇잎에 내려앉는다.

  느긋하게 흐르는 세월, 목판에서 꺼낸 아버지 영정사진이 참으로 곱다. 난 어쩌지 못해 오늘도 그리운 당신의 아들로 산다. 아버지는 누구에게나 든든한 버팀목이다. 서운함도 아쉬움도 있다. 사랑이 어디 한 가지 모습이랴. 오늘 내가 그늘에 앉아 쉴 수 있는 건 오래전 누군가 여기 이곳에 나무를 심었기 때문이리라. 풍경에서 잘려나간 조각구름 하나가 두둥실 하늘 가르며 흐른다. 되살아나는 기억의 통점, 시큰거리는 손목이 아프다. 투박한 당신 사랑을 이제야 동그라미에 담는다. 질긴 관념을 담고 다니느라 늘 무거운 신발은 터벅거렸고 자나 깨나 푸르른 고향이다. 소리를 잃은 것들은 파도가 되어 밀려오고 꼭 움켜쥔 주먹에 그제야 씨앗이 움튼다.

행복한 숲에서의 삶

   지나는 바람 따라 흐르는 구름 아래로 걸으며 사색에 든다. 이끼 낀 바위 사이로 그늘사초가 젊은 바람에 누워 땅 내음 맡으며 호흡하고 시원을 알 수 없는 자유로운 영혼이 그의 옆에 자리한다. 늙은 바람이 너럭바위를 감싸니 그제야 봄기운이 피어난다. 하여 산책자의 길은 풍요롭게 열린다. 사랑노래 다시 부른다.

   바다는 숲을 부르고
   내 바다로 나갔다
   멀리 밀려 나간 소동 바다
   쓸쓸히 반겨준다

   난바다에서부터 해미가 가득해
   신비로움 연출하고
   발아래는 목새가 부드럽게
   잔잔한 파도를 받아들이며 호흡한다
   본장게가

바삐 움직이며 모래알을 헤치고 있다

투박한 손으로 모래를
한 움큼 집어 부드러움을 느껴본다
가까이서부터 차츰 안개가 밀려나니
태양은 윤슬을 피워낸다

어린 날 조개 잡던
바다 위에
길게 놓인 데크 길을 걸으며
새로운 한 폭의 풍경화를
마음에 담아둔다

시리도록 아름다운 파랑이
경이롭기까지 하다
저녁나절 다시 나와
까치놀을 맞으리란 생각하고

돌아서
나를 기다릴
숲으로 향한다.

그 이후

　나는 왜 도시에서의 익숙한 삶을 버리고 고향 숲에서의 촌스러운 삶을 선택하였나. 월든 호수로 떠난 소로우 삶을 닮아 자연과 벗하며 누구의 방해도 받지 않고 오롯이 나에게 집중하여 고독을 즐기기 위함이었다. 자연 속에서 인생의 본질에 대해 사유하고 헛된 삶을 살지 않기 위해서였음을 고백한다.

　우리는 살아가며 자신의 몸과 인격, 가족 그리고 많은 관계 속에서 여러 갈등을 겪는다. 이는 너무도 인간적이며 우리가 지니는 공통적인 삶의 모습이다. 하지만, 여기에서 파생되는 두려움과 좌절, 집착과 갈등을 극복하는 깨우침은 실재하며 가능하다. 자연과의 합일에 의한 평화와 자유의 경험 그리고 고독 통한 환희⋯.

　이러한 황홀하고 벅찬 체험은 짧은 기간에도 흔히 이루어진다. 늘 바다 향 느끼며 숲에서 사계절을 보내니, 모든 생명체는 마치 가족처럼 다가왔고 자작나무 숲을 걸으며 자연과 하나 되는 시간들은 나에게 많은 영감을 건넸다. 가능하면, 낚싯대보다는 카메라를 들어야겠다는 결심도 이제야 하였다. 나부터 변해야 세상은 변할 것이기에.

  나를 감싼 강렬한 에너지는 짓누르고 있던 육체적 부자유와 그로 인한 고뇌를 잊어버리게 해 주었고 내게 다가온 감미로운 느낌은 묵은 감정을 씻어내 주었다. 연이어 자유를 동반한 고독은 자아의 성숙을 선물하였다.

  길은 직선이 아니고 깨어남은 과정의 시작일 뿐이다. 이제 이러한 깨우침이 삶에서 얼마나 지속할 수 있는지를 생각해본다. 또다시 삶은 계속될 것이고 그 마음도 지나가버릴까 두렵기만 하다. 그동안 지양해온 물질의 탐욕과 집착하였던 쾌락은 다시 고개를 들고 삶에서 재현될 것이기 때문이다. 어찌하면 이를 평상심으로 유지할 수 있을까. 일상으로 복귀하면, 사람의 배반을 참아내어야 하고 아내와 아이들과의 갈등도 극복해야 할 것이다. 어쩌면 예전보다 더 나빠질지도 모를 일이다. 왜냐하면, 모든 상황을 더 예민하게 느낄 수도 있기 때문이다. 하지만 다행스럽게도 빠르게 이를 극복할 수 있는 힘이 이미 나에게 기억되어 있어 삶을 정직하게 살아가는 데 큰 문제는 일어나지 않으리라 여겨진다.

  산꼭대기에 영원히 머물 수는 없다. 다시 내려와야 한다는 것을 알면서도 우리는 힘겹게 오른다. 그리고 아래를 내려다본다. 오르고 난 후의 성취감은 오래도록 기억된다. 더 이상 볼 수 없다 해도 그 쾌감은 기억해 낼 수 있다. 평생 삶의 의미를 찾아가는 것이 인생이지 않은가. 매사에 지혜로워야 하리라. 하루하루 만족하며 살아가려 한다. 그래야 겸손한 삶을 살아갈 수 있을 것이기에. 깨우침의 완성은 자신 힘으로 이루어지는 것이 아니고 공동체와의 관계 속에서 행하는 인내와 사랑 통해 얻어지는 것임을 알기에.

평생 농군의 아내로 살아온 구순을 넘기신 어머니 눈가에 가득한 주름살을 아린 눈으로 바라본다. 당신께서 평생 보고 겪고 이겨낸 모든 고난이 주름에 간직되어 있다. 온 마음 다해 거친 손을 잡는다. 당신의 지난 고뇌와 슬픔 그리고 지금의 쓸쓸함에 공감과 위로의 마음이 가득한 것은 곧 어머니의 모든 것을 받아들인다는 의미이리라. 일상으로의 복귀를 미루고 어머니 곁에서 함께 하며 또 다른 사계를 이 숲에서 생활하리라 계획한다. 난 아직 배우는 단계이고 모르는 게 너무 많기에···.

다시 고개 든 거제의 봄을 노래한다.

거제도의 봄

얼었던 대지도

바람 색을 알아챘다

움츠렸던 시간 동안

자라서 영글었던 낮달이 하필 봄 그늘에 내려앉아

햇살 여린 바다를 밝힌다

향기로운 풀들 사이로
거제도는 참쑥향으로 피어나고
가숭어는 붉은 눈동자로 튀어 오른다
별들은 섬사람 삶이 되고

날아가는 갈매기
고뇌로 가득한 가슴으론 이 봄을 자유로이 날 수 없다
크게 들숨을 마신다
산그늘 아래로 졸졸 봄뜻이 내려온다
바다에 섰는데 나무 냄새가 난다
길게 날숨을 뱉는다

이내 봄 같은 파란 미소
저 멀리 수평선으로 향한다.

그리고 빨랫감

 깨어남은 과정의 시작일 뿐이다. 우리는 자신에게 주어진 그대로를 사랑하며 살아가는가? 자신과 더불어 다른 이를 사랑하며 사는가? 태양의 찬란함을 아침마다 맞이하며 사는가? 우리가 찾고자 하는 것은 바로 앞에 놓여 있다. 오늘도, 내일도 그러하고, 날마다 그렇다. 이상은 현실이 아님을 직시해야겠지.

 소리 없이 어둠이 내리고 침묵으로 시간이 흐른다. 하늘이 가까워지고 수많은 별빛을 쏟아내고 있다. 약간 야윈 달이 산등성이 넘으며 고갯짓을 하니, 바람이 거세진다. 늘 우리 곁에 있는 하늘과 바람 그리고 별과 산, 숲의 마음을 잘 이해하는 이로 살아가고 싶다. 깨달음과 일상의 빨랫감, 이 양쪽을 포용하는 지혜를 다 가질 수 있을까….

 나는 이 세상에 무슨 일을 하려고 왔을까라고 저 하늘 달에게 묻는다. 고향을 떠나 40여 년간의 대처 생활을 끝내고 시골로 근거지 옮겨 생활하며 자연과 더불어 산지 일 년이 지났다. 자유와 평화가 깃든 삶이었다. 창가 '고독의 의자'에 앉아 생각에 든다.

  부부는 거리감 두고 평행선 달리는 열차라 하였는가. 아내에게 마음 담아 메시지를 보냈다. 내 스스로 생활할 수 있을 때 그녀에게 선물한 자유시간이다. 몸이 느리고 불편한 남편의 무게에서 벗어난 아내는 아마도 자유롭겠지. 이러한 생각에 머무니 미소가 지어진다. 인위적으로 거리를 두고 살아갈 정도로 가까운 사람이 있다는 것은 감사한 일이다. 힘들어 하는 아내 안에 남아 있는 조그마한 믿음은 그 작은 사랑 위에 세워질 수 있다고 믿는다. 석공이 좁은 선반만 있다면 벽돌을 나를 수 있듯이 아주 얇은 줄로도 믿음의 탑을 쌓을 수 있다. 이렇듯 신뢰의 결핍은 우리 사이에 높은 장벽을 쌓을 뿐 유익하지는 않았다. 조금 떨어져 살며, 이제 복원할 때란 걸 느꼈다.

  "결혼 생활 32년, 모질다고 느껴온 세월이다. 이제 희생은 그만하고 편해졌으면 좋겠다. 조금은 뻔뻔해도 괜찮아. 내 마음을 비우니 세상이 다 예쁘다. 용기가 생겨난다. 당신도 조금 내려놓고 비우는 삶 실천하여 보길 바랄게. 나 때문에 힘들어 하는 건 이제 그만하고 말이야. 우리 행복하자."

  혼자 귀향을 결정한 이유 중 하나가 내가 고독을 즐기는 성향도 있지만, 더 나이 들어 힘 빠지기 전에 그녀에게 자유를 선물하기 위함도 있었다는 것을 나직이 고백한다.

언제고 도시 삶 접고 시골로 내려와 러스틱 라이프 같이 즐기게 되길 바라는 마음으로 오늘을 보낸다. 소중한 건 곁에 있어야지….

혹자는 나이가 들수록 도시에서 살아가야 한다 말할 것이다. 그리고 많은 이는 지금 내 삶의 모습을 두고 비현실적이라 비아냥거리기도 할 것이다 의료 인프라만 구축된다면, 굳이 도심에서 사람들과 부딪히며 중, 노년의 삶을 사는 것보다 시골에서 자연과 함께 여생을 보내는 것이 더 바람직하리라는 생각을 한다. 도시는 젊은이들에게 넘기고 고향이나 시골에서 노스탤지어 해소하며 유유자적 살아가면 좋지 않겠는가. 그리하면 될 것이다. 잘 죽고 싶으면 지금 잘 살아가면 될 터이기에. 모두 내려놓으면 삶에 자유가 찾아든다는 깨우침 얻게 되리라. 비우고 비우면 다시 다른 것들로 삶은 채워질 것이다. 동안의 지친 삶에 위로를 받으며 살아가리라 확신하게 된다.

외등에 걸렸던 바람이 다가와 살며시 흔든다. 살아가려고 안간힘을 쓰는 나무만이 흔들린다. 살아남기 위해 더 깊은 뿌리를 내린다. 많이 흔들려본 경험 덕분이다. 삶도 사람도 다를 바 있겠는가. 시련과 실패에 흔들려본 이가 단단하게 걸어갈 수 있다. 우제봉 전망대에 서서 해금강 바라보며 사유한다. 내 마지막 소명은 고향으로 돌아가는 데서 그치는 게 아니라 고향에 머물면서 돌아오는 이들을 반가이 맞아주는 거구나… 하고.

  우리는 자신에게 주어진 그대로를 사랑하며 살아가는가? 자신과 더불어 다른 이를 사랑하며 사는가? 태양의 찬란함을 아침마다 맞이하며 사는가? 우리가 찾고자 하는 것은 바로 앞에 놓여 있다. 오늘도, 내일도 그러하고, 날마다 그렇다. 이제 글을 갈무리하며 많은 이와의 이음을 생각한다.

                              소동 반송재에서